师范类专业"整合连贯型"人才培养模式改革系列教材
高等学校精品课程教材
总主编　罗明东

班主任工作技能

——基础教育班主任工作与学生心理辅导技能训练与测评

主　编	李　里　尹绍清　鞠晓梅　舒亚玲
	段若荧　李昌茂
副主编	钱丽阳　王清泉　周　波　赖　怡
	廖　峻　曾　蕾　曾　涌　罗　承
	赖映红　徐跃飞　余秋梅　陈晓蕾
	张晓晨　吕天甫

云南大学出版社

前　言

  课程教学和班级管理是中小学教师工作最主要的组成部分，教师教育过程不仅要培养学生的课程教学能力，还要注重学生班级管理能力养成，而青少年心理知识则是班级管理工作的基础，两者密不可分。因此，师范院校在为师范生开设了"教育学"、"心理学"等课程的基础上，进一步开设"班主任工作技能——基础教育班主任工作与学生心理辅导技能训练与测评"课程，帮助师范生获得当代青少年心理与班级管理方面的知识，形成班主任工作的能力。本书是由昆明学院副校长、二级教授、教育学博士、国务院政府特殊津贴专家、云南省学术带头人罗明东教授倡导并牵头的高等学校"本科教学质量工程"建设项目的改革成果之一，也是云南省"整合连贯型"师范类专业人才培养模式改革创新试验区、云南省师范类专业公共教育学科课程教学团队以及云南省新型师范类专业人才培养模式改革创新研究的建设成果之一。同时，本书还是教育部全国教育科学规划课题"西部新建本科院校'整合连贯型'基础教育师资人才培养模式改革创新研究（FFB108116）"的阶段性研究成果。本书的编写是在云南省教育厅高教处的指导下，由昆明学院相关教师参与、集体合作的产物，是"师范类专业'整合连贯型'人才培养模式改革系列教材"之一。

  本书以"整合连贯型"师范类专业人才培养模式改革思想为指导，根据罗明东教授强化师范生技能训练，拓宽师范生就业口径的思想进行编写。本书特点是：第一，全书结构由班主任工作技能与学生心理辅导两个部分构成，弥补了现有的教科书中有关班级管理或班主任方面的书籍经常是重班级管理，没有提到学生的心理特点的不足。第二，突出对班主任工作技能训练，以能力训练为主线编写教材，以测评的方式促进师范生达到技能训练的基本要求。第三，兼顾中学生心理特点和小学生心理特点，重视与班级管理相关的班级学生心理指导能力的训练，使师范生既能承担中学又能承担小学班主任工作。第四，既重视学生心理特点，又关注学习心理辅导。本书融入了班级管理技能训练、班级活动组织训练、班主任谈话艺术训练、学生心理辅导技能训练、学生学习心理指导训练等多个训练模块，涵盖了班级管理方法、班级计划、班级活动、师生交流、家校沟通等训练内容，体现了班级管理的综合性特点。这些章节的安排，体现了理论与实践操作相结合的特点。本书不仅可以作为高等学校教师教育专业学生的班主任技能训练教材，也可以作为中小学教师提高班级管理水平的自学教材或者继续教育培训教材。

本书涉及的内容有班级、班集体与班主任基本素质训练，组织建立班集体的技能，班级活动的组织与实施，班集体日常管理与行为训练，班主任一般教育技能的训练，学生心理辅导和学生学习心理指导等内容，共七个章节。本书源于多年的教学，以前的课程名称为"青少年心理与班级管理"，在这之前在原来的昆明师范高等专科学校（后改为昆明学院）进行了十多年的教学，以自编的教学大纲和教案为基础进行课程教学，兼顾青少年心理与班级管理两方面内容，教学效果良好。本书是在多年教学基础上，贯彻"整合连贯型"师范类专业人才培养模式改革的思想，在过去的《青少年心理与班级管理》课程大纲及教学内容基础上进行编写修订而成，本书更强调班主任工作技能的训练。

本书强调师范生要更新教学理念，在未来的班主任管理工作中要以了解和掌握青少年心理的特点，探究以学生为本、促进学生发展的班主任工作技能和方法的培养方式改革，培养师范生自主学习能力，完善师范生班级管理的评价体系，提高师范生的各种能力。

本书为昆明学院"整合连贯型"教师教育类课程改革系列教材中的一部，也是省级质量工程项目"新建本科院校'整合连贯型'师范类专业人才培养模式创新实验区"的项目成果之一。本书的编写思想和框架结构思路为罗明东教授负责确定，责任主编为李里，编写第一章，承担全书统稿工作，舒亚玲编写第二、第四章，段若荧编写第三、第五章，周波编写第六章，廖峻编写第七章。在本书的编写过程中得到了各级领导的关心和指导。得到了曾蕾、曾涌、罗承和余秋梅的支持和帮助。编审邓立木对本书的出版做了大量工作，在编辑过程中，责任编辑冯峨编审花费了大量心血，特在此说明并致谢。

由于新建本科院校'整合连贯型'师范类专业人才培养模式改革的时间不长，正处于探索阶段，而体现这一思想的班主任技能教材的编写也是一次探索。鉴于编者的能力、学术水平的局限，教材存在不足之处在所难免，敬请各位专家同仁批评指正。

编　者
2012 年 3 月

修订说明

　　本书是由楚雄师范学院校长、二级教授、教育学博士、博士生导师、国务院政府特殊津贴专家、云南省中青年学术技术带头人罗明东教授倡导并担任总主编的高校师范类专业"整合连贯型"人才培养模式改革系列教材之一。"整合连贯型"教师教育模式反映了我国传统师范教育模式改革的最新成果，是云南本土产生的原创性科研成果。该模式自2009年提出以来，先后成为云南省教育厅高校"本科教学工程"建设系列项目：云南省高校人才培养模式创新实验区、云南省师范类专业人才培养模式改革创新研究重点项目、云南省高校教师教育公共课程教学团队项目、云南省高校精品课程建设项目以及省级规划教材、精品教材建设项目。同时，还以"西部新建本科院校'整合连贯型'基础教育师资人才培养模式改革创新研究"为项目，被国家教育部列为全国教育科学规划研究课题（FFB108116）。经过多年的探索实践，高校师范类专业"整合连贯型"教师教育模式改革成果于2013年3月获云南省第七届高等教育教学优秀成果一等奖，受到云南省人民政府表彰奖励（见云南省人民政府文件云政发〔2013〕50号）。2013年6月，《"整合连贯型"：教师教育模式改革的新探索》一书荣获云南省第十六次哲学社会科学优秀成果一等奖，再次受到云南省人民政府的表彰奖励（证书号16B014）。

　　此次修订，在坚持罗明东教授倡导的"整合连贯型"教师教育模式改革思想为主线的同时，把教育部颁布的教师教育课程标准和教师资格证书考试大纲等文件的要求与精神亦予以体现，使教材更具实用性和针对性。在修订过程中，得到了云南省教育厅高教处的指导，是楚雄师范学院、昆明学院、云南师范大学、大理学院等高校相关单位教师集体协同合作的产物。本书的主编是：张洁、王荔、李云峰、尹绍清、李里、段若荧、李昌茂等，副主编是：廖竣、朱蕾、周波、吕天甫、徐惠萍、罗承、赵云龙、曾蕾、曾涌、肖大兴、余秋梅、高桂梅、林园、曾谋等。由于"整合连贯型"教师教育模式改革是一项探索性的工作，鉴于能力、学术水平的局限，错漏之处，敬祈指正。

修订编者

2013 年 12 月

目　　录

第一章　班级、班集体与班主任

【目的和要求】

使学生了解班级、班集体的概念，理解班主任工作的重要性，掌握班主任基本素质训练的基本方法。

【重点和难点】

本专题的重点和难点是掌握班主任技能训练的基本方法。

第一节　班级与班集体

一、班级概述

班级是学校的基本组织单位，是学校重要的构成要素，班级作为一种社会的子系统反映着学校的社会关系及社会功能，反映着社会的教育因素及教育功能。

班级是教育教学的基本单位，学校工作计划、课程教学计划、德育工作计划等都要通过班级来贯彻实施。教育教学质量的提高、教育教学目标的实现、学生的生活、学习、思想、道德等各种素质的养成都是在班级活动过程中实现的，因此学校对学生的管理是通过班级管理来进行的，任何一所学校都会把班级管理放在极其重要的地位。

班级，是指一个有一定人数规模的学生群体，是学校根据一定的任务，按照相应的规章制度组织起来的有目标、有计划地执行管理、教育职能的正式组织。班级是开展教学活动的基本单位，也是学生学习生活及开展活动的集体单位，还是学校管理工作的基本单位。

班级群体由几十个个性迥异的成员——学生构成，学生之间的需要、兴趣以及能力等的差异，导致班级成员行为上的不同。班级作为一种正式群体，具有自身的共同目标，为了实现班级的目标，学校行政机构指派班主任对班级这个社会组织进行有效的管理。班级管理是一种组织活动过程，它体现了教师和学生之间的双向沟通交流活动，是师生之间的一种互动关系。班级组织活动的参与者是教师与学生双方。教师的管理与学生（班委会）的管理合起来，构成班级管理。班级管理的对象是班级中的各种事项，还包括学生学习之外在校生活的其他方面。班级教育的主要对象是学生，班级管理也主要是对学生的管理。

1. 班级具有教育性和社会性

班级的教育性是指班级作为学校教育的单位对学生社会性发展的影响，表现在学生社会化和促进学生个性化两方面，即在班级活动中，学生学习社会的文化，掌握社会的价值观念和道德规范的同时也发展个人的学习兴趣、需要，促进个性的全面、自由、和谐发展，这正是教育的根本目标所在。班级的社会性是指学生在班级群体活动中与同学、教师交往，构成一定的社会关系。同时班级中的活动反映着社会对学生的培养规格要求，而学生来自于不同的家庭环境，背景不同的学生其思想意识也会不同，在班级的活动中，学生要和教师、同学这些群体中的成员打交道，因此班级学生的互动中还反映着社会环境的渗透和影响，这些都构成了学生复杂的社会互动关系。

2. 班级的产生与发展

班级授课制是社会教育发展到一定历史阶段的产物，班级管理是随班级授课的产生而产生，并随社会发展以及师生结合方式的改变而发展的。中世纪及之前学校的教学组织工作十分松散，教师只对学生进行个别教学指导，不对全班授课，教学效率很低。随着资本主义的发展，扩大教育对象的呼声越来越高，原有的个别教学方式不能满足社会的需求。为了改变这种状态，夸美纽斯在总结前人经验的基础上，提出并全面、系统地论述了班级授课制度，即将一定的学生按年龄或能力组织起来，由一位教师给全班学生上课。这种授课方式能容纳更多的教育对象，大大提高了教学效率。但当时夸美纽斯所提出的班级授课制并没有真正实施，真正实施班级授课制是随着社会大工业发展，学校大量建立起来，学生数量大量增加才得以实现的。

班级授课制将学生按年龄和知识水平编成固定的班级，由教师按照教学计划和课程表对全班学生进行教学。其优点是一位教师能同时教许多学生，扩大了单位时间内教师的教学能量，提高了教学效率，能保证学习活动循序渐进，使学生获得系统的科学知识；同时，学生在班集体中学习，可与教师及同学进行多向交流和沟通，扩大了学生与同龄人的交往面。其最大的缺点是班级授课制主要是按照中等学生的学习进度进行教学的，它强调的是统一、齐步走，难以照顾学生的个别差异。

班级授课制在我国兴起的时间是在清朝的 1862 年，当时的北京京师同文馆是实施班级授课制的第一家；在清政府颁布《钦定学堂章程》后，班级授课制才在全国广泛推广。

目前，班级授课制仍然是课堂教学的基本组织形式，其教学效率高的优点决定了它难以被替代，但它也越来越暴露出不能因材施教的缺点。为了弥补班级授课制的不足，国内外进行了许多改革实验。如实施小班化教学、选课制、合作学习、小队教学等方式。

二、班级的结构和功能

（一）班级的结构

班级是学校实施教育教学和管理的基本单位。一个班的学生不是一群孩子的偶然汇合，而是按一定的教育目的、教学计划和教育要求组织起来的学生群体。班级是一种社会组织，由班主任、教师（特指不担任班主任的任课教师）和学生组成，预定的教育目标是通过师生相互影响的过程来达到的。班级的结构是由一些群体构成的。

在一个班上，除了有一个学生都必须参加的班级群体以外，实际上还存在一些正式和非正式的小群体。导致班级群体中人际关系和小群体之间的关系错综复杂，并深刻影响着每一个学生志趣与品德的发展。因此，了解学生中各种群体的人员构成特点、影响力及其相互关系，对搞好班主任工作是非常必要的。

1. 正式群体与非正式群体

正式群体，是指在学校行政、班主任的领导下，按一定章程组织起来的学生群体。它通常包括：班级学生群体、班级共青团或少先队等，负责组织和开展全班性的活动。班级正式群体中的管理机构一般由班主任、班长（学习委员、文体委员、劳动委员等）、组长及学生组成，管理关系呈树形分布，班主任管理职能是通过班长、学习委员等班干部来实现的。此外，班级中还有为配合开展班集体活动、完成某一方面的任务而组织起来的各种学生小组，如学科小组、文体小组等，这些学生小组也属正式群体。

班级作为正式群体直接接受学校、班主任和有关教师的领导。班级有自身的目的与任务，学生成员稳定，有一定的组织纪律与工作计划，经常开展活动。班级作为正式群体组织得好的话，能有力地团结、教育全班学生共同进步，对班级中的学生学习和生活产生重要的影响。

非正式群体，是指学生自发形成或组织起来的松散群体。是因志趣相同、感情融洽，或是有邻居、亲友、老同学等关系组合而成的学生群体。其类型多种多样。

非正式群体具有以下特点：自愿组合，三五成群；成员情趣相投，有共同的爱好和兴趣；核心人物是较有威信与能力的学生；活动由大家商量而定，成员积极性高；交往与活动频繁，有活力。但非正式群体一般没有正式的组织机构和长远的活动计划，其成员也不稳定，易受外部条件和内部人际关系变化的影响，个别成员特别是主要成员的变化（如退出或有新的参与）都会严重影响它的活动，导致群体解体与重组。

非正式群体虽然是自发形成的、松散的，但它有强大的影响力，是学生进行学习和交往所必需的，可以满足学生的人际需要和归宿需要，弥补集体正式活动之不足。每个学生在班级的集体活动之余，也都三五成群地一起进行学习和交流，一起参加体育活动，这些非正式的小群体生活，使学校生活丰富多彩，也使班集体生活充满乐趣。所以，非正式群体与正式群体共存，对学生的身心发展有不可忽视的影响。

当然，非正式群体也有盲目、消极的一面。例如，有的过分热衷于小群体活动而不关心班集体，不愿担负班集体的工作和参加集体活动；有的具有排他性，在班上闹不团结；有的则迷恋于吃喝玩乐，时而搞恶作剧，甚至违法乱纪。不过，只要班主任真诚地关怀和帮助他们，耐心细致地做工作，就可以缩小其不良影响，化消极因素为积极因素。如果班主任对非正式群体毫无认识或持有偏见，把它视为小圈子、小集团横加打击，就会人为地迫使它与班集体的正式群体对立（主要是与班集体对立），严重影响班集体活动的开展或班集体的发展。

班主任要公正、热情地对待各种学生群体，不可偏爱正式群体或某些非正式群体，歧视和打击另一些非正式群体，而要关怀、尊重它，所有的非正式群体都有积极因素和消极因素，积极性一面是主要的。要善于引导非正式群体的发展，使它与正式群体（包括班集体）的奋斗目标一致起来，把那些在非正式群体中涌现出来的有威信、有能力的学生选拔出来，担任正式群体中的适当工作。这样，使正式群体与非正式群体之间关系融洽、目标一致，为了集体的共同目标和利益，积极地发挥各自的作用。

2. 参照群体

参照群体，是指学生个人乐意把它的目标、标准和规范作为自己的行为动机、调节自己思想和行为的一种群体。通俗地说，参照群体是学生个人心目中向往和崇尚的群体。

每个学生在生活中都将同时参加若干个正式的与非正式的群体。但他并不把这些群体摆在同等重要位置上，并不与其中的每一个群体在思想行为上都保持一致，而是按个人的价值观把它们排列成一定的顺序，分别加以对待。只有排在最前的一个或几个才是他个人力图与其在思想行为上保持一致的参照群体。

每个学生选择的参照群体往往大不一样，在各种因素的影响下，学生选择的参照群体也会不断发生变化。低年级学生常以高年级学生组织的某些群体为参照，而高年级学生则多以社会上受尊敬的领袖人物、科学家、英雄模范或某个群体为参照群体。有的学生是以文学、电影、电视或道听途说的主人公和群体作为自己追求的参照群体。因此，了解每一个学生的参照群体十分重要，由此可以了解学生的内心世界，从兴趣爱好、价值观、人生观入手，可以预测学生的个性发展，有针对性地对他们进行引导和教育。

由于学生选择的和心目中向往的参照群体与他实际参加的学生正式群体往往不一致，因而给教育工作造成了极为复杂的情况。一种情况是学生以高年级优秀生，英雄与伟人为崇尚对象，这与学校教育和班集体的发展方向是一致的。班主任要帮助他们巩固与提高，使他们的追求更加自觉、明确、强烈。另一种情况是学生以球星或文艺明星为学习榜样，这就可能因迷恋有趣的运动、游戏与文艺活动同学校与班级的要求常常不一致，甚至产生尖锐的矛盾与冲突。在这种情况下，班主任要善于因势利导，发扬其积极因素，抑制其消极因素，根据学校的制度与纪律来进行调节，以利于个人和集体的发展。还有一种情况，少数学生选择的参照群体具有极大的危害性而与教育要求相违背。如有的以武侠为膜拜对象导致离家出走，或以非主流群体为样板而热衷于斗殴。对这种情况，班主任稍有觉察就要立即制止，并做好其思想转变工作，以防止严重事态的发生。班主任要系统、深入地了解学生，弄清学生选择的参照群体，了解他们的内心世界和追求，才能有的放矢地进行教育，及时地给予正确的引导。

（二）班级的功能

班级作为一个正式群体，与其他社会组织一样，有其特定的成员、特定的目标、特定的文化、特定的人际交往及特定的功能。为了实现这些功能，班级中存在着多种目标，如课程与教学大纲规定的教学目标等，班级是实现这种目标的机构和主要场所。因此，班级不仅是一个微观的社会体系，同时也是一种社会组织。班级作为一个社会化的机构，包含着诸多功能，如社会化功能、个性化功能、交往功能、发展功能等。

1. 社会化功能

社会化，是一个人内化社会价值标准，学习角色技能，适应社会生活的过程。是指个体从"自然人"逐渐成长为一个"社会人"的过程，即个体习得社会文化规范和适应社会环境，成为社会合格成员的过程。在这个过程中，一个人从无知无识的儿童成长为有一定知识文化的青年，这期间至少需要十二年的学校基础教育。青少年时期是个人发展的重要时期，也是个体社会化的重要时期。学校教育通过传递人类历史文化精华，帮助青少年掌握必需的知识、经验、技能以及社会道德行为规范，使其成为一个社会人，因此学校教育的基本职能就是促进人的社会化。学生在学校班级活动过程中，班主任按照一定的社会要求，通过班级教育教学活动和学生之间的人际交往、课内外活动实践，以班级目标为导向，借助课堂教学、班级规章制度、班级文化等载体，让班级所有学生接受来自社会、同龄伙伴以及社区、家庭等广泛而深刻的影响，从而确立正确的社会价值观与生活目标。获得社会生活基本知识和基本技能，学会遵从社会规范，培养社会行为和社会角色，这便是班级社会化的过程。人的社会化的另一方面，则是通过直接参与社会生活过程，学生所参与的社会生活便是班级生活和学校生活，学生通过班级活动中学生之间的密切沟通、交往，找到班级中自己的位置，学习掌握与人相处的方式，从而把社会文化、规范内化为自己的社会文化素养。

2. 个性化功能

个性是指个体比较稳定的生理、心理素质和社会行为特征的总和。个性化功能，指班级社会按照青少年身心发展的特点和发展规律，以社会情境和教育社会化影响为媒体，通过儿童主体性的"内化"机制，形成和发展健康的个性。青少年学生健全的个性是在班级学习、交往、游戏、集体自治等各种活动中形成、发展的。班主任必须努力发现每个学生个性的差异以及形成这种差异的条件，根据学生差异帮助其确定可能的塑造方向。班级的个性化功能主要表现在通过丰富多彩的集体活动培养学生不同的兴趣、爱好，发展学生各具特色的能力，给性格各异的学生提供了较多的选择机会，从而强化学生的个性差异；通过性质和内容各异的集体活动和人际交往，塑造学生良好的性格；通过同班学生间的相互比较和评价，促进学生自我意识的发展，形成个人的独特个性品质。

3. 交往功能

每个人都有自己的心理需要，需要是人行为动力的源泉。需要的满足和实现过程可以激发人的内在动力。良好的班级具有相互尊重的人际关系，每个学生在班级中都有自己要好的朋友，他们可以通过沟通排解各种不良情绪，理解他人和被人理解，进而调整自己的不良心理和行为。同学之间的交流不仅能满足学生求知的需求，还可以在相互理解中获得心理上的支持。良好的班集体具有积极的价值追求，而集体积极的价值能对学生心理、行为起着促进、引领的作用，它使学生能感受到来自集体的精神力量，感受到生活的乐趣和生命的意义。在现实的班级活动中，班主任和教师与学生之间、学生与学生之间的交往不是单一的、片面的，常常是全面的和多层次的，既有知识传递与接受的交往，也有情感方面的交流与分享。班主任和教师要重视通过教学、课外活动、社会实践活动、个别交流等多种途径与学生进行广泛的交往，满足学生发展过程中的多方面需要。

班级为学生多方面交往提供了一个基本活动的舞台。班级组织是社会组织的雏形。在班级中，有一定的层次和分工，学生干部和其他成员相互交往，有机地结成一个整体。班干部在参与班级管理的实践中，需要与各位同学交流，从而增强了民主作风；学生在班级交往中强化了民主意识。他们是班级社会交往的主体，不是消极地完成教师交给的任务，而是参与组织决策，学习着怎样服从集体的领导和遵守群体规范，学会怎样控制自己的行为，学会对人与事作正确评价和总结，从而促进组织能力、理解能力和社会活动能力等多方面能力的发展。每个学生在与同学共同完成任务和参与组织活动的过程中体验自己所处的地位，认识领导者和被领导者的权利和义务，进一步认识自己长处和短处，发展自己的兴趣和爱好。总之，班级中学生的多方面交往可以促进学生能力、个性的全面发展。

4. 发展功能

班级是促进学生个性和谐发展的平台，个性是指一个人相对稳定和独特的心理结构和行为方式。个性发展包括认知、情感、意志、行为方式、自我意识等等方面的和谐发展。个性的和谐，是指一个人心理因素的各方面及个人与社会、自然和自我等关系的和谐。学生个性的和谐发展是教育的终极目的。人的个性发展，是在与周围环境的相互作用中，通过活动和人际交往逐步形成的。

良好的班级是学生个性和谐发展的平台。首先，班级是教育教学的社会组织，各种教育教学任务都在班级活动中进行，班级本身具有丰富多彩的活动和精神生活。在集体活动中，每一个学生都有展示自己才能，发挥个性，获得集体成员肯定的机会。其次，班级的自主管理为学生提供了不同的责任岗位，让学生担任不同的角色，学生在承担集体责任和角色时，产生对自我的积极期望，并在努力完成自身任务的过程中，促进情感、能力、行为等方面发生积极变化。第三，集体生活中展开的各种评价，有利于形成学生积极客观的自我意识，唤起积极的自我价值追求，从而促使其个性和谐健康地发展。在集体生活中，学生之间、师生之间的交往，也是学生个性发展的不可缺少的养分。班主任、教师积极健康的个性及其与学生的和谐关系，是学生个性健康发展的重要保障，能为学生个性的自我塑造提供现实的精神榜样；学生之间和谐的人际关系和交往能为学生个性和谐发展提供丰富的精神内涵，提供相互借鉴、学习的榜样。

实际上，良好的班集体不仅对学生发展具有重要的教育价值，而且对优化学校教育教学过程、提高德育实效、促进教师人格健康等方面都有十分重要的作用。

总之，以上班级的四个功能是相互影响、相互制约的。社会化功能与发展功能主要表现为按社会要求对个体的教化、定向和控制；而个性化功能与交往功能，则是班级社会化过程的一种结果和反馈。班级作为成人世界与儿童世界之间相互作用的特殊桥梁，是一个相对独立并具有稳定性、适应性的社会系统。班级的社会功能，就是通过这个社会系统的整体发挥出来的。班级社会功能的发挥需要各方面工作的协调配合，其中以班级教学工作和班级集体建设工作为主要的核心。

三、班集体的概述

班集体不是一般意义上的班级，它是在教育者的指导下，在班级集体基础上发展起来的，能产生巨大教育影响力的教育主体。班集体是班级的最高形式，班集体是班级群体发展到一定水平的结果。班集体是指在班级基础上建立的一个有凝聚力和积极向上的班级学生群体。组织有序的班级仅仅提供了班集体发展的基础，班集体是在学校教学班的基础上，在教师教育指导和集体主义价值观引导下，在共同活动中形成的文化心理共同体，是一种特殊的学生主体。

（一）班集体的含义

1. 班集体是一个以教学班（班级）为基础建立起来的规范化的社会组织

众所周知，教学班是学校为完成教育、教学任务而建立的，集教学、教育、管理于一体的班级组织，是班级授课制的基础。在班主任的组织、教育和引导下，班级根据学校教育的规范、要求，逐步建立起班级的组织机构和各种制度规范，形成了责任依从的组织关系，组成一支班干部队伍，开展班集体自主管理，进行各种班级活动。但是，有目标、有组织、有规范的班级并不一定形成班集体，只有这些目标、规范内化为学生群体共同的目标和规范时才能算是真正的班集体。

2. 班集体是一个文化心理共同体

班集体是一个由几十个学生组成的社会心理共同体。班级成员在班级的共同活动和交往中逐渐形成了一种沟通交流的人际关系，这种关系包含情感的、认知的、道德的因素。班级内会产生各种群体舆论，产生各种冲突，这些都是群体的社会心理现象。在班主任和教育者的正确教育和引导下，班级成员在活动中形成和谐、真诚的人际关系和健康向上的集体舆论，在集体活动和工作中表现出凝聚力和团结性，形成良好的班风，集体成员拥有"我们是一个整体"心理认同感，这时，班级群体成为了一个和谐、团结、向上的社会心理共同体。

班集体是一个特殊的学生主体。从教育主体论的角度来看，主体是人，而人包括作为个体的"人"和作为群体的"人"。班集体是在教师引领下形成的特殊的学生主体。班集体中的人是在教师（特别是班主任）引导下，以学习活动为主要活动方式，在集体中获得个性全面和谐发展的人。班集体作为"群体"，同个体一样，具有自己的主体意识，如集体的目的意识、进取意识、集体价值意识等等，具有集体特有的情绪、态度、能力和精神。班集体同时又是一个特殊的教育的主体，班集体一旦形成，就会产生一种巨大的教育力量，对每一个成员产生持续的教育影响。作为教育者，应当意识到，学校教育总是在一定的集体背景中展开的，学校教育不能仅仅依靠教师对学生单一的教育影响，更要善于挖掘和发挥集体教育的影响力，只有尊重学生作为教育主体的影响作用，才能提高教育的整体效能，把教育要求真正转化为学生集体自我教育和发展的过程。

从以上班集体三个层面结构的分析可以看出，班集体的含义简而言之就是以集体主义为导向，经过以班主任为主的各种教育力量培养而形成的，具有正确的奋斗目标，具有较强的核心与骨干力量，具有良好的纪律、班风，具有良好的人际关系，能够使班集体成员在德、智、体、美、劳各方面的素质不断提高的高级班级群体。班集体的组织目标、规范、机构是班集体存在和发展的基础。班集体的社会心理特性是把集体成员在心理上相互融为一体，形成集体主体性的关键；而班集体所具有的主体特性，才真正地揭示了班集体作为活生生的青少年学生集体的本质所在。

（二）班集体成立的标志

班级成为班集体需要进行班集体建设。班集体建设是指教育者通过各种手段将班级这一学校的最基层组织培养成班集体，以完成教育教学任务和发展每一个学生个性为目的的过程。班集体建设是班主任的中心工作，是学校教育教学和管理工作的基础。

班集体形成的标志有以下几点：

1. 有明确的共同奋斗目标

奋斗目标是引导学生前进的方向，是激励学生向上的动力，也是调节规范学生言行的总体要求。奋斗目标分为近期、中期、远期目标，逐步实现。确立目标要注意方向正确，有思想性，有针对性和激励性；一个具体目标实现后，要及时总结评价，进一步提出新的近期奋斗目标，步步向总目标推进，形成目标体系。对一个班集体来说，近期目标要切合实际，学生易于接近，易于实现，只有实现了一个又一个的近期目标，才能引导学生实现其理想的远大目标，并为实现这些目标而努力。班集体的共同奋斗目标，是班集体的理想和前进的方向，班集体如果没有共同追求的奋斗目标，就会失去前进的动力。所以在班级管理中首先要有一个明确的班集体的奋斗目标，这样可加大班级的凝聚力。作为班主任，应结合本班学生的思想、学习、生活实际，制定出本班的奋斗目标，还要发挥整个集体中每个学生的积极性，促使其形成集体荣誉感和责任感。

2. 有组织健全的班级骨干队伍

一个坚强的班集体，必须有一批团结在班主任周围的学生骨干，并由他们组成班集体的核心。班级干部应是思想好、学习好、组织管理领导能力强的优秀学生。还要尽量照顾到每一位同学，提倡建立一支班级骨干队伍，这个范围比"班干部"要大得多。一个组织健全的班级，能有利于班级管理。班主任要策划好班级组织，并明确分工，让班级组织学生骨干各司其职。班主任要充分调动好班级组织，充分发挥班级组织的功能。良好的班级组织一般具有榜样、同化功能，其他同学会以学生骨干为榜样，发生潜移默化的变化。班级组织同时具有激励和约束功能，其他同学会在班级组织的激励下，自发地产生一种无形的力量约束自己的行为。班级组织也具有监督共管功能，能促使班级学生向自我管理迈进。中小学班委会一般由班长、副班长、学习委员、体育委员、文娱委员和劳动委员、生活委员等组成。中学团支部由支书、组织委员、宣传委员组成。全班分划为若干学习小组，由学生选举出小组长。总之要做到组织严密，分工明确，事事有人管。通过多种形式选拔培养班干部，让更多的学生获得为集体服务和锻炼自己的机会。

3. 有统一的班级常规和严格的纪律

健全的规章制度是班级正常秩序的保证。各种比较严格的规章制度，是维护班级正常教育教学活动的保证。因为班级的教育教学活动是在师生交往中展开的，而班级群体中的人际交往和关系必然形成相应的组织、规章和制度。学校在学年初就应当明确各项纪律制度，并督促班级建立、健全班内规章制度，以规范班级行为。健全的集体不仅要有一定的组织结构，而且应受到相应的规章制度的约束，并把取得集体成员认同的、为大家所自觉遵守的行为准则作为完成共同任务和实现共同目标的保证。

4. 有正确的班级舆论

所谓正确的班级舆论，就是班集体中占优势的、为多数人所赞同的正确的言论和意见，这是一个良好班集体的重要标志。正确舆论是集体成员进行自我约束和自我教育的重要手段。因此，学校领导和班主任要经常注意学生的舆论倾向，并积极将其引向正确的方向。正确舆论是在教育活动中形成的，所以还要注意教师的思想倾向和社会倾向对正确的班级舆论的影响，多方位地帮助班级培养正确舆论。

在班级管理中班级风气是评价一个班主任工作成绩好坏的依据。正确的班级舆论是一种无形的巨大的教育力量，班风是反映一个班级精神面貌和教育质量的重要标志。培养一个团结友爱、奋发向上、纪律严明的良好班集体，是班主任班级管理工作的基础。良好的班风一旦形成，就会对学习和生活在这个班级中的学生起着潜移默化的作用，有着强大的感染力。良好的班风应该是能反映社会主义精神文明、反映新时代人才素质要求的，而且它还应该具有本班的特色。

5. 有良好的人际关系

所谓班集体的人际关系，是指班级集体成员在班级生活和交往中形成的人与人之间的各种直接关系的总和。良好的班集体具有相互关爱、尊重平等的人际关系，每个学生在班集体中结交朋友，通过交流沟通排解各种不良情绪，理解他人和被人理解，进而调整自己的不良心理和行为。同学之间的交流不仅能满足学生求知的需求，还可以在相互理解中获得心理上的支持。班集体开展大量有意义的教育活动，在教育活动中，学生承担不同的职责，人际交往频繁，通过这些积极的、有意义的活动，学生在活动中相互关心，团结友爱，能形成助人为乐的良好的人际关系，同时集体荣誉感、集体凝聚力也能得到增强。

第二节　班主任

一、班主任的作用

班主任是为建立、巩固和发展班集体而设立的专职教师，是班集体的组织者、教育者和领导者，是学校领导实施教学工作及各种活动的得力助手。

我国清朝政府于 1904 年 1 月 13 日公布的《奏定学堂章程》中规定，小学"各学级置本科正教员一人"，"通教各科目"，"任教授学生之功课，且掌所属之职务"。由一个教师担任一个学级的全部学科或主要学科的教学制度，称为学级担任制，简称级任制。负责一个学级全部或主要学科的教学工作和组织管理工作的教师称为级任教师。民国以后，1932 年规定中学实行级任制，1938 年又把中学的级任制改为导师制，把负责班级组织教育工作的教师称级任导师。中华人民共和国成立后，继承老解放区的传统，学习苏联的教育经验，在中小学里一律设置班主任。

我国的《中学班主任工作暂行规定》对班主任任务作了明确规定。班主任的基本任务是："按照德、智、体、美、劳全面发展的要求，开展班级工作，全面教育、管理、指导学生，使他们成为有理想、有道德、有文化、有纪律、体魄健康的公民。"

班主任工作在班级管理、教育教学中起着极为重要的作用。班主任是学校贯彻国家教育方针的具体组织者和实施者，是班集体的管理者，是实现教育目的，促进学生全面发展的核心力量，是协调学生和学校关系的纽带，是沟通学校、家庭和社会三方面教育力量的桥梁。班主任对一个班的学生工作全面负责，是一个班学生品德、学习、健康和生活等方面的教育者、组织者和指导者，也是班级教育活动的主要实施者和各种教育力量的协调者，对一个班集体的发展起主导作用。班主任工作的成效，在很大程度上决定着一个班的精神面貌和发展趋向，并对学生德智体美劳全面发展起着重大的影响作用。

班主任的工作质量对学校整体的教育教学工作具有举足轻重的作用。在重视学生个性全面发展、重视素质教育的今天，这种作用会更加突出。班主任的教育观念、道德品质、思想作风对班集体的形成、发展和学生的成长产生着深刻的影响。

二、班主任工作的意义

班主任与学生朝夕相处，是全班学生的组织者、教育者和指导者，是学生成长路上的引路人，是学生成长的重要影响源，在学生健康成长过程中起着导师的作用，关系到学生整体发展的方向与水平。一个班级由几十名学生组成，这些学生各具特点，有着不同的发展可能性。班主任组织学生，形成良好班集体，既保证学校各项工作的顺利完成，使全班学生获得教育计划所要求的一般发展，又通过开展丰富多彩的班级活动，使每个学生个性都得到发展。班主任是学生的导师，还是学生的知心朋友，对全班学生的全面发展和良好个性的形成负有直接的教育责任。班主任的人格魅力、言谈举止影响着班级的人际关系和班级气氛。一般来说，如果班主任具有较强的人格魅力，具备渊博的知识、较强的能力、高尚的修养、丰富的情感，那么，在班级中就极易形成民主、平等的人际关系，班级气氛良好，学生学习质量高，道德观念也会有很好的发展。正如冰心老人所说："教师的现在，就是学生的将来。"班主任工作的质量，关系着未来人才的质量。每一位家长乃至整个社会都对班主任寄托着殷切的期望。

班主任是组织、协调任课教师的教育力量。是学校领导者实施教育、教学工作计划的得力助手和骨干力量；在各方面教育力量的联系协调中起着纽带作用，是联系班级任课教师和学生集体组织的纽带，是沟通学校、家庭与社会各教育力量的桥梁。班主任应该成为本班任课教师集体的组织者、协调者，成为教师集体的带头人。班主任要经常与任课教师沟通学生在学习中的各种表现，及时反馈学生对该门课程的学习情况，共同探讨有针对性的指导策略，班主任要信任与支持任课教师的工作。班主任只有发挥组织协调职能，把各科教师的教育影响统一起来，形成教育合力，才能增强教育的整体效应。

班主任是沟通学校与家长、社区的桥梁。学校与家长、社区的联系主要是通过班主任去进行沟通的。班主任是家长会的组织者，班主任负责联系家长，协调家长与学校的关系，协调家长与科任教师的关系，协调学生与家长的联系，与家长共同承担教育的责任。学生的家庭状况、社区环境都会给学校教育带来一定的影响，所以班主任要经常保持与家长的沟通，赢得家长的信任，共同探讨教育学生的措施和方法，使学校教育与家庭教育密切配合，才能取得更好的教育效果。同时，要注意和社区进行协调、沟通，积极争取社会的教育力量，为学生的发展营造良好的环境。

总而言之，班主任工作有如下的意义：

（1）班主任工作是贯彻教育方针，完成教育任务和实现教育目标的重要保证。

（2）班主任工作是提高教学效率的重要手段。

（3）班主任工作为学生健康、全面、和谐发展提供了条件。

（4）班主任是学校联系各班级的纽带，是沟通学校与家庭、社会教育力量的桥梁。

每一位班主任都处在沟通学校与家庭、社会教育之间联系的主导地位上，因此班主任必须关注整个社会，走向每个家庭，对来自社会与家庭的多方面信息进行鉴别、筛选，促使学校、家庭、社会形成三位一体的教育合力，使学生健康成长。

三、班主任工作任务

我国《中学班主任工作暂行规定》对班主任工作任务作了明确规定。班主任的基本任务是："按照德、智、体、美、劳全面发展的要求，开展班级工作，全面教育、管理、指导学生，使他们成为有理想、有道德、有文化、有纪律、体魄健康的公民。"班主任的基本任务是在学校政教部门和教务部门的领导下，依靠其他教师的协助，结合本班的实际情况，全面系统地贯彻教育方针，按学校工作计划的要求和目的有计划地开展班级工作，努力提高学生的思想觉悟、学习质量以及身心健康水平。

班主任的具体任务如下：

（1）根据社会主义的教育目的和培养目标，贯彻执行党的教育方针，促进学生德、智、体、美、劳的全面发展。

（2）组织和领导班集体，把班级组织成为具有崇高的统一目标、坚强的领导核心、正确的舆论、自觉遵守纪律和发扬优良传统的集体。班集体的形成是教育的结果，同时又是强大的自我教育工具。班集体要充分发挥教育作用，教育好每个学生，培养他们具有集体主义精神、爱国主义精神和共产主义思想品德。

（3）要面向全班开展教育工作，帮助全班每一个学生得到发展，使每个学生得到进步。班主任要帮助学生努力完成学习任务，明确学习目的，端正学习态度，掌握科学的学习方法，提高学习质量。要针对各种类型学生的不同特点予以帮助，使他们发扬优点，帮助他们克服缺点。对于后进学生，班主任要鼓励他们要有克服缺点的勇气和信心。对表现好的学生，要教育他们戒骄戒躁，继续努力，发挥他们的带头作用，指导他们帮助后进的同学共同进步。

四、班主任工作的内容与方法

（一）了解和研究学生

班主任必须对全班的学生进行研究，进行了解，对全班的情况心中有数。了解和研究学生的方法很多，观察法和谈话法是班主任工作中最常用、最基本的方法。观察法是班主任有目的、有计划地对学生进行了解和研究的方法；谈话法是班主任有目的、有准备地与学生通过问答方式直接交谈，从中了解学生情况的一种方法。如果说观察法主要是了解学生的外部表现，那么谈话法则是通过与学生面对面的交谈，有意识地、主动地了解和掌握他们的思想活动情况。此外，班主任还可以利用非正式的谈话形式了解学生。非正式谈话是根据学生的特长、爱好，有意识地在活动和交往中与他们多接触和沟通。由于非正式状态下没有特定的形式、地点、时间的限制，学生易于敞开心扉，有利于班主任从中了解学生。

（二）组织和培养班集体

班集体不是自发形成的，它有一个发展的过程。一般认为，刚组成的教学班，经过班主任长期系统的组织培养工作，由松散的学生群体转变成为健全的班集体，大致要经过组建、初步形成和形成发展三个阶段。组织和培养班集体的工作需要从以下几方面去开展：确立目标，班集体目标可分为远期、中期、近期三种；建立班委会；培养正确的舆论和良好的班风；组织开展班级活动。

（三）做好个别教育工作

班主任要做好个别教育工作，主要抓优秀生的教育工作和后进生的转化工作。对于优秀生，班主任要着重培养其远大的理想，同时在各方面严格要求，使他们发扬优点，发挥带头作用，指导他们帮助后进的同学共同进步。还要帮助优秀生克服他们的缺点，教育他们戒骄戒躁，继续努力，在各方面不断取得进步。对于后进学生，班主任要鼓励他们要有克服缺点的勇气和信心，还要注意找到后

进生身上的闪光点，用放大镜来找学生的优点，做好后进生的转化教育工作。

（四）开展多种多样的活动

班主任要开展多种多样的教育活动，指导学生参加各种有益于身心健康的科技、文化和社会实践活动，丰富学生的课外生活，鼓励学生发展正当的兴趣和特长。抓好班级环境建设，从教室布置开始，营造一个优雅整洁的班级环境。

（五）协调好各方面的教育力量

班主任要协调各种教育力量，形成教育合力，要做好以下几方面工作：加强与任课教师的团结合作，搞好本班的教学工作，互通情况，协调各学科活动；做好班级团队工作；做好家长工作，争取家长和社会各方面的协助与配合，提高学生教育工作的质量。

（六）做好班主任工作计划和总结

班级常规管理工作内容很多，带一个班有很多的常规的管理任务，比如说一日常规、课堂常规、班会、写评语、家访等等，有很多的常规工作要做，需要班主任做好班主任工作计划和总结。班主任工作计划的制订和总结，是班级工作不可缺少的环节，是班主任工作达到预定目的的重要保证。

五、班主任工作管理的类型

目前班主任管理班级的类型主要有专制型、放任型、民主型三种。

专制型班主任的管理的方式是：班主任对学生的交流是单向的，班级的一切都由班主任决定，班主任采取强制手段管理、压服学生；喜欢用命令式的语言，主张严管、严罚，甚至挖苦讽刺、居高临下地训导学生；鼓励少批评多，欣赏少而打压多。而学生成为班主任的附庸，被老师牵着鼻子走，成为顺从者、旁观者，处于被动地位，缺少主体性与主动性，师生关系疏远。

放任型班主任管理的方式是：班主任与学生缺少交流，班级工作由班级或学生个人决定，班主任自己不参与，听其自然；班级出现问题时，只是被动地处理，对学生的表现也不作任何评价；不强调严格的纪律，不注重学生的思想教育，不关心学生思想的变化；工作缺乏计划性，目标任务要求不明确。在放任型的班主任管理下，班集体管理松散，学生情绪低落；学生与班主任关系既不十分融洽，也不十分紧张，学生对班主任缺乏信任感。

民主型班主任管理的方式是：班主任与学生的交流是多向的，交往的方式是民主的。班主任对班级的工作计划不是个人说了算，而是组织全班集体成员进行讨论，班主任给予指导和启发，和学生共同商量作出决定。班主任能听取学生的意见，关心和帮助学生解决实际问题；能调动学生的积极性，学生的情绪高涨，责任心强，集体力量发挥较好。班主任与学生关系融洽，互相信赖，受学生的欢迎；能注重学生的思想教育，关心学生身心的健康发展。这种类型的班主任，对学生充满真挚的感情，善于以情育人，以情感人，工作具有独立性和首创性，可使学生的特长和才能得以发挥。

这几种管理方式，在中小学教育中，效果最差的是放任型，班主任缺乏责任心，对学生不闻不问，班级各方面的表现都不好；专制型比放任型好一些；效果最好的是民主型。民主型的班主任与学生建立起一种民主和平等的关系，能够实现师生间的真正平等，学生学习的主动性和积极性最高。在今天的教育实践中，由于历史与现实的原因，我国教师采用专制型的管理方式居多。从管理方式上看，专制型的管理方式不仅影响了师生之间的正常关系，也使学生的身心发展受到阻碍。追求一种民主化的管理方式是社会发展的必然，也是学生的迫切要求。这需要教师转变自己的管理观念，还要相应地提高自己的管理能力和水平，以适应这种管理的方式。

第三节　班主任的基本素质

一、班主任素质概述

教师是人类灵魂的工程师，是 21 世纪高素质人才的塑造者，学高人之师，身正人之范。苏联教育家加里宁说："教育者影响受教育者的不仅是所教的某些知识而且还有他的行为、生活方式以及对日常现象的态度。"教师是学生知识的传授者、道德行为规范的熏陶者，他的一言一行都落在学生的眼里，这就决定了教师尤其是班主任教师表率作用的重要性。青少年学生正处于世界观和人生观成型的重要时期，这期间，由于年龄和阅历的关系，自身的鉴别能力有限，大都具有"向师型"和"模仿型"的心理特点。班主任和学生朝夕相处，班主任的言论、行为、生活作风、思想意识都会对学生思想、行为和品德产生直接的或潜移默化的影响。班主任要以高尚的人格、高雅的举止、健康向上的精神面貌去感染学生，用自己的模范行为让学生模仿，教会学生怎样做人。这是一种重要的教育力量，正如我国古代文学家韩愈所说的："以一身立教，而为师于百千万年间，其身亡而其教存。"

好的班集体是在班主任精心培育、模范影响下形成的，为师先做人，育人先正己。班主任在完成教育任务的同时，还肩负着引导并组织学生德、智、体全面发展的使命，有义务和责任帮助学生完善自我，因而班主任的自身素质显得尤为重要。

二、班主任的素质结构

（一）班主任的品德素质

班主任是学生的教育者、引路人，班主任自身道德素质的提升是帮助学生健康成长的首要条件。所以，作为一名班主任，要不断提升自身的道德修养。

班主任的品德素质首先是对教育事业的热爱，热爱教育事业是搞好班主任工作的基本前提。莎士比亚说，对一切来说，只有热爱才是最好的教师，它远远超过责任感。班主任作为班级的管理者和组织者，首先要热爱班主任这份工作，教师的工作是神圣的，也是艰苦的，教书育人需要感情、时间、精力乃至全部心血的付出，这种付出是要以强烈的使命感为基础的。一个热爱教育事业的人，才会有强烈的责任感。班主任只有明确自己身上的社会责任，才能对自己所从事的事业负责，对社会负责，对学生负责，对家长负责。只有热爱教育事业，才能够无私奉献。班主任工作是琐碎的，是需要甘于寂寞、甘于辛苦，将自己的所有精力全身心地投入到教学实践中去的。正所谓人民教育家陶行知所讲的："捧着一颗心来，不带半根草去。"

班主任的品德素质其次表现在对学生的热爱上，热爱学生是教师职业道德的核心，也是班主任工作取得成功的奥秘。托尔斯泰曾经说过："如果一个教师把热爱事业和热爱学生结合起来，他就是一个完美的教师。"所以，班主任除了热爱自己的事业外，还要热爱自己的学生。爱心是班主任走进学生心灵的法宝，它表现为真心诚意地关心、爱护、尊重每一位学生，设身处地地为学生着想，用爱与学生真诚地相处，只有这样，才能赢得学生的信任和尊重，才能做好班主任工作。教师只有热爱自己的学生，才能最大限度地发挥教育的作用；班主任热爱学生，才能在日常繁杂的工作中做到耐心细致，关爱学生，尊重学生的人格。"爱"需要教师对学生倾注相当的热情，对其各方面给予关注。"爱"要一视同仁，持之以恒；"爱"要面向全体学生，"爱"要在心理上与学生相容。教师对学生的爱和理解，可以使学生感到温暖，可以沟通师生之间的感情。

班主任的品德素质还表现在为人师表方面，教师与学生朝夕相处，教师的一言一行都落在学生眼里，要求学生做到的，教师自己要先做到。班主任要求学生遵守校纪班规，首先自己要以身作则恪守职业道德；要求学生要有协作的精神，自己首先要做到严于律己宽于待人。班主任要时时注意做学生的表率，用自己良好的品德和行为去带动和影响学生，为学生树立做人的好榜样，做学生成才的引路人。

（二）班主任的业务素质

班主任的业务素质由文化素质和能力素质构成。

要做好班主任工作，班主任还必须具备较高的文化素质。

1. 班主任的文化素质

（1）基本的教育理论素养

教育理论来源于教育实践，又指导着实践。只有掌握基本的教育理论，理解并能贯彻先进的教育思想和理念，班主任才能更好地运用教育理论，顺利地进行班级管理与教育工作。

（2）精深的专业知识

班主任必须精通所教学科的专业知识，才能轻松自如地把握每节课的重点、难点及知识联结点，才能在讲课时做到"有的放矢，深入浅出"，从而在学生心目中树立自己的威信，进而提高班主任的工作实效。

（3）广博的相关学科知识

学生的好奇心和求知欲都比较强，并且思想活跃，他们常常带着种种幻想与理想去探索未知的世界，因此他们常会向班主任提出各种各样的问题，如果班主任能利用自己广博的学科知识，简明准确地解答他们提出的问题或指导其探求知识，满足他们的求知欲，那么，班主任将会成为学生的良师益友。

2. 班主任必须具备的能力素质

（1）组织管理能力

班主任面对的是整个班级和不同性格特点的学生，班级工作又是千头万绪，因此，要顺利地开展工作，就必须有较强的组织管理能力，否则班级工作就会陷入混乱之中，教育教学都不可能收到好的效果。

（2）教育指导的能力

随着终身学习时代的来临，在今天的教育实践中，知识技能的传授远远比不上能力训练重要。因此，班主任必须具备对学生进行教育指导的能力，在教学中指导学生思考，进行自主性和探究性学习，还要善于指导学生积极进行自我教育和管理。

（3）机智灵活的应变能力

应变能力是班主任应当具备的一种教育能力。它是指班主任善于因势利导、随机应变处理各种意料之外的问题的能力。有了这种能力，教师就能在复杂多变的情境中，作出最合理的决定，采取最恰当的教育方式。这种能力也可称为"教育机智"。班主任的工作对象是不同的学生。几十名学生的思想、情绪、个性等千差万别，构成了班主任工作的纷繁复杂，千变万化。因此，班主任针对新问题，必须机智灵活地进行处理，才能使班级工作井然有序。

（4）敏锐的观察分析能力

一个班级的学生有几十人，每个学生都有自身的特长和优势，在班级中的表现不一，这就需要班主任具备敏锐的观察能力，才能从学生的细微表现中洞察到学生思想感情的变化，从而科学地预测问题的趋势，采用恰到好处的策略和方法，解决班里层出不穷的问题。

（5）教育科研能力

随着社会体制不断改革，人们的思想观念也会不断更新和变化，知识的更新换代日益迅速，我们班主任需要与时俱进，学习研究新的教育理论和实践问题，探讨新的教育方法，不断提高自身的教育教学研究能力，提高自身的综合素质。在教育实践中对教育现象要不断地学会分析、总结和研究，以促进学生的思想道德、学习能力、心理素质等全面发展。

（6）生动的艺术语言的表达能力

语言表达就是把自己的思想、感情、意愿、要求等准确地表达出来。正确的教育思想需要通过准确的语言来表达。许多优秀班主任在教育学生中能取得显著成效，其中一个重要原因就是善于运用丰富、生动、形象的教育语言。

（三）班主任的身心素质

教师要具备具有良好的体魄和健康的心理。班主任保持健康的心理和身体尤为重要。

班主任在繁忙的工作之余要积极参加体育活动，锻炼自己的体魄，因为拥有健康的身体是做好工作的基本条件。

班主任还要有良好的心理素质。在性格方面，班主任要具有积极、乐观、豁达的性格，要以宽广的胸襟化解学生之间、师生之间、亲子之间的矛盾，能以积极进取的心态战胜工作中的困难，能以乐观的人生态度善待生活。在情感方面，班主任要善于用理智控制自己的情感，做到不将个人的烦恼带进教室，不迁怒学生。要幽默诙谐，用微笑面对学生，要学会消除不良的情感，使自己保持良好的心境，以积极情绪感染学生，从而搞好教学，促进学生的健康发展。此外，坚强的意志是教师完成教育工作的必要条件。教师只有克服工作中的各种困难，才能顺利地做好教育工作。教师良好的意志力主要表现在目的性、果断性、坚定性与自制力四个方面。教师良好的意志品质的形成需要外部条件的刺激，但更重要的是要把这种外在的刺激化为内在的动力，并且有意识地进行训练。在压力与挫折面前，班主任要认识到，在现实生活中，压力与挫折对任何人几乎都是不可避免的。作为一名教师，更要学会应对压力与挫折，面对压力或挫折时，要采取合理的宣泄方式将其释放出去，不断提高自己承受压力和耐受挫折的能力，并且有目的地引导和锻炼学生提高承受压力和耐受挫折的能力。

班主任是学生行为的示范者，其个性品质在很大程度上决定着学生个性的健康发展。所以，教师必须注意自身良好个性品质的培养。班主任要培养自己良好的个性，要加强自身的个性修养。要在群体生活中体验自我的价值和生活的乐趣，在从事业余爱好的过程中发展个性，放松心情，增长知识。总之，班主任要努力塑造自己健全的个性，使自己能有和谐的人际关系，有良好的社会适应能力和积极、乐观向上的生活态度，有正确的自我意识，能正确地看待环境，从而既使自己的个性得到健康发展，还要用健康的心灵去开启学生的心灵之窗，培养学生健全的人格，帮助学生学会适应竞争的环境。

【技能训练】

训练一：

训练内容：

班主任的观察力。

训练目标：

通过分析案例，让学生了解班主任细致观察的重要意义，了解班级常规对学生的重要性。

训练范例：

一天，一个学生（女）没有到学校上课。这个孩子成绩比较优秀，各方面都很好，偶然没有来上课，老师也不见得就非得去问。但是我们学校对老师有个要求，班上的孩子，只要是请假，班主任必须知道是怎么回事。这位老师又是一个非常和蔼、高素质的语文老师，当他发现孩子没来上课时，就打了一个电话给学生家长（妈妈），属于常规处理，他并没有想什么。老师打完电话后，感觉学生的妈妈似乎有些吃惊，连连向老师道谢，之后家长来电话为孩子请病假。一周过去了，老师和家长联系，想去看看学生，家长犹豫了一下，同意了。拜访后，老师了解到：原来这个外表开朗的女孩子内心受过创伤，在她很小的时候父母关系就不好，上初三的时候，参加社会上的外语补习班时，她爱上了班上的一位老师，结果失恋了。从此心理便出现了问题，曾有过自杀的企图。那天，当她母亲接到老师电话赶到家时，她穿着整齐的衣服，放着音乐躺在床上，打开了屋子里的煤气。据医生讲，再晚来一会儿就很危险了。经过老师和年级组长与女孩子一番长谈，使她毫无生气的眼里有了一丝光亮，就这样，一个险些走上死亡之路的花季少女又被拉了回来。从这件事以后，学校规定：任何学生没有到校，班主任必须当天和家长联系。①

训练建议：

1. 分析教师是否需要有细致的观察力，老师观察力对学生的意义。

2. 班级工作是否需要有一些常规，分析班级常规对学生的作用。

3. 成绩好的学生也会出问题吗？为什么？

训练要求：

1. 了解班主任观察力的组成。

2. 了解不同学生的心理特点。

3. 了解中小学班级常规的基本内容。

训练二：

训练内容：

班级管理的细节。

训练目标：

1. 了解班级管理的细节对于班风的影响。

2. 了解不同的班级管理风格。

训练范例：

案例一：

有一次，开学第一天发英语教材时，结果就遇到这么一个情况：有一本英语教材封面破了。我本来可以送回图书室去换一本，但是我没有这样做。我觉得这一本破了封面的英语教材，恰恰是教育学生很好的一个素材。于是我把这本书举起来，我说"同学们看，这本书封面破了，但是不影响使用。李老师想问的是，哪位同学愿意主动要这本破了封面的英语教材"。结果很多同学都把手举起来了，一个、两个、三个，全部同学都举起手来了，于是我把这本教材送给第一个举手的同学。我问他："你叫什么名字？"他说："我叫余建忠。"我说："同学们，你们想一想，此时此刻我们每一个同学，都因为余建忠的存在，而感到了集体的温暖。"不是吗？当余建忠把手举起来的时候，我们每个同学就会想，我们班有这么好的同学，真是幸福。接下来不光因为余建忠一个人的存在感到幸福，那么多的同学都举起了手。我们每一个同学都因为自己举起了手，而让其他同学

---

① 教育部师范教育司、基础教育司规划指导：《班主任工作基本规范》，北京师范大学出版社 2008 年 6 月版，第 47 页。中小学班主任培训用书。

感到了一次温暖。可见这句话，并不是一句抽象的口号，而是我们可以做到的行为。①

案例二：

开学不久，某个新手班主任A向几个有经验的班主任询问如何管理班级，班主任A告诉小A："一开始就要给他们一个严肃的面孔，让他们害怕你。如果谁不听话就狠狠地批评他。"班主任B告诉小A："不要去管他们，他们爱干嘛干嘛去，与咱们无关，在这个学校做得好与不好待遇是相当的。"班主任C告诉小A："不同的班主任有不同的管理方法，这个你要自己去摸索，但一定要有爱心和责任心，要用公平的方式解决问题。"

训练建议：

1. 集体讨论案例一，分析班级管理的细节对班风建设的影响。

2. 集体讨论案例二，分析怎样的管理比较好。

训练要求：

1. 理解班级管理的基本知识点。

2. 理解班主任的基本素质。

本章测评要求：

1. 能理解班级、班集体、正式群体、非正式群体的概念。

2. 掌握班集体成立的标志。

3. 理解班主任的基本素质，了解班主任工作的基本内容和方法。

4. 理解班主任工作管理的类型。

---

① 教育部师范教育司、基础教育司规划指导：《班主任工作基本规范》，北京师范大学出版社2008年6月版，第53页。中小学班主任培训用书。

第二章　组织建立班集体的技能

【目的和要求】

通过学习与训练，了解组织建立班集体的基本特征，掌握组织建立班集体的方法，明确班级目标与目标制定的知识，并能围绕有关目标制订出切实可行、富有成效的教育工作计划。关注非正式群体对学生的影响，因势利导地促进学生的全面发展。

【重点和难点】

掌握组织建立班集体的方法，学会制订班主任工作计划。

班级是学校教育教学的基本单位，是学生学习、发展、生活的重要环境。良好的班级对学生发展产生极其重要的影响。班级要发展成为班集体需要具备几个条件，即要有明确的奋斗目标，有组织健全的班级骨干队伍——班干部，有统一的班级常规和严格的纪律，有正确的班级舆论和班风，有良好的人际关系。班主任组织培养班集体也要从这几个方面入手。组织建立班集体是教师完成教育、教学任务的保证，也是促进学生个体全面发展的重要条件。班集体一旦形成，便又成为教育的主体。马卡连柯曾说："教育了集体，团结了集体，加强了集体，以后集体自身就成为了很大的教育力量。"① 所以组织和建立班集体就成为班主任工作的重要内容。

良好的班集体不会自发形成，要在班主任精心组织和培养下才能逐步建立起来。班主任在组织和建立班集体的过程中，主要应做好以下几个方面工作：确立班级工作目标和制订班级工作计划，选拔、培养和使用学生干部，协调好正式群体与非正式群体的关系，培养优良的班风。

---

① 〔苏〕马卡连柯著：《论共产主义教育》，刘长松、杨幕之译，人民出版社 1981 年 3 月第 4 版，第 406 页。

第一节　确立班级工作目标和制订班级工作计划

一、确立班级目标

目标是指某一行动要达到的最终目的，或者是一种达到某种结果的状态。目标犹如大海中的航标，指引航船前进的方向，班集体的目标对全班学生的学习、活动以及个人行动具有指引方向的作用。目标作为行动的纲领，将全班同学认识统一起来，团结在一起，沿着共同的方向去努力。正确的目标指引着全体学生朝着正确的轨道前进，错误的目标将使全班同学的行动和行为迷失方向。班级的目标是班集体发展的远景规划，是集体的发展前景，具有很强的导向、凝聚和激励的作用。有共同的集体目标，就能使全班学生为实现这一目标而团结奋斗。当班级成员具有共同的目标定向时，群体成员在实现目标的过程中便会在认识上、行动上保持一致，相互之间形成一定的依存性，这是班集体形成的基础。班主任向班集体不断提出新的奋斗目标，就能使学生有所向往，并产生持久而积极的热情，努力前进。这对于每个学生的成长和班集体的形成都具有重要意义。

（一）确立班级教育目标

班级目标包括教育目标和管理目标。教育目标，是指班级学生在全面发展的过程中所要达到的预期标准；管理目标，是指班级在纪律、规范、班风、舆论以及人际关系等方面要达到预期的标准。集体目标要有阶段性和层次性，从实现目标的时间维度上来说，可把目标分为长期目标、中期目标、近期目标三种，这三个阶段的目标是一个互相衔接、完整的教育体系。从提出目标的水平来说，可把目标分为高、中、低等不同等级，要求不同层次的学生去实现。

长期目标：这是班级在小学阶段、初中阶段、高中阶段的远期班级奋斗方向。

中期目标：是班级年度或学期的奋斗方向。

近期目标：可以理解为每个阶段教育所要达到的目的。目标的确立应该体现在每次精心设计的教育活动中。

长期目标是组建班集体的最终目标，组织和建立班集体的全部工作都是为了使全班学生朝着这一目标去努力。中期目标和近期目标的实现要围绕长期目标，长期目标应包括中期目标和近期目标，逐个分阶段、分层次、由远及近地去实现。目标的远近是相对的，当近期目标实现时，原来的中期目标又变成了近期目标，一个目标实现了，又有新的目标出现，班集体在不断实现目标的过程中保持积极向上的活力，由此推动班集体不断前进。目标的实现是一个渐进的过程，有了长期目标后，班主任组织和建立班集体工作的重点应放在中期，尤其是在近期目标的设置与实现上，保证近期目标不是遥不可及的，而是大多数学生通过努力都能实现的。

（二）确立班级教育目标的方法

班级目标是对未来一定时期班集体活动的方向和内容的概括。在确立班集体的目标时，必须实事求是。尤其是近期目标，要符合班级的实际水平，考虑学生的身心特点和接受水平，符合学生的"最近发展区"是"跳一跳就可以摘到的桃子"，即经过努力就能实现的可以触及的目标。目标要鲜明、具体、生动、富有鼓舞性。

班级奋斗目标的确立方法是多种多样的，当前中小学常用的两种方法是：师生共商法和班主任定夺法。

师生共商法是由班主任与班干部或全班同学一起讨论后提出集体目标的方法。这一方法多用于整体发展状况良好的班级。特点：一是目标确立符合学生实际，增强了可行性；二是满足青少年学生的参与和情感需求，所提出的目标容易内化为学生自觉需求，增强了激励性；三是建立了师生沟通平台，集思广益，增强了师生之间的合作，形成了很强的凝聚力；四是师生共商的过程也是学生自我教育的过程，从中可以培养学生自我督促、自我教育的能力。

班主任定夺法是班主任作出决断，向班级提出要求并要求集体必须达到目标的方法。这一方法通常在一个新班级成立之初或处于混乱状态的班级使用，但对调动学生的积极性效果不佳，依赖于班主任对班级学生的调查研究和教育工作。所以班主任在进行目标设定前，一定要深入学生做细致的调查工作，不要脱离学生实际，随心所欲，要尽可能了解并吸纳学生的愿望和要求；在目标提出后还要作反复的讲解、动员，使目标逐步转化为学生的自觉努力方向。

目标实施过程中，班主任还要不断检查督促，及时总结，提出改进措施，保证班级目标得以圆满完成。一个目标完成后，班主任要对学生已取得的成绩给予充分肯定，对不足和问题要作具体分析，并及时提出新的更高目标，以鼓励学生不断进步。

二、班级工作计划

班主任工作计划是指班主任在学年或学期开学以前，根据培养目标和学校要求以及班级学生的具体情况，为了实现既定的奋斗目标而制订的工作安排和行动步骤。班主任工作计划是有目的、有步骤地开展班级工作的依据，也是提高班主任工作质量的重要保证。班级工作计划是班级教育目标的具体化，是实现班级教育目标必不可少的重要环节。班级工作计划是班主任对班级工作的一种设想与工作思路，班主任工作涉及学生学校学习生活的方方面面，是一个复杂的系统工程，班主任要制订好周密的工作计划，才能有步骤地把学校的教育计划和教学计划落实到班级，落实到学生身上，从而使学校培养目标具体化、阶段化，保证学生的健康成长。班级工作计划的制订有利于学校行政对班主任工作进行检查和督促。班主任群体是学校最精干的队伍，是学校实现教育目标的中坚力量，对班主任工作进行经常性的督促和检查是提高工作质量的有效途径之一。班主任一方面通过对照自己的工作计划，可以抓落实、有步骤地开展工作，正确检查自己的工作情况；同时，学校行政管理部门、学生以及家长也可依据班主任所制订的工作计划来检查、督促班主任工作。作为班主任，班级计划的制订与执行直接影响着学校的管理秩序的好坏。

　　班级工作计划制订的依据有以下几个因素：一是上级行政部门的要求。包括党和国家的教育方针、政策法规以及教育行政部门的指示和要求。二是学校的要求。学校工作计划是制订班级工作计划的依据，各种学校的工作计划为整个学校管理规定明确的任务，详细分析教育目的和当前的形势，它是制订班级工作计划的直接依据。三是班级实际情况。班级情况包括学生人员构成、学习能力及水平、思想情况、体质状况、班级骨干队伍、班级风气及人际关系特点、学生个性及心理特征，等等。班级状况是工作计划的基础，只有从班级状况出发，才能使班级工作计划具有科学性、切实性。

（一）班级工作计划类型和结构

　　班级工作计划，一般可分为学期计划、月（周）计划和专题活动计划。学期计划是学期开始制订的计划，是全学期班主任工作的总纲。月计划是对当月（周）·的工作进行的预先安排，是学期计划按月（周）执行的具体化。专题活动是围绕一个专题组织的活动，活动有个中心议题，所有教师和同学都要提前做相应准备。以主题班会居多，主题班会是指在一定的阶段围绕某个主题对学生进行思想教育的班会。其主要功能是德育，通过主题班会对学生进行思想品德的教育。例如爱国主义的主题班会，要提前让所有同学查找有关爱国的人物故事等材料，在主题班会上围绕爱国主义话题进行活动，可以是主题演讲，可以是讲故事，也可以是角色扮演，等等。

（二）制订班级工作计划的原则

1. 目的性原则

班主任制订工作计划首先要确定目标，例如班主任工作计划的总目标以"一切为了学生的发展"为主体，围绕这个总目标，班主任工作应该积极关注调动学生学习和参与班级活动的积极性、主动性，班主任工作应尽力做到以人为本，以学生为本，一切都以促进学生个性发展为目的。

2. 整体性原则

班级计划是学校整个工作计划的一个重要组成部分，需要服从整个学校教育的目标，围绕学校的中心议题来完成，服从于促进学生全面发展的教育目的。

3. 集体性原则

班级工作计划涉及班级学生以及全体任课教师，因此需要广泛征求学校领导、任课教师、全体学生以及家长的建议，在确定目标、制定措施的过程中要走群众路线。

4. 稳定性原则

班级工作有一些管理常规，在班级工作计划中应该体现常规性管理，帮助学生形成良好的行为习惯，而这些常规往往是稳定的，因此班级工作计划要有稳定性。

5. 灵活性原则

班级工作计划在学期前就要提前规划好，计划是带有预测性的，是班级美好的发展前景，而在落实计划时，还要根据现实情况来调整修订，使计划有长时间的实用性，

（三）制订班级工作计划的要求

1. 主题鲜明，服从整体

班级工作计划的制订要遵循国家的教育政策、法规和学校的各项培养计划。

2. 实事求是，有操作性

班级工作计划要根据本班的实际情况而行，一切缺乏实际的要求都会使计划失去可操作性。

3. 以人为本，集思广益

学生集体既是教育的对象又是教育的力量，班主任在计划制订之时要广泛地与学生进行集体讨论，并征求任课教师的意见，使计划得到学生的认可，从而增强计划的激励作用。

4. 计划严密，机动灵活

制订计划需要做到严密周到，有系统性、严肃性，同时，计划也要有一定的灵活性，可以因时因地根据班级变化情况进行调整。

总之，班级工作计划是班级工作的施工图，是完成本学期目标任务的保障，所以计划要制订得明确具体、条理清晰。

（四）班级工作计划的内容

一是班级基本情况分析，包括班级的自然状况、现实和历史状况的分析。班级的自然状况，如：总人数、男女生人数、年龄、团员、队员、班干部、学优生和学差生的比例、身体状况等。班级现状分析，如：班级课程类别分析、班级学生的思想品德状况、学习情况分析、学生个性状况、班干部的能力素质、班级学生中的人际关系等。班级的历史状况包括班风传统、班集体建设情况、班级组织的优缺点等方面的分析。对班级的基本情况分析是确立教育任务的基本依据。

二是班级工作的教育目标。是在班级基本情况分析的基础上，根据教育目的，确定教育任务的要求，明确规定本学期应达到的教育目标、本学期的教育任务和重点、各项教育工作的内容、采取的主要教育措施和时间安排。

三是班级工作措施、工作具体安排。这部分包括为完成任务而打算采用哪些方法和时间安排。常见方式有两种，一种是以时间顺序为主线，纵向安排各种具体活动的内容、时间、地点等；另一种是从德、智、体、美、劳几方面横向安排各方面工作。要注意的是，无论采用哪种方法安排工作，都应考虑计划的可操作性。

第二节　选拔、培养和使用班干部

班干部是班级的骨干力量，是班主任的得力助手。长期从事班主任工作的教师都明确，一个班级的好坏，往往与班干部力量的强弱、发挥作用的大小有很大的关系。因此，班主任在刚接任一个班后，就必须重视班干部的选拔、培养工作，让他们在班里充分发挥作用，带领全班同学不断进步。

一、班干部的选拔

选拔班干部需要有一个了解过程。在班级干部的选用方面，教师应该以"人人有机会、个个能上榜"的方式，让全班学生都有担任干部的机会。比较理想的方式是把学生在各方面的表现作为筛选干部的参考，让学生可以从担任干部的实践中学习服务的精神。班级干部的选拔方面，教师可以依据自愿、推选、轮流、组阁制的方式处理，让班级干部的选拔更制度化。如果是小学高年级以上的学生，在干部的任用方面，可以考虑以组阁制的方式，由教师依标准选任班长之后，再由班长以组阁制的方式负责班级的各种重要事项。班级干部的选用，应该让全班学生都有参与的机会，教师可以针对全班的公共事务细分成各种职务，让全班学生都有担任干部的机会，同时通过"全班都是长"的理念，凝聚班级的向心力。班主任要善于通过各种途径对学生进行了解，选拔班干部的过程中既要坚持一定的标准，又要根据本班级的实际情况，切忌过高要求。选拔班干部的方法有：民主选举、班主任任命、学生自荐竞选、干部轮换制等方法。由全班学生参与进行的民主选举法是班干部选拔的基本方式。

二、班干部的培养

选拔班干部是第一步，更重要的工作在于培养班干部。班干部作为联系班主任与学生的纽带，是班主任的得力助手，对班集体有着以点带面和以面带面的作用，班干部的培养是实现班级自主管理的关键。班干部一方面是班主任工作的得力助手；另一方面其本身还是青少年学生，是我们的教育对象，是成长中的个体，所以班主任要加强对班干部的培养教育工作。对班干部的培养和教育活动，也是学生领导能力提高的重要途径。

选定班干部后，班主任就要针对每一个干部的具体情况进行精心培养，使他们在各方面尽快提高。在工作上班主任不仅要根据每个人的特点，分配给他们适当的工作，还要在工作方法上给予具体指导。并通过班干部的培养，扩大学生积极分子队伍，建立一个积极向上的班集体。

首先，要培养服务意识。要让班干部树立"服务代领导"的观念。在对待班干部与一般同学的问题上，班主任不能厚此薄彼，要对班干部严格要求；使班干部明确他们在班集体中的位置、任务，树立"服务代领导"的观念，发挥先锋模范和潜移默化的作用。使他们懂得担任班干部既是增长才干的机会，又是培养、锻炼为大众服务的意识与能力的机会。

其次，要在实践中锻炼班干部。班主任要放手让学生进行班级管理，给予班干部实践、锻炼的机会，从做中学。班主任要积极创造机会，支持班干部独立开展工作，相信班干部，尊重班干部，班干部能做的事班主任绝不插手，只在必要时稍作辅导。例如主题班会，可放手让班干部策划方案，主持活动，事后召集班干部们总结经验，班主任相应指出得失。班干部遇上管理问题时，班主任不要轻易越俎代庖，要鼓励他们自己解决难题。但这并不意味着班主任放手不管，班主任在此一过程中发挥着指导作用。班干部遇到困难时，班主任要适时点拨；工作出现差错时，班主任要主动承担责任，冷静分析原因，鼓励他们重新来过。

第三，实行干部轮换制。让更多的学生承担班级管理的责任，为更多的同学提供锻炼的机会。班级里班干部工作可以训练学生的能力，学生通过班干部工作得到锻炼的机会多，自我意识强，发展迅速，综合素质发展较好。班干部实行轮换制，可以培养学生多方面的素质，促进大多数学生多方面能力的发展。

第三节　培养优良班风

一、优良班风概述

班风是一个班级稳定的、具有自身特色的集体作风，又称"组织人格"。它是班级绝大多数学生言论、行动和精神状态的一个共同倾向或表现。班风是指一个班级的精神面貌。它是经过长期、细致的教育和严格的训练，在全班逐步形成的一种行为风气。良好的班风将为班级学生的成长、发展提供一种有效的动力。使班级里具有亲切、和睦和互助的人际关系；勤奋进取、文明礼貌的氛围；遵守班集体行为规范和维护班集体荣誉的精神状态。班风既具有社会规范的普遍性，又具有班级的独特性，从一定意义上说，班风就是特定班级个性化的社会风范。优良的班风能促进班集体的形成和发展，对班级中的每一个人都有潜移默化的影响。因此，班主任特别是新生班的班主任，一定要重视班风的培养，要有意识地结合本班学生的实际情况，通过向全班学生提出明确的目标，树立班级榜样；同时严格要求，认真检查，不断提高。中途接班的班主任要在了解班级过去已经形成的班风基础上，对其优良的班风予以爱护和扶植，并使之充实和完善。

二、培养优良班风的方法

（一）班主任要言传身教

班风的特点在于自觉性和持久性。而优良的班风是在班主任长期培养下逐步形成的。"有什么样的班主任便有什么样的班集体"。因此，在班风建设中，班主任要以身作则，以良好的言行和学识修养来影响学生，使班级逐步形成具有本班特色的优良班风。班主任要给学生以示范，严格遵守班风标准和具体行为规范：每天准时到校，和学生一块出操和参加集会，在教室和公共场合不吸烟和乱丢烟头，热爱和关心学生，衣着、穿戴、言谈、举止为人师表……以自己的一言一行去引领班集体的健康发展。

（二）建立健全班级管理制度

鼓励学生将本班的班风标准分解为具体行为规范，从各方面建立和健全班级的规章制度，严格纪律。如可以将班风标准分解为"品德像雷锋一样高尚，卫生像镜子一样干净，学习像张海迪一样刻苦，队伍像仪仗队一样整齐，纪律像军人一样严明"的具体行为规范，通过开展"卫生月"、"文明礼貌月"等活动，将行为规范逐步提出，逐步实施。由学生自觉遵守，不允许有任何违反行为。如在"卫生月"中，学生相互督促，在教室和公共场所绝不丢弃垃圾，保持自己的脚下光洁如镜；值日生搞好教室内外的卫生，保持地面干净。

在全班学生认识了班风标准和具体行为规范的重要性的基础上，将班风标准、班级制度和具体行为规范书写并张贴在教室的显要位置，充分发挥学生的主体作用，形成自我管理的风气。每个学生都要把班风标准及其行为规范作为一面镜子，时时用它来约束自己的行为，常常用它来对照、检查自己的一言一行，相互督促，在全班形成遵守行为规范光荣、违反行为规范耻辱的氛围和"人人遵守班风标准和具体行为规范，个个维护班集体荣誉"的正确舆论导向，并逐步转化为学生的自觉行为。

（三）让每个同学都成为班风建设的主人

每个人都希望得到别人的信任和尊重。班集体委托一个同学负责一项工作是体现了教师和同学对他的信任。让每个学生都成为班级的主人，根据不同学生的特点，采取不同的方式，使每个学生都在班级中负一定的责任，都有机会为大家服务，真正成为班级主人。如根据学生上进心强，渴望表现自己才能的特点，给每个学生都安排一项为集体服务的固定工作。如门、窗、灯、黑板、垃圾桶、水池、报纸、杂志、多媒体展台、讲台、布告栏、竞赛表、对联以及每一块玻璃、每一支笔都有专人负责，还让每个人都有主持全班工作的机会。从一开始全班每个同学都轮流做值日，每天一位值日干部和值日同学，主要任务是负责处理班级一天中的经常性工作，如组织早自修、下午自修，体育锻炼，课外活动等，使学生感到自己是班级的主人，班级就是自己的家，每个人的一言一行都与班集体荣誉紧密地联系在一起。让每个同学在班级中负有一定的责任，都有机会为大家服务，使全班没有"闲人"、"客人"。例如任命课代表，各科科代表可共有27人，并且人人都有很具体的工作。如英语科代表有4人。第一个人负责收课堂作业，公布有些题目的正确答案，反映学生上英语课的情况；第二个人负责收家庭作业，保管磁带和录音机，并放录音和领读；第三个人负责布置家庭作业并公布家庭作业答案；第四个人负责听写的批改及组织早读。总之，用各种形式使每个学生都成为班集体主人，促进学生健康成长。

（四）精心培养班风建设的骨干队伍

班干部是一个班级的骨干队伍，是班级活动的核心，他们是学生中的先进分子，也是学习的佼佼者，能够自觉遵守学校行为规范，是班风的倡导者和率先实施者，在班风的形成过程中起骨干带头作用。教师要大力鼓励、支持他们开展工作，让他们成为班风的践行者，对全班同学起到示范作用，逐步扩大影响，从而使班风的建设逐步由点到面，由少数干部的示范发展到成为多数同学的自觉行为。

（五）善于运用表扬、批评、奖励、惩罚等教育手段

表扬和奖励是营造良好班风的手段。对学生取得成绩的公开赞美和强化，其目的在于鼓励先进，激励后进，使正确的思想和言行得到认可，并发扬光大。大多数学生都有强烈的自尊心和上进心，当他们的努力得到承认并受到表扬和奖励时，就会萌发出欣慰和幸福的内心体验，从而激发出更大的积极性，争取更大的进步。批评和惩罚也是一种正面教育，是帮助学生改正缺点、控制不良行为的一种必要的和有效的手段。恰当的批评与惩罚，同样能激发学生积极向上、努力进步的愿望。但班主任在采用表扬、批评、奖励、惩罚等教育手段时，一定要在"善于"上下功夫，一定要根据学生的实际情况，实事求是地运用，切忌滥用和不切实际的表扬与批评。

（六）要重视形成正确的舆论导向

正确的集体舆论，是指在集体中占优势的、为大多数学生所认同的言论和意见，通常以议论、褒贬方式肯定或否定集体或成员的言行。如果在一个班级中形成了正确的集体舆论，符合行为规范的思想和言行就会得到肯定；各种违规违纪行为就会遭到否定。所以，正确的班级舆论是班集体自我教育的重要手段，也是衡量班集体形成的重要标志。

为此，班主任要向学生进行道德行为规范教育，提高学生的道德认识。要充分利用班级舆论阵地，如班会、团队活动、黑板报等对学生行为加以评析，扶持先进，维护正气，抵制歪风邪气，不断提高学生判断是非的能力。

三、通过活动培养优良班风

班主任要有目的、有意识地组织和引导学生参加各种富有教育意义的集体活动，在活动中规范学生的思想和言行，逐步形成集体舆论。尤其是课外活动对培养优良班风有重要的作用，课外活动的开展，一方面有利于巩固和扩展学生课堂上所学的知识，发展学生的智力，培养增强学生的能力；另一方面还有利于学生训练良好的行为规范，陶冶学生的情操。通过集体活动，正确的观念得以为大多

数学生所接受，从而在集体中践行，形成集体言论，通过活动使学生形成正确的是非观念和集体荣誉感。

总之，优良的班风和集体舆论是班集体建设的重要组成内容，但它们不会自发形成或者一蹴而就，需要班主任，耐心、努力、踏实地工作，积极引导，用真挚的情意去感化学生。

第四节　班级中的非正式群体

一、班级与非正式群体

在一个班级中，除了每个学生都必须参加的班集体外，实际上还存在若干班级正式的群体和非正式的群体。所谓正式群体，是在学校行政、班主任或社会团体的领导下，按一定章程组织起来的学生群体。它包括班级学生群体、共青团组织或少先队组织等，负责组织全班性的活动。此外还有一些小组（如学科小组、文体小组等）也可以算正式群体。这种正式群体目标与任务明确，成员稳定，有一定的组织纪律性和工作计划，经常开展活动。

物以类聚，人以群分。班级作为一种正式群体，在其组建过程中带有强制性和随机性，这就必然导致班级中非正式群体的存在。班主任在班级的管理工作中不能忽视非正式群体的存在，非正式群体影响班级发展的各个方面，同时非正式群体本身也是班主任进行班级管理的对象。

（一）非正式群体的概念

非正式群体是指自发形成的，成员间的关系没有明确的规定，并且带有明显的情感色彩，即以个人的喜爱、好感为基础而建立起来的群体，是"一群合得来的朋友"。非正式群体在学生群体中最主要的表现形式为同龄伙伴，是青少年学生主要的参照群体，它对青少年的行为和个性形成与发展有着重要的影响。在儿童时期，人就有了与同龄伙伴交往的需要，与同龄伙伴的交往是亲子关系和师生关系所不能代替的。

班级中的非正式群体与正式群体不同，它不是由"官方"的文件、制度规定而组建的，它没有正式组织的那种强制性，而是由班级组织中的一些学生在心理一致性或相容性的基础上，自愿结合而成的。促成学生自愿组合成非正式群体的原因很多，如地域、家庭背景、兴趣爱好、脾气性格、个人遭遇等因素相近。

其心理根源是通过相互交往，满足寻找知音、倾诉苦衷、流露真情、相互安慰，满足友情以及尊重、自我实现的需要。其特点是结构比较稳定，感情比较融洽，共同生活比较协调，有活力，参照群体活动的自觉性强。非正式群体一般由有威信或有能力的人来领头。

（二）班级与非正式群体的关系

非正式群体是班级组织中客观存在并且比较普遍的一种现象。但班级中的非正式群体在班级组织中又不是纯然独立的，它与班级这一正式群体存在着密切的联系。一方面，非正式群体必须服从所属正式群体所确立的种种规范和制度，如学生守则、班级公约等；另一方面，非正式群体通常又与正式群体保持一定程度的张力，其自身又构成相对独立的"小天地"。大体说来，班级中学生非正式群体与正式群体之间的关系可以归结为三类：

一是一致型。即学生非正式群体与正式群体之间在价值取向上保持较高程度的一致性，他们认同正式群体的目标，遵守正式群体的规范，服从班级中"权力机构"的领导。

二是偏移型。他们部分认同班级正式群体的目标，部分遵守正式群体的规范。在此基础上，这种类型的非正式群体还有自身的目标与不成文的规范，这些目标与不成文的规范虽然与正式群体有差异，但并无实质性冲突，两种群体的目标与规范并不相悖。

三是冲突型。该类非正式群体并不认同班级组织目标，群体自身有着"对抗"班级正式规范的特殊取向，与班级正式群体之间存在着冲突，形成一种紧张的关系，以消极方式对待班级的规范。由于这一类非正式群体与班级正式群体之间存在着冲突，因而常常为正式群体规范所不能容纳，在班级组织中处于边缘地位。

通常在一个具体的班级中这三种类型的非正式群体都有存在，只不过不同类型的群体结构不同、典型程度不同。因此，仅从班级中学生非正式群体与正式群体的关系角度而言，我们就可以说，班级组织存在的样态是多种的，组织化、结构化的水平也不一样。

二、非正式群体对学生成长的影响

非正式群体是学生特殊的情绪接触性群体，当个人意识到自己属于某一群体，不仅会互相帮助，真诚团结，而且还会产生一定的情绪安定感。他们得到同伴的尊重和支持、关心和爱护，往往是在家庭中和正式群体中得不到的。非正式群体的交往还是青少年获得信息的重要渠道。他们从同龄伙伴那里了解、认识许多他们所关心的事情，特别是从成人那里得不到的知识。

在非正式群体中，学生之间是平等的，通过这种交往，学生可以学习和提高在社会化过程中必需的交往能力。群体所持的价值取向对个体有着非常高的参照性，所以班级中的非正式群体对学生的各方面发展都产生重要的影响，尤其是对处于青春期的中学生来说，其作用更是不可忽视。

三、正确对待班级中的非正式群体

班级中的非正式群体及其作用是客观存在的。班主任应细察各个非正式群体的特点，利用其积极因素，转化消极因素，善于长善救失，将其纳入集体目标的轨道。

（一）增强学生正式群体的吸引力

强化正式群体的组织机构和交往活动，发挥它对非正式群体的导向作用和制约作用，着力打造学校社团与班级等正式群体，努力促进人际关系协调，气氛融洽，强化集体主义精神教育，培养学生的集体主义情感，通过丰富多彩的班级活动，增强正式群体对广大学生的吸引力，以此抵御非正式群体对学生的消极影响。

（二）区别学生非正式群体的性质

对于一致型的学生非正式群体，教师要利用其信息沟通畅达的特点，及时了解学生的思想动态，促进师生沟通；并利用其凝聚力强和感情融洽的特点，发挥其对成员的激励作用和约束作用，帮助教师开展班集体活动。对于冲突型的学生非正式群体，要创造条件，花大力气给予指导、疏导，防止或制止其违背集体利益的或反社会的行为产生，使其目标与班集体目标一致，争取得到其领导人物的协作，改变其消极的准则，引导其确立正确的方向，发挥他们的积极作用。切忌把那些与班级一不致的非正式群体推向班级的对立面。

（三）注意发挥学生非正式群体中关键人物的作用

教师应掌握学生非正式群体关键人物的个性特点，吸收他们参加班级工作，用其所长，防止其将非正式群体引向错误方向。

（四）做好后进生的转化工作

后进生一般是指品学皆差的学生。他们一般是对抗型或消极型学生非正式群体的基本成员。做好后进生的转化工作，主要是加强教育与帮助，改变其长期的消极的角色动力模式，使教育成为可能，并吸引他们参加到学校与班级的集体活动之中。这是控制学生非正式群体向相反方向发展的又一重要的策略。

在实际工作中，有的班主任很害怕学生的非正式群体，想出各种办法取缔、拆散或批评指责，但这样的做法不一定奏效。班主任可以通过积极引导班级中的各种非正式群体，了解各个群体的内部约定，在补充完善班级各项规章制度的过程中整合群体成员的关系，促进学生的公开正当交往，增强班主任的调控能力，从而促进班集体的优化整合。

【技能训练】
训练一：
训练内容：
班主任工作计划。
训练目标：
能根据所学内容拟定班主任工作学期计划，或者撰写一个班级专题计划。
训练范例：
案例一：某初中八年级班主任工作年度计划
班主任是一个班级的组织者、管理者、领导者和教育者，班主任工作的好坏直接影响着每一个学生的成长。新学期我荣幸地担任了××班班主任工作。我深信计划是工作的核心，有一个好的工作计划，再加上实际行动，一定会让我班成为同年级中最优秀的班级。

一、班级初始状态与学生基本情况

本班共有学生39名，其中男生21名，女生18名。特殊家庭3名，困难学生2名。初始阶段纪律比较涣散，学生对活动懒于参加，常规工作无人过问，学习普遍基础差，学生上进心、自信心不强，缺少核心人物，集体缺少凝聚力。但学生潜在的进取意识是有的，表现在对学校的、班级的制度都尚能遵守，但要经常督促和提醒，还不能形成自觉行为。针对这种现状，自己在教学工作中总结了一些经验，制订了工作计划。

二、具体管理措施

（一）抓常规管理，规范学生的行为习惯

对早到校、两操、大扫除、校各项活动的参加都认真组织，严格要求，决不马虎，让学生感到做人就要这样严谨、认真、一丝不苟。至今学生已习惯成自然。例如眼保健操时间一到，不用老师强调，都主动自觉地去做，得到任课老师的好评。

（二）选拔班干部

班干部是班级和学生联系的桥梁，是学生中的精英，是教师的助手，是自我管理体现得最明显的一部分。在选择班干时，我遵循三个原则，首先选那些责任心强，办事公正，品学兼优，智商较高，有较强的组织能力和活动能力，易与他人沟通的学生；其次使用各类特色学生，扬长避短，最大限度地展示他们的能力；再次发扬民主作风，班干部及一些活动主持人均通过民主选举产生，使学生干部与同学关系形成动态平衡，人人都有机会实现自我价值。本学期我们初二（2）班第一届班委会、团支部及各类组织负责人就是在这个标准下产生的。这些同学上任后，工作热情高，工作态度端正，工作积极主动，并且在各项活动中都走在同学前面，切实起到了模范作用。

（三）实行分级管理

我们班级发展的目标都是由师生共同商讨后确立的，并且分工负责。这样，使管理者和被管理者做到和谐统一。师生能以诚相待，共同决策，使学生感觉到班级的事也有他们的一部分。通过分级管理，班干部承担了一些日常事务的管理工作，并有权独立处理相关事务。班主任负责激励和指导学生发挥的自主性，化解工作中的矛盾。通过自我管理，既加强了班干部队伍的建设，培养了学生的组织管理能力，又提高了全体学生的自觉性、自制力。

（四）营造良好的学习环境

现在初中学生的学习和生活绝大部分时间是在学校里度过的。班级即是学生的一个大家庭。营造良好的学习环境，对提高学生的德育素质，起了相当大的作用。首先，对学生进行理想教育、学习目的教育、习惯的养成教育，培养其自信心及责任意识；其次，建立一些监督机制、奖惩制度，定期检查，定期反馈，赏罚分明，使班级风气正、学风浓、凝聚力强，真正成为一个和谐向上的集体。

（五）个别教育与表扬相结合

班级中思想基础和学习都比较差的学生，通常表现为精力旺盛而又学不进去，思想活跃而又任性好动，对班集体正常的学习生活秩序有一定影响。在教育转化这部分学生时，我从建立和培养感情入手，亲近他们，经常表扬他们。

以上是作为初中班主任的我所制订的班主任工作计划，它将很快进入学生的学习和生活中，相信一定会取得良好的效果。

（资料来源：www.docin.com）

案例二：班级专题活动计划："与感动同行，与生命同歌"

一、班会主题

与感动同行，与生命同歌

二、班会主旨

感动昨天，把握今天，展望明天。

三、活动目的

1. 通过观看、倾听、自我讲述、诵读等形式，进行情感认同的培育，使同学们懂得如何去发现、体验、珍惜生活中的亲情、友情，在感动中使自己的情感得以升华。

2. 通过对成长岁月中感动自己的事件的回顾，使学生体会生命成长的艰辛，学会感动、学会感恩，学会与他们亲人、朋友、同学理解和沟通，从而获得生命成长的力量。

3. 通过多种活动，使同学们学会倾听、表达、交流，提高沟通能力。

四、课前准备

（活动可以根据学生情况分小组分工，让学生自己准备和完成。）

1. 准备物品

每一个生命都是独特的，每个人的成长都是不一样的。有很多人陪伴过你，有很多事让你永远难忘。一张照片、一件毛衣、一个小皮球、一个贝壳、一个初生的脚印……把你成长中的这些珍贵的东西带来，让我们一起分享你的成长经历。

2. 准备故事

你善于发现美吗？生活中时常有靓丽的风景呈现于我们面前，你会驻足欣赏吗？你的记忆里是否还有往昔令你感动的瞬间？他们可能是你的亲人、朋友、师长，如果你为此感动，心潮起伏，请写下那些令你感动的故事。

3. 文学收集

收集感动你的关于成长的故事、诗歌、散文、格言等。

4. 课件制作、场景设计

请有兴趣的同学制作相关的多媒体课件。根据主题布置活动环境，营造活动氛围。

五、活动内容与过程

（一）走进记忆

1. 温馨感人的音乐

2. 主持人的诗歌朗诵：关于童年的记忆

3. 物品展示交流

（同学自由展示交谈，教师也要展示自己带来的东西，和学生共同活动。）

（二）感动昨天

1. 同学们自己的故事

让大家自由发言，讲一个成长中印象最深的故事。

（最好和带来的东西有关，不加限制，涉及面宽一些更好，让大家能真正投入情感，真实地倾诉表达。）

2. 老师的故事

（希望老师和学生一起活动。）

3. 他人的故事

（故事讲述）

（三）讨论

1. 成长的记忆是什么？

酸、甜、苦、辣；欢笑、泪水；快乐、艰辛。

（让同学自己反思、感悟、体会。）

2. 成长的岁月有谁相伴？

亲人、朋友、师长、陌生人（形形色色的人）

3. 他们给过我什么？

好人：生命、关心、帮助、提醒、告诫、教育……

不友善的人：歧视、冷漠、自私、打击……

4. 成长中我给那些爱我的人什么？

（不限制，让大家深刻反思。）

关心、爱、痛苦……

5. 成长的岁月我是谁？

（自己做个比喻）

（四）现场采访

1. 你对父母知多少？

问题：

（1）你母亲的生日？

（2）父亲身体好吗？你对他有什么担心？

（3）你母亲的爱好是什么？她花多少时间和钱去做？

（4）说说爸爸妈妈喜欢的菜？

（5）你爸爸今年多少岁？属什么的？

（6）你爸爸的工作是什么？他跟你说过他的烦恼吗？

（7）你妈妈哭过吗？你知道为什么吗？你怎么安慰她？

（可让学生自己拟题，通过现场调查，让大家发现，自己平常太忽略父母，总觉得父母对自己的爱是理所应当的，引起大家的注意，激发起同学们的感恩之情。）

2. 你为他人做过什么？

问题：

（1）你对别人友善吗？你做过哪些事，说出来分享。

（2）你觉得你伤害过别人吗？想一想，在心里说一句道歉的话。

引导：希望同学们一定要对父母拿出多一份的关怀和理解。其实不止是父母，我们身边有太多的人是我们应该记住的，比如我们的老师、同学、朋友。我相信从今天开始，我会和同学们一样，充满着一颗感恩的心来对待那些在我们成长的岁月中给过我们关注、帮助的熟悉或陌生的人。

（五）情感抒发，把握今天、展望未来

1. 请学生说、唱、诵（即兴或事先准备好的诗文等）。

（通过不同角度的讲述，让同学们充分感受到身边的感动，并且学会感恩。）

2. 把自己的愿望写在信封里寄给十年后的自己。

（通过感动昨天与把握今天的活动，让学生对未来充满希望，到那个时候看看愿望有没有实现。）

3. 全班合唱《明天会更好》，结束主题班会。

（六）总结反思

1. 再次强调班会主题的意义。

2. 对于今天所有参与班会的同学给予肯定，对表现好的同学给予表扬。

3. 对活动中出现不足的地方提出意见和改进措施。

（资料来源：昆明师范高等专科学校中文系实习学生设计。）

训练建议：

掌握班级工作计划制订的原则和要求。

训练要求：

制订一份班主任工作计划或班级专题活动计划，在制订计划的过程中，应做到目标明确，措施具体，符合班级实际情况，并具有可操作性。

训练二：

训练内容：

班干部的选拔和培养。

训练目标：

能根据某一班级的情况，科学拟订班干部的选拔和培养工作方案。

训练范例：

案例一：

宋老师中途接任高二年级班主任工作。他根据多数学生把担任班干部当成一种负担，普遍存在不愿意担任班干部的现象，进行了如下工作：

（1）大造当班干部光荣的舆论，让人人争当班干部。

（2）创造平等竞争条件，让人人都有机会当选。

（3）发挥特长，量才任职。

（4）大胆使用，注意树立班干部的威信。

（5）加强教育，严格要求。

（6）工作上多指导，生活上多关心。①

总之，对任命后的学生干部既要适时安排工作任务，同时又要给予一些方法指导。既要大胆放手，又要小心扶持；既要热情鼓励，又要严格要求。在培养中使用，在使用中培养。

案例二：

以下是一位从事多年班主任工作的老师在培养和使用学生干部方面的经验：

在使用中坚持教育、培养、信任、爱护的原则，方能建设一支稳定而强干的学生干部队伍，充分发挥其先锋与桥梁作用。我根据多年的实践，认为在使用和培养学生干部过程中应注意以下九个方面的问题。

一是教育学生干部树立工作的责任心与荣誉感。从学生干部任职的第一天起、就要加强这方面的教育，并在今后日常工作中不断强化，要告诉学生干部，当干部要有吃苦、吃亏的思想准备，要牺牲自己大量的时间与精力，要遇到不少的困难与阻力，因而要有自省、自克的意识，处处做表率；要准备自己的工作不被同学、甚至老师理解，既要任劳，又要任怨。所有这些没有一定的觉悟和毅力是难以做到的。实践告诉我，责任心与荣誉感是缺一不可的，过多使用荣誉感去激发学生干部的积极性，容易使其产生虚浮之风，而正确的荣誉感必须落实到高度的责任心上。

二是创设良好的氛围，为学生干部顺利工作创造条件。所谓良好的氛围，应当包括：（1）全体同学之间团结、信任，是学生干部最理想的工作环境，这要通过长期培养才能形成。（2）全体同学应服从学生干部的指挥，接受各项工作的检查，正确对待学生干部因工作需要向学校与老师所进行的工作汇报。（3）能原谅学生干部的工作失误。必要时，我们要向学生解释学生干部的工作意图、难处，以求理解与支持。对支持与理解学生干部工作的同学要表扬；反之，要提出批评。当然，批评要注意方法，防止学生对学生干部产生抵触情绪。

三是教会工作方法，尊重工作职权。应当教会学生干部：（1）根据中心工作提出自己的工作设想，订出工作计划，并做好工作总结。（2）对一件具体工作会抓住中心，周密安排各个环节的工作，谨防工作失误。（3）会辩证地分析形势与问题，辩证地评价别人与自己。（4）明确常规工作与特殊工作的关系。（5）会合理安排时间，正确处理学习与工作的关系。

尊重学生干部的工作职权，主要是只要时间允许，就应该征求分管某项工作

---

① 季诚钧：《班主任工作基本技能训练》，浙江大学出版社 1995 年 11 月版，第 29 页。

的学生干部的意见。例如，班级要补选学习委员或要指定一名课代表，就要事先分别与班长和学习委员讨论一下，然后将名单在班委会上讨论通过。老师决不能主宰一切，只是让学生干部当"点头"机器和"执行"委员。

四是对学生干部表扬不要太多。根据当代学生人际关系和心理特点，对学生干部的表扬不要太多，以防止人为地扩大学生干部与其他同学之间的距离，防止学生干部滋生自满情绪。但是，该表扬的还是要表扬，对重大的或典型的事例要集中地、大力地宣扬，以树立典型与正气，但次数不宜太多。有些事可以换一个角度表扬，如班主任可以对同学说：最近我们班卫生搞得不错，还得了流动红旗。这无形中就表扬了劳动委员。在表扬与学生相关的事时，切切别忘了表扬大多数同学。对表扬的学生干部要及时"注射清醒剂"。另外，要随时根据学生干部的工作情况说"最近你辛苦了"，"这件事你想得很周到"等，这就是表扬与鼓励。

五是对学生干部的批评要有分寸。有的教师认为，对学生干部更要严格要求，所以当学生干部有错误时就公开批评，以表示"一视同仁"。其实这是不切实际的。我们要根据学生干部的错误性质与影响，区别对待：（1）公开的错误必须公开批评，以挽回影响，教育大家。（2）对待特殊问题，如偷窃、说谎等一般不宜公开批评，如情节严重或屡教不改，则应该采取纪律手段。（3）根据情节与态度，可采取渐进的办法，个别谈话、小范围批评、大会批评，直到公开处理。（4）批评乃至处分后，都要做好善后工作，防止产生对立或消极情绪。要给予温暖与希望，如改正彻底并重新得到大家信任，可以再次启用。

六是让个别"差生"当干部要慎之又慎。有的老师发现个别"差生"的闪光点，为促其转化，让他担任学生干部，这种做法动机良苦，也不乏成功之例。但更多的是不成功的，其结果将更加不可收拾。因此，让"差生"担任学生干部要慎之又慎。一般来说，要注意以下几点：（1）班集体的舆论导向要健康向上，以正压邪，给担任学生干部的"差生"以一定的压力与引导作用。（2）在任命前，一定要有一个"试探期"，即有意试探一下该生是否在几件事上、在一段时间内有进步现象，如果没有，切不可任命。（3）担负的工作一定要具体、经常，使之始终有一种"角色"感。（4）仔细观察，多表扬，多提醒，尽量少批评。

七是要特别关注学生干部的成绩。学习成绩是选拔学生干部的先决条件之一，也是衡量学生干部的标准之一。没有好的学习成绩，是难以树立威信的。学生干部，说到底是学生，是学生就应以学习为主。我们决不能让过多的工作影响学生干部的学习成绩，在临近毕业阶段或是考试阶段更应如此。我们每一个班主任、每一个学校干部都要十分密切地注意每一个学生干部的每一门学科、每一次重要测试或考试的成绩变化。如果总体成绩或某一门基础学科成绩持续下降，除寻找原因外，要及时免其职务或暂停其工作，这是对学生干部的爱护。在改变这一状况并稳定一段时间后，可让他"东山再起"。

八是磨炼极少数优秀学生干部，培养高层次人才。这项工作是德育工作的重要方面，从长远观点看，也是保证我们党和国家政治发展的需要。只要看准的苗子，就要把他（她）放到难度大时间久、具有开创性的工作中去锻炼，尤其是要看他们在大是大非问题上是否旗帜鲜明、立场坚定。通过磨炼，使之增长才干，树立正确的人生观和远大的理想，并领悟到逆境成才的道理。磨炼一名优秀学生干部要让他有思想准备，要多关心指导。事后要帮助他总结，上升到理性认识，如让他上党课等；这种理性认识一定要与其精神品质、理想情操相贯通。如条件成熟，在适当时候可以发展其入党，或是推荐其从事较高层次的社会工作。

九是关心学生干部，防止两种倾向。关心学生干部主要表现在两个方面：(1) 要及时了解学生干部的学习、生活、工作情况，这种了解应是多方面、多渠道的。通过了解，要及时肯定成绩，指出不足，帮助其解决困难（包括生活困难)。(2) 要在荣誉、参观学习、升学、招工、入团、入党等方面给予较多的关注。与此同时，在工作中要防止两种倾向：一是老师包办代替，使学生干部形同虚设，得不到锻炼；二是借培养锻炼之名，对学生干部的工作撒手不管，放任自流，什么工作都下放。这两种倾向都是对学生干部不负责任的态度。①

训练建议：

让学生熟悉班级干部选拔和培养的相关要求，掌握选拔和培养班级干部的方法。

训练要求：

根据教材案例的阅读和分析，尝试制订班干部的选拔和培养方案，再与小组其他同学交流，认真反思他们的方案，将你对自己班干部的选拔和培养方案分析记录在下面的方框里。

成功之处： 不足之处： 改进计划：

---

① 甘霖主编：《班主任工作技能训练》，华东师范大学出版社 1995 年版。

训练三：

训练内容：

优良班风的形成。

训练目标：

明确班风在班集体的形成和发展过程中的重要作用，掌握班风形成的操作策略。

训练范例：促进班级气氛的点子

一、班级自治活动

一般学生对于班会多存在"无聊"、"训话"等刻板印象，而黄老师对于班会活动却另有新解。除了讨论班级中例行的事务外，另辟业余活动时间，在此时段中可由学生来准备活动表演，但必须事先向主持人登记备案。以下活动是可在业余时间中实施的：

1. 专题报告。可由学生依兴趣来做深入的专题报告，如汽车品牌，武器种类、性能、偶像明星或流行音乐等的介绍。

2. 读书心得报告。

3. 好人好事表扬或"优点大轰炸"。学生可推举好人好事代表及表扬行善事迹。"优点大轰炸"则是指让同学轮流上台，由台下的同学针对台上同学的优点及值得学习的地方等项目来进行"轰炸"。

4. 各种才艺表演。发掘学生的特长，提供表演的机会，同时也能借此让学生了解到"天生我材必有用"的道理。

二、养殖栽培动植物

养殖栽培动植物活动不仅能培养学生的爱心、耐心，更能培养学生的团体合作等意识。

1. 利用班费共同养蚕、鱼类或购买植物种子，开辟出一块地作为"班级花圃"。至于要养殖栽培何种动植物，可由全班同学开会决定。

2. 若班级经费有限，亦可征求家长意见，让其自愿提供或是认养校园内的树木。

3. 老师必须注意的是：若学生通过要饲养猫或狗等较大型动物的决定时，要注意这是否影响到上课秩序或校园安宁。若环境不允许饲养，老师要适时引导学生将其爱心转到较"迷你"的动物上。

三、心声传情

1. 每个月举办两次活动，发给每位学生一张白纸，不记名书写（较低年级的学生可不计较错字，生字可用拼音来表达）。

2. 内容可为：对老师或班级你认为有哪些方面需要改进的，对学校的措施你认为有哪些需要改进或加强的地方，这些都可以写，老师经整理后当众回答，并共同勉励。①

训练建议：

掌握优良班风培养的方法和途径。

训练要求：

分析自己所在的高中或初中班级的班风特点。假定你是班主任，你会采用哪些措施培养班级风气，使班级成为一个积极向上的班集体。

训练四：

训练内容：

非正式群体的教育之道。

训练目标：

关注非正式群体，积极引导非正式群体的发展是班主任工作的重要内容。

训练范例：

案例一：写一副对联

一次新年晚会，我给班级写了这样一副对联："50颗心心心相印，51人人人争光"，横批是"51＝1"。有的同学对这副对联不太理解："我们班有50名同学呀！"我说："你们想想，还有另外一个人跟你们朝夕相处啊！"马上有几个同学恍然大悟："还有我们班主任老师呢！"我说："对了，咱们的班级就是我的集体，离开了这个集体，我的工作就没有意义了。"我又问："51为什么等于1呢？"同学们抢着说："51包括我们的老师，这可不能忘了；等于1就是51颗心向一处想，劲往一处使，拧成一股绳，是一个集体。"我高兴地说："讲得太好了！51不是50，更不是49，缺一个就不是完整的集体。"这样，我跟学生的心贴得更近了。②

案例二：贴近了看，就看到了可爱之处

他是班上有名的调皮大王，好动，没有耐性，上课管不住自己；爱插话，爱做小动作。为此，我不知苦口婆心教育过他多少次，他的保证也写了厚厚的一叠，但"江山易改，本性难移"。可不，今天，我上课正讲得起劲，他又故伎重演，手中玩东西，弄得咯咯作响，故意跟我作对似的，我非常生气。

下课后，我打算把他带进办公室，再好好说说他，但望着他满不在乎的样

---

① 黄政杰、李隆盛主编：《班级经营——理念与策略》，台北书苑1982年版。
② 参见欧阳炳焕主编《班主任锦囊妙计》，湖南师范大学出版社1991年版。

子，便知效果肯定不会好。怎么办呢？

我忽然想起他很爱好体育，而且是学校长跑冠军，便问他："现在已是放学时间，你有没有什么打算？"

他吃惊地望着我，十分意外。

"如果你没别的安排，我想请你帮个忙。"

他愈发吃惊。

"再过几天学校就要召开教工运动会，我报了800米，但我从没跑过这么长的距离，你说我能跑下来吗？""长跑？那得看你毅力怎么样。"他一下子活跃起来。

"我现在想去练一练；你帮我看时间，好吗？"我真诚地望着他。"没问题。"

我们往操场上走去。路上，我主动向他请教长跑的方法、技巧。他很高兴地向我介绍说："长跑要先中速，只使八分力；中间尽量保持，度过极限；最后要想法加速。"我夸他懂得真多，他顽皮地笑了。

开始跑了。多年未练过，跑起来自然吃力，但想到要给学生做个表率，我咬紧牙关坚持。跑着跑着，不但上气不接下气，浑身难受，而且两腿越来越重，不由自己支配似的开始乱了步点，身不由己地摔倒了，我的腿受伤了，虽不严重，但也疼得够呛。

"老师，你没事吧？"他从操场那端跑过来，关切地问。"没事。"我咬咬牙，笑着说。"老师，你受伤了，今天就别练了。""谢谢你的关心。不过，说好今天一定要跑下来的，君子一言，驷马难追。再说，我已经跑了一半，不跑岂不可惜了？"我摸摸他的头，心想，这孩子倒是挺懂事，可为什么就是改不了那些坏毛病呢？

我站起来，继续艰难地跑着，一会儿便满头大汗，步子明显慢了下来。他追上来，说："老师，您行不行啊？停下来休息一会儿吧！""还好，我再坚持一下，是不是就可以跑下来了？"

"能的，老师，大约还剩下300米。"

"你愿不愿在前面带着我跑？"

他没有说话，在我前边轻松地跑了起来，很快便将我撂下一大截。

我感到自己的力量已经快使尽，几次想停下来，但望着那位学生的背影，我坚持住，我想用自己的行动再次告诉他，坚持就是胜利，任何时候都不要轻言放弃。我几乎是走到终点的。

"老师，您真行！"

我笑了："不是老师行，而是全靠你的帮助。我看你跑的那么好，真让人羡慕；就想着要追上你，不然；我无论如何是坚持不下来的。"

他不好意思地挠了挠头。

"其实，做任何事都是这样，你本来觉得自己不行或者做得不好，但只要你有明确的目标，有顽强的毅力，你就能坚持做某件事，成功便会降临在你身上。我简直不相信自己竟能坚持跑完800米。"

他认真聆听着，渐渐低下了头。

"谢谢你今天陪我跑步，还教给我那么多长跑知识。该吃饭了，你先去吧，我在这儿想再休息一会儿。"

他抬头望望我，想说什么但未说出来，泪水沿着他的脸颊流了下来。我又惊又喜，拍拍他的肩："好了，吃饭去吧!"

他慢慢地走了。我这才意识到自己浑身酸痛，但心情却格外地轻松。

自这以后，这位学生有了很大变化：学习刻苦了，上课也专心了，虽然也曾有过几次反复，但我毫不懈怠，总是从侧面开导他，渐渐地，他终于像换了一个人似的。尽管现在我已不再教他，但每次碰见后，他总会尊敬地叫我一声"黄老师"。

训练建议：

1. 组织师范生观看班主任工作的录像片，使他们对如何组建班集体和怎样开展班集体教育，有一个基本的认识。

2. 就班集体建设中的某些问题走访、信访优秀班主任，或请他们来校讲课、座谈。

3. 向师范生推荐班主任工作方面的读物，并开展阅读、书评、演讲等教育活动。

训练要求：

掌握协调班级各种群体关系的策略和方法，设计一份对抗型非正式群体的转化方案。

本章测评要求：

1. 掌握组织建立班集体的技能，以小组为单位尝试着在自己班级内做这方面的工作，写出班级目标、工作计划、班干部人员职能分工、培养班干部的方案等。

2. 就自己所在班级写出如何培养优良班风的措施。

3. 每人设计一次主题班会，写出主题班会的方案，在小组或班级内作为主持人召开一次主题班会。

第三章　班级活动的组织与实施

【目的和要求】

了解班级活动的特点，掌握组织班级课外活动及其他社会活动的原则及技能方法。

【重点和难点】

掌握组织班级课外活动及其他社会活动的原则及技能方法。

活动是人类存在的基本方式，也是人类的各种特性与个性形成、发展的重要源泉。班级是师生用智慧和艺术构成的生命共同体、学习共同体和发展共同体，这个共同体的成长与活动息息相关。每一个学生的成长、每一个班集体的组织与建设都不是在静止的状态中进行和完成的，而是在活动的状态下进行和完成的。没有活动，班级就"活"不起来。班级活动是班集体建设的重要途径，是班级教育的载体，是实现教育目标的中介桥梁，是实现发展的必由之路，是学生认知、情感、行为发展的基础。开展有意义的班级活动，既是教育的艺术、艺术的教育，又是一门学问、一门课程。这就需要我们每位教师掌握班级活动的内涵、作用、基本功能、特点，学会开展班级活动的原则和方法，优化班级活动的设计，搞好班级活动的组织，让班级活动成为教育学生的有效的教育资源，为学生创造更广阔的施展才华的空间，为学生搭建一个五彩斑斓的活动舞台。

第一节　班级活动概述

班级活动是指在教育者的组织和领导下，为实现教育方针和培养目标，完成学校的教育工作计划，组织班集体成员参加的一系列活动。它包括思想品德教育活动、课外活动、劳动活动等。班级活动是班主任向学生进行政治、思想、道德、心理教育的基本形式，是班主任组织、建设学生集体，并通过学生集体来教育和影响学生个体的一种较为普遍采用的教育形式，也是学生个体进行自我教育的一种行之有效的方式。

一、班级活动的意义

班级活动因活动范围的广泛性、活动内容的丰富性、活动形式的多样性深受学生的喜爱，在教育过程中有其独特的、课堂教学所不能代替的作用。

（一）班级活动能促进学生各方面和谐发展

学生的发展并不是单方面的，也不是仅有课堂教学这个唯一的渠道。班级活动能够为学生各方面和谐发展和成长提供实践的条件和生活经验的基础。

（1）班级活动充实了学生的生活，密切了学生与社会之间的联系，使学生更多地体验个人同他人、集体、社会的复杂关系，并在实践活动中履行所掌握的品德规范，从而丰富精神世界，把学生旺盛的精力、浓厚的兴趣、广泛的爱好引导到健康发展的轨道上。

（2）班级活动使学生学习的领域扩大了，学习机会增多了，从而可以有效地激发学生求知的兴趣。在班级活动中，学生按照自己的兴趣和爱好，采用多种方式，广泛接触现实社会和自然界各种事物，大量接收文化和科学技术方面的最新信息，从而获得各方面的新知识，并在扩大视野的同时得到机会发展自己的特长。这些活动不仅有助于学生巩固、加深和扩大课堂内所学到的知识，而且还可以培养学生的创新精神和实践能力。这些对促进智能的发展有很大帮助。

（3）班级活动使学生不仅动脑动口，而且动手动脚，全身运动，身心处于紧张热烈而又轻松愉快的兴奋状态，从而有助于学生身心健康水平的提高，使学生受到审美教育，培养劳动观点和习惯。

（4）班级活动可以促进学生特长和能力的发展。在活动中，学生根据自己的兴趣、爱好和特长，自愿地去选择感兴趣又适合自己的活动，有相同兴趣、爱好、特长的学生组织在一起，这样学生就可以共同促进，使特长和能力得到充分的发挥。这也有利于班主任因材施教，促进学生特长和能力的发展。

（5）班级活动有助于学生创造精神的培养。学生是班级活动的主人，班级活动需要由学生自己来设计、组织、管理。即便是以班主任为主的班级活动，同样需要学生积极参与设计、管理，这对学生独立工作能力的培养和锻炼都有积极的作用。

（6）班级活动还可以满足学生交往的需要，使他们在交往中培养起健康的、丰富的情感，学会处理各种人际关系。

总之，开展班级活动是促进学生德、智、体、美、劳诸方面全面和谐发展的重要而不可缺少的途径。

（二）班级活动能满足学生多方面的需要，有利于提高教育效果

在学生的全部精神活动中，学习活动虽然占据主要地位，但只是其中一部分。除此之外，还有属于道德、劳动、体育运动、社会交往、娱乐等方面的活动，它们同学习活动一起，构成学生精神生活的全部。

学生的活动从机能上可分为两个方面：一是认识和理解客观世界；二是主体的自我表现和发展。提高教育的效能应该使这两方面的机能相互协调和保持平衡。学校教育中的重中之重——教学——必须建立在学生充实的精神生活之上，才能取得良好的效果。学生精神生活的需要是多种多样的，如学习求知的需要、友谊社交的需要、独立自由活动和从事创造的需要以及对美的享受和娱乐的需要等，这多种的需要单靠课堂教学是不可能满足的。开展丰富多彩的班级活动能从多方面满足学生多种多样的需要，从而使学生感到精神充实、生活美好，进而朝气蓬勃地投身到学习和生活中去。在多种多样的诸如社会、科技、体育、艺术的班级活动中，学生可以丰富精神生活，获得多种情绪体验，满足发展自我的要求，身心愉快、积极奋发、充满自信，陶冶情感、磨炼意志。

（三）班级活动是组织、建设良好班集体的有效方法

班级活动有助于班集体的形成。一般来说，班集体总是在协调一致的集体工作和有益的班级活动的基础上组织、形成的。如果一个班级不开展或很少开展活动，是永远也不可能成为一个真正的集体的。同时，班级活动有助于实现班级的教育目标，培养学生的集体荣誉感和责任感，从而促进班集体的发展与完善。班集体是在实现班级的奋斗目标的实践活动中发展和巩固起来的。目标是班集体发展的方向和动力，而组织相应的具体活动则是班集体向着既定目标前进的重要形式。只有在班级活动中，学生才能正确认识个人与集体、个人与他人的关系，培养集体主义精神和对集体的责任感、义务感。如果没有活动，学生就不会感到集体的存在，也就不会主动地关心集体，为集体的利益而奋斗；而有了活动，学生则会精神焕发，并积极促进同学间的交往、团结和班集体的巩固与发展。

（四）班级活动有助于形成正确的集体舆论和良好的班风

集体舆论是指在集体内占优势的，为大多数学生所赞同的言论和意见，通常以议论、褒贬等形式肯定或否定集体的动向和集体成员的言行。正确的集体舆论能够助长班级中健康和进步的因素，促使好人好事不断涌现，引导更多的学生努力向上，积极进取，克服和遏制消极和错误的言行，帮助学生明辨是非，激发他们的荣誉感和责任感，有利于维护集体的利益，巩固集体的团结，促进良好的班风形成。正确的集体舆论和良好的班风对于学生的发展影响巨大。在健康、有益的班级活动中，正确的、合理的东西能够得到肯定、弘扬，错误、不良的东西则为大家所不齿，这样，正确的舆论和班风就会逐步形成、发展起来。所以说班级活动是创建班集体的血液，是形成集体主义思想的摇篮，没有活动就没有集体。

二、班级活动的特点

尽管由于各种因素和条件的不同，班级活动在内容、形式、方法等方面表现出多样性，成功的班级活动还具有下列一些共同的特点。

（一）自愿性

学校教育是有目的、有计划、有组织的活动，这尤其反映在课堂教学中。课堂教学受课程计划和课程标准的制约，学生必须按要求学习规定的必修课，不能任意选择。而班级活动则不同。内容、形式以及何时开展班级活动可以由学生根据自己的兴趣、爱好自由选择，自愿参加，教师只能加以引导而不能强迫。教师可以在学生选择活动时施加一定的影响，进行必要的指导，但不能作硬性规定，更不能强迫命令学生去参加。如果学生对某项活动不感兴趣，一味强求是难以调动学生的主动性与积极性的，也不利于培养学生的个性，发展其特长。

（二）差异性

班级活动参与的主体是学生，但学生的兴趣、爱好、智力、才能等各不相同的，这就表现出参与主体的差异性。有的学生开朗、活泼，喜欢文艺活动；有的学生性格内向、沉静，喜欢智力方面的活动；有的学业成绩好，但缺乏文艺、体育方面的特长；有的学业成绩差，却有体育禀赋与文艺才能。班主任要善于发现每个学生身上的"闪光点"，并根据学生的个性差异，设计适合他们的活动形式，以充分发挥每个学生的潜能与特长。

（三）广泛性

班级活动的内容十分丰富，不受学科课程标准限制，也不受学科的局限，凡是符合教育要求，又有条件开展的教育活动，都可以纳入班级活动之中，这体现了班级活动的广泛性。班级活动既有综合性的活动，也有单项活动，可以组织各种科学兴趣小组，搞科技小发明，举办科技讲座，参观科技展览，培养学生讲科学、学科学、爱科学的兴趣；可以开展各种文艺活动，培养学生的审美能力和创造美的能力；可以开展各种体育活动，培养学生坚韧的性格和顽强的毅力，掌握各种运动技巧等。至于活动内容的深度、活动的层次水平，并没有固定的统一要求，富有伸缩性和多面性。

（四）自主性

班级活动是学生自己组织、自己设计、自己动手操作进行的活动，因此具有一定的独立性。在活动过程中，虽然也需要教师的指导和帮助，但与课堂教学在教师直接组织领导下进行有明显的不同。班级活动的主人是学生，需要学生自己动手，教师只能指导而不能包办代替。让学生自己组织，自己设计，自己操作，才有利于培养学生的组织能力和创造能力。学生通过独立的活动，向众人展示自己的能力、成就，能使其获得心理上的满足，从而进一步增强信心，使学生的积极性、创造性得到更充分的发挥。

（五）灵活性

从活动的组织形式上看，班级活动具有灵活性。班级活动的规模可大可小，形式灵活多样。从组织的规模看，有全班、全年级乃至全校性的群众性活动，有各种小组的活动，也可以是个人的活动。从具体的活动方式看，可根据学生的年龄特征、知识水平、设备条件以及指导力量等，采用多种多样的形式，可以做模型、采标本、搞社会调查、办各种展览，也可以搞演讲、书评、讲座、报告会等。

三、班级活动的类型

班级活动从不同的角度划分有以下类型。

从活动的对象上看，班级活动可以分为个体的与群体的活动。个体活动是组织学生独立地完成某项任务而设计的活动，如演讲、比赛等，旨在提高个人的独立活动能力；群体活动是依班级整体活动而设计的，如组织宣传活动、"红领巾一条街"活动等，旨在促进班集体的改善与发展。

从活动的性质看，班级活动可分为自助性活动与社会性活动。自助性活动，主要是自理、自助类的活动，如钉纽扣、整理书包等；社会性活动是以社会为对象或以他人为对象的活动，如帮助残疾同学、修课桌椅、慰问孤寡老人等。

从活动的内容上看，班级活动可分为政治性活动、知识性活动、娱乐性活动、实践性活动。政治性活动是指以思想品德教育和行为规范训练为主要内容的班级活动。政治性活动常通过班会、团队活动、传统教育活动以及学先进、树新风活动等形式，使学生受到政治思想教育和社会公德教育，养成良好的行为习惯。知识性活动是指以培养对基础学科的兴趣、扩展并运用学科知识、加强技能和智能训练为主要内容的班级活动。主要是通过组织课外兴趣小组、举行班级知识竞赛、学习操作计算机等各项活动，吸引广大学生积极参与。娱乐性活动是指以培养学生在文艺、体育方面的兴趣、技能为主要内容的班级活动。通过组织演唱会、艺术品欣赏活动等，培养学生健康的审美情趣，形成高雅的情操，发展学生对艺术的爱好与特长。通过开展田径、球类、棋类等体育竞赛活动，使学生养成自觉锻炼的习惯，不断增强体质。实践性活动旨在沟通学校、社会、家庭之间的联系，把学校教育同社会教育紧密结合起来，进而提高学生的社会实践能力。

实践性活动通过组织学生参观访问、实地考察、写调查报告，以及参加公益劳动和社会服务等活动，引导学生接触工农，了解社会，认识社会主义制度的优越性，增强热爱劳动人民的感情和社会责任感。

从活动的经常性上看，班级活动分为常规性与非常规性活动。常规性活动是学校或班级定期组织的活动，如晨操、晨会、班级例会、主题班会、打扫卫生、升旗仪式等；非常规性活动是根据一定的班级状况设置的不定期活动，如志愿者活动、郊游、参观德育基地等。

从活动的综合性看，班级活动可以是单一的，也可以是综合的。单一的活动，指内容、任务、目标单一，是就某一项任务、内容设计的，达到的目标也是与内容、任务相关联的。如要培养群体的凝聚力，可以设计分组过"独木桥"的活动；培养班级的协调一致性，可以组织运动队与拉拉队等。综合的活动，是目标、任务、内容多方面的活动，即通过一项活动达到多种目标，如越野活动，既是体力与智力的比赛，也是对群体协同性的考验。

从活动发生的场所上看，班级活动可分为课内班级活动、校内课外活动、校外活动。

四、班级活动的内容

总体说来，班级活动主要包括以下四大内容。

（一）思想品德教育活动

思想品德教育活动是班级活动的重要内容，也是学校德育工作的重要形式。学生在学习生活过程中会不时地遇到各种各样的思想品德方面的问题，如学习与生活习惯问题、公共道德问题、人际关系问题、价值观问题、网络道德问题等。这些问题是每个学生在成长过程中都可能遇到的，他们需要老师及时地给予引导与教育。教师对于学生这些方面的问题除了随时给予个别指导外，最有效的形式是设计与组织的班集体活动，例如"什么是幸福"主题班会，"人都是自私的吗？"辩论会等。主题班会是学校思想品德教育的主要形式。

（二）文体活动

文体活动是深受学生欢迎的班级活动，文体活动是文娱活动和体育活动的总称。班级文娱活动主要包括文艺演出、书法绘画、演讲朗诵、观看电影戏剧等活动。这些文娱活动可以丰富学生们的精神生活，培养他们的生活情趣，使他们获得欣赏美、创造美的能力。体育活动主要是各种形式的身体锻炼活动，如运动会、各类球赛、体操比赛、航模展示等。体育活动的目的主要是增强学生的体质，培养学生坚强的意志和拼搏精神，同时还可以增强学生的集体主义精神。

（三）劳动

劳动是我国基础教育体系中一项传统的班级活动，劳动教育也是思想品德教育的重要内容。劳动作为推动社会历史进步与人类文明发展的动力和社会富裕的源泉，历来受到教育家的高度重视，他们都强调通过劳动对学生进行现代基本的生产技术教育和劳动观点教育，并在劳动的过程中进行思想情感的陶冶。

在现代社会，科学技术发展所带来的结果之一就是人们从越来越多的繁重的体力劳动中解脱，机器代替人类完成了越来越多的劳动。在这样的背景下，重新了解人类劳动的存在形式、了解劳动的价值非常重要。青少年学生的劳动并不在于为社会创造多少价值，而在于参与劳动的过程。在这个过程中他们能体会创造的价值和生产的乐趣，感受认识周围世界的乐趣，体会劳动者的付出，从而尊重劳动，尊重劳动者。

（四）社会实践活动

社会实践活动是学生在学校或班级有计划的组织指导下走向社会、了解社会，参与各种社会活动的教育活动。例如，社区服务、学校联谊、参观、社会宣传等。青少年的成长不是在与世隔绝的围墙内完成的，它需要与社会生活相联系。在学生的成长过程中，尤其是品德发展过程中，学生需要了解与之相关的社会成员组成、社会机构、社会行为等方面的知识，需要在社会活动中体验社会对教育的要求。把教育活动扩展到校外社区、社会机构、爱国主义教育基地等，是学校德育的重要途径，社会活动是学校德育的重要组织形式。

五、班级活动的原则

各种班级活动的目标、内容、方法、形式不一样，但每种活动要取得预期效果，除考虑其自身特点之外，还要遵循以下一些基本的、共同的要求。

（一）目的性原则

开展班级活动的目的在于使学生在德、智、体诸方面都得到发展，在于促进班集体奋斗目标的实现。因此，组织和指导班级活动一定要有目的、有计划地进行，要寓教育于活动中，寓学习于活动中，最大限度地发挥班级活动的作用，不能盲目地为搞活动而活动。

班级活动的目的是提高学生的思想道德水平，开发学生智力，提高学生的实际操作能力，增强其审美情趣、强身健体等。这样的班级活动的目的体现在活动的内容和环节上。从活动的内容上讲，班级活动的内容反映出来的教育思想一定要符合新时期的教育方针，健康、格调高雅，符合教育规律，使受教育者在德、智、体、美、劳诸方面都得到发展；不健康的情调会对学生产生不利影响。从活动的环节上讲，在激发动机、活动准备、活动进行、活动总结这四个环节中都要注意体现和突出活动的目的。通过活动的开展，不仅要学生参加活动，更重要的是要学生能够通过参加活动得到成长。如活动会场布置要体现教育情境、活动气氛，标题的书写、展板的摆放、桌椅的形式都要作整体的教育设计。再如，在活动中班主任要作指导而非包办代替，使学生在亲自做的过程中获得有利于其形成思想认识和道德习惯的感受和体验。

（二）针对性原则

班级活动的开展要有针对性，针对性越强，收效越大。一是要针对学生的年龄特点和身心发展需要。同一内容的教育，在各个年龄阶段都可以进行，但具体的内容层次和方法就应有所区别。低年级的孩子率真、纯洁、善良，开展的活动要活泼、趣味性强；高年级的学生较为理性、深刻，活动要有知识性、哲理性、创造性才能引起他们的兴趣。二是要针对班级里实际存在的问题。活动总要解决问题，越是能针对班级里现实存在的问题开展的活动，效果就越好。如学生刚升入初中，不懂得转变学习方法，可开展初中学习方法的讲座；再如学生中出现不珍惜、糟蹋学习用品等现象，可组织学生观看相关电影，开展与贫困学生结成"一帮一"对子的活动。三是要针对社会上对学生有影响的现象开展班级活动。社会上的"热点"现象，有些是积极的，通过活动引入班级，可以促进集体的发展和每个成员的成长。有些现象如"武侠热"、"追星热"、"消费热"等对学生影响是比较复杂的，要通过活动，引导学生认清现象的实质，分清是非，自觉抵制消极的事物。

（三）多样性原则

多样性是指在开展班级活动时内容、形式、组织方式要多种多样。坚持多样性的原则，一是为了适应德、智、体、美、劳全面发展的要求，促进学生全面、和谐地发展；二是为了适应学生的心理特点。青少年活泼好动，求知、求新、求美、求乐，班级活动唯有丰富多彩、新颖出奇，才能满足他们的需要，适合他们的口味，才能有效地激发他们积极参与的热情，使活动的开展有实效。如果班级活动内容单一，形式呆板，学生就会兴趣索然，活动效果就会大为降低。在活动内容上，多样性可以是学习活动、文艺活动、体育活动或思想教育等；在活动形式上，多样性可以是故事会、文艺演出、校外实践等，如中秋佳节，可以安排化装晚会、开展歌舞表演、民间传说介绍、即席演讲、谜语竞猜、点蜡烛、吃月饼等多种形式的活动；在活动组织方式上，多样性体现在或集体进行，或小组活动、社团活动，甚至是三五个人自由结合活动。只有多样性的班级活动，才能调动学生的兴趣，取得理想的效果。

（四）易操作性原则

班级活动与社会中开展的大型活动不同，它受班级学生的精力、经验以及现有条件的限制，因此要注意易操作性，根据本班、本校、本地现有的条件开发活动资源，规模、频率要适当。每天都要进行的日常活动要短、小、实，形成自动化操作。短，即时间短；小，即解决小问题；实，即解决实际问题。主题班会一般是全体参加，一个学期搞几次，次数不能过多，也不能没有，要依据具体情况具体分析。每一次大的班级活动，事前都要事先安排，要制订详细的方案，这样操作起来才能有条不紊，顺利进行。

（五）创造性原则

创新的时代要求教育必须培养出创新型人才，而班级活动是培养学生创新精神和实践能力的有效途径之一。要搞好班级活动，必须不断地创新，坚持创造性原则。这种创造性体现在班级活动的内容和形式上，有时代感、丰富多彩、生动活泼，在原有内容和形式上的"加一加"、"变一变"、"改一改"、"移一移"，具有生命力和新面孔的班级活动才能吸引学生的参加。班级活动坚持创造性原则，教师必须树立现代学生观，相信学生具有创造的潜能，承认学生是具有独立性、自主性和创造性的班级活动的主人。另外，要鼓励学生敢于创造，并教会学生善于创造，使班级活动的内容和形式都具有时代气息，这样才能激发学生的创造精神，培养学生的创造能力。

（六）整体性原则

整体性是指班级活动的内容、活动的全过程、活动的教育力量都要成为一个系统，用整体的教育思想指导整体的教育活动，达到教育目标实现的整体性和学生身心发展的整体性的最高境界。从活动内容看，要有整体教育的考虑，要包含德、智、体、美、劳诸方面活动，形成全面的信息网络，使学生得到多方面的教育和发展。从活动的全过程看，整体活动和个别活动是辩证统一的。就一次活动来说，只有从酝酿、设计、准备阶段发动学生全身心地投入进来，活动实施时才会有激情，教育性也就蕴涵在其中了。从整体活动看，活动之间也应有一个系统性和连贯性的安排。在系列活动中，每一个活动的结束成为后一个活动的起点，后一个活动巩固、强化前一个活动的教育。这样，一环套一环，循序渐进地开展活动，整体教育效果就显露出来了。从教育力量看，班级活动要尽可能地发挥学校、家庭、社会的整体教育功能，使班级活动由封闭转为开放，有效地提高教育的效果。如多争取任课教师的支持，向他们咨询，请他们协作；邀请家长或家长委员会参加班级活动，出竞赛题，给学生写信等；采取邀请解放军、科学家、先进青年等到班里来座谈等"请进来、走出去"的方法，争取社会力量的配合。

六、班级活动的阶段

（一）班级活动的选题

凡事预则立，不预则废，班级活动也是如此。选题是第一步也是重要的一步。选题指活动内容主题的选择和确定。首先它需要经过班主任的充分思考，注意选题的大的方向，注意班集体的奋斗目标和班集体建设的计划，注意班集体的现实情况，注意学校的教育计划和教育活动的安排。在此之后，班主任可以把自己的设想讲给班委会成员听，引导班委们考虑几个方面的参照情况，在大家畅所欲言的基础上进行归纳，确定大致内容，初步商量活动如何进行，最后由班委会向广大同学征求意见。采取个别交谈或开小型座谈会的方式，对同学们的反馈信息认真收集、整理，作为组织活动的重要参考。有些活动，还可征求任课教师、校领导以及部分家长的意见。

（二）班级活动的准备

选题确定之后，进入班级活动的具体准备阶段。在准备阶段要制订具体的活动计划，撰写活动方案。活动计划应该包括活动的内容和目的、活动的基本方式、活动的组织领导、活动的时间安排、活动的具体准备工作、活动的地点、活动总结等，这些都要明确具体分工，谁总体负责，谁负责宣传，谁负责对外联系，谁负责组织发言或节目，谁负责布置会场，谁做主持人等，都应有人牵头，将组织工作落到实处。接着是撰写班级活动方案。班级活动方案的类型有教案式、串联式和散文式三种。教案式即用写教案的方式来撰写，有明确的活动意义、目的、活动内容、活动安排、活动过程及活动提示等，简明扼要撰写教案式班级活动方案，是班主任掌握活动进度、安排整个活动的最好办法。串联式是用串联词的方式把活动内容有序地链接起来，注意起承转合，一气呵成。写串联式活动方案时，班主任和学生要充分发挥想象力，对活动的方方面面进行通盘考虑。散文式即以散文的笔调把多种活动形式或多方面活动内容有机地贯穿起来，也称点子式，有形散而神聚的特点。

（三）班级活动的实施

实施是班级活动过程的中心环节，是活动全过程的关键。如果前面的准备充分，班级活动按照计划去展开就可以。为了保证活动的成功，需要注意全班同学的精神状态和可能出现的干扰因素、偶发事件等。活动实施前的一至两天时间，班上要创造一种准备积极投入活动的态势，排除一些干扰因素。如班上出现了某种偶发事件，引起情绪波动，或者有人对活动抱怀疑态度以致说风凉话等，这都需要班主任和班委会及时作出处理，及时调整大家的心理状态，使干扰降到最低限度。活动进行的过程中，也可能会出现一些如突然停电、准备好的材料找不到、邀请的主讲人迟迟未到等问题，这时需要针对改变的情况对原计划进行灵活的修改。除非出现使活动不得不停止的事情，否则应妥善处理偶发事件，继续进行活动。

（四）班级活动的总结

总结即用科学的方法，对已经做过的工作进行评价，肯定成绩、总结经验、指出缺点，进而明确下一次活动应努力的方向，它是班级活动进行过程的终结环节。总结的方式多种多样。最基本的方式是在班级活动结束时，由班主任作发言，对活动作一个简单扼要的评价。当然，学生是班级活动的主体，活动的成功与否他们最有发言权。因而活动总结时，也应当采取开小范围的座谈会、写活动总结、广泛征求意见、开全班总结大会等方式请学生对活动进行评价。除了口头总结的方式外，在参观、访问、报告以及劳动、服务等活动后，让学生记日记、写作文、出墙报，交流体会和收获，也是很好的活动总结的方式。当一些周期比较长的系列活动结束时，可以采用学生写总结报告、写课题研究论文的方式进行总结，也可以用举办展览、举行评比等方式进行总结。这些方式便于学生展示活动成果，进行经验交流，为下次活动积累经验。不管用一种或是几种方式，班委会的总结会是必须开的。班委会要对活动的全过程进行反思，从选题开始，直到结束。而且班委会的总结内容，要以口头或板报的方式向全班同学通报，以便听取反馈意见。

第二节　组织班会课的技能

我国中小学课程中由班主任承担的课程主要有晨会和班会课。其中晨会时间为每天早上 5 ~ 20 分钟，各个学校有所不同；班会包括班级例会与主题班会，一般每周时间为 1 课时。

一、晨会

晨会是班级活动的主要形式，是班主任对全班学生进行教育的重要途径。《九年义务教育全日制小学、初级中学课程计划（试行）》中明确规定：每天晨会的时间是 10 分钟；晨会的基本要求是举行升旗仪式，进行时事政策和日常行为规范教育。教育学生热爱祖国，关心国家大事，遵守学生守则，养成良好的行为习惯。晨会属于活动课程，其短小精练，活动内容形式丰富多彩，能充分发挥学生的主动性和创造性，使学生在活动中受到政治、思想和道德教育，开阔视野，动手动脑，增长才干，发展志趣和特长，丰富精神生活，增进身心健康。晨会的意义非同寻常，应该受到重视。但是，由于没有教材，没有固定的内容、统一的评价标准，时间又短，晨会往往被班主任或其他教师占为他用，或成为班主任的训话课。在不少学校和班级的晨会形同虚设，失去其应有的作用。发挥晨会的作用需要学校和班主任重视以及有系统、有计划地开展。

（一）内容和形式

在《九年义务教育全日制小学、初级中学课程计划（试行）》中，规定晨会的内容主要包括三个方面：爱国主义教育、时事政策教育和日常行为规范教育。不同的内容其形式也不同，即使是相同的内容也可以有灵活多样的形式。晨会内容形式的丰富多彩，充分体现了学生的主动性和创造性。晨会的内容形式主要有：

1. 升旗仪式

每周一的晨会是固定的、全校性的升旗仪式，是爱国主义教育的主要方式。中小学升旗都有固定的仪式：出旗、升旗、奏唱国歌、国旗下的讲话等。在整个仪式中，整齐的队形、高昂的国歌、冉冉升起的国旗都可能激发学生的爱国情感。要使升旗仪式不流于形式，真正发挥其应有的作用，学校和班主任的重视和组织是关键。一是要重视升旗仪式的每个环节，师生态度认真严肃，精神饱满；二是使每个学生都有机会成为升旗仪式的主角，即每个班的每个学生都有机会成为旗手、护旗手、乐队成员、演讲者中的一员。可以由每个班轮流，每个班再选出进步较大或某方面有突出才能的学生，当选的学生下次不再参与，把机会留给其他学生。当每个学生都有机会亲自升起国旗时，那对他的影响会是一生都难忘的；三是国旗下的讲话应是激励人心的，而不是充满训斥和要求的。全校师生都应该有机会在这种场合演讲。但不少学校的升旗仪式，往往成为校长们的演讲或训话。

2. 新闻发布

学生轮流担任新闻发布人。新闻发布人把前一天收集到的国内外时事以及身边的新闻通过精选，像新闻联播一样向全班同学广播。要成为合格的新闻发布人，学生必须养成看报、看新闻、关注身边人与事的习惯，学会判断和选择。由此引发全班学生关注身边的生活、关注自己的家乡、关注国家大事和全球的发展，既能拓宽学生的知识面和提高语言能力，又能激发学生爱亲朋好友、爱家乡、爱祖国的情感。新闻发布可以用说的方式，也可以用写的方式，每天早上由新闻发布人把他精选的新闻写在专门的发布栏中，由学生自由地观看和评论。

3. 时事讨论

班里成立时事讨论组，由关心时事的学生组成。每周由时事讨论组选择一两个本周发生的同学们关心的热点问题，组织同学们讨论。对所选的问题可事先征求班主任的意见。低年级的学生可以是讨论身边的时事，如"如何庆祝教师节"（母亲节、父亲节等），"你怎样看抄袭现象"，"不做值日生行不行"等，问题可由班主任给予提示或建议；高年级的学生由学生自己提出同学们关注的时事问题，既可以是身边的时事，也可以是国家大事，如奥运场馆的使用、金融危机的影响、环境保护等。学生是讨论的组织者，从问题的提出到讨论的展开全由学生组织。形式可以是分组讨论、全班讨论、分组辩论等。时事讨论有助于提高学生各方面的能力（尤其是组织能力、判断力和语言能力等）和关注周围事情的情感。

4. 课外阅读交流

课外阅读交流是学生把本周或最近所阅读的好的文章、书籍内容，在晨会上通过各种方式介绍给同学们，使全班同学都受到教育。其内容可以是每周一文、一诗歌、一故事或每周一书，中英文皆可。班主任可经常性地向学生推荐一些优秀和经典的中小学生读物，有目的地指导学生学会阅读。课外阅读交流的方式有概述、演讲和朗诵。可由全班同学轮流参与和组织，也可成立课外阅读小组，由小组成员组织。另外，可以和各个学科相结合，由课代表组织学生进行关于学科趣味性知识的介绍活动。每周短短的几分钟就可以激发大家课外阅读的兴趣和能力，拓展知识面。

5. 行为规范训练

行为规范训练是由班主任创设一定的情境，要求学生根据情境作出正确的反应，并演示出来，以规范和训练学生的言行举止。班主任可以根据《中小学生日常行为规范》设置各种情境，如"你不小心碰倒同学怎么办"，"如何在家招待客人"，"好朋友作弊怎么办"等。学生根据问题情境进行讨论，并以小组为单位进行演练。

6. 学生个性才能展示

每个学生都有自己独特的潜能，班主任的任务是为其提供机会，激发其潜能，使学生正确认识和看待自己，增强自信心。晨会是激发学生潜能和展示学生个性的最好途径，晨会能为学生提供展示自己的时间和空间。晨会中开展展示学生个性才能的活动，有说的活动（朗诵、演讲、讲故事等）、演的活动（小品、唱歌、课本剧、相声、舞蹈等）、做的活动（手工制作、"三模"制作、美术、科技制作、修理、家务等）。这些活动也可以以比赛的方式进行，重要的是使每个学生都有参与的机会。展示活动按不同的才能分组，由学生根据自己的特长选

择所参加的小组。可固定在某一周的晨会中集中开展，也可以在每天的晨会中分散轮流开展。

7. 游戏

中小学生都喜欢游戏，关键是要选择适合本班学生年龄的、有教育意义的游戏。在中小学晨会中开展的游戏多是智力游戏和体育游戏。在低年级中可以在某天的晨会中集中进行游戏活动，在高年级中游戏一般是作为调节气氛、提高学生参与的积极性、发展学生的智力和合作能力的某个环节。

8. 一周小结或每周评比

周末的晨会可对学生一周的表现进行小结和评比，评比的内容不一定全面，但要与本周的班级目标和活动相一致。如可评选"最佳新闻发布者"、"最佳表演者"、"进步奖"、"学习勤奋奖"等。先是学生对自己一周的表现进行小结和反省性自评，再由同学们互评。在小结和评比中使学生能全面准确地认识自己、评价自己，达到自我教育的目的。

另外，以上晨会的内容和形式还可以借鉴电视等媒体的节目进行变通，如"时事讨论"变为"焦点访谈"和"实话实说"；"游戏"可变为"幸运52"等。每天的晨会可以由一个内容和形式组成，也可由多个内容和形式组合而成，做到灵活多变。

（二）组织晨会应注意的问题

1. 重视晨会

晨会由于时间短，没有教材和固定的内容，很容易被占为他用。要把晨会还给学生，需要学校和班主任加以重视。一是把晨会列入课程表；二是禁止班主任和其他教师占用晨会的时间，每天指派专人检查；三是监督检查每班晨会的开展情况，检查各班的晨会设计方案和效果，学生设计的方案必须有班主任的签字；四是开展全校性或班级各组晨会比赛和评优活动，激发师生开展晨会的积极性。

2. 有计划地设置每周晨会的主题

学校和班主任要有计划地设计好每天、每周晨会的主题，最好能把周一到周五的晨会主题写入课程表，以保证晨会的实施，做到专时专用。晨会的主题可以根据教育的目标、学校的实际、学生发展的需要和晨会的各种内容和形式来灵活设置。每学期的晨会安排可以相对固定，例如，周一：全校性的升旗仪式；周二：新闻发布会；周三：课外阅读——每周一文（一故事、一诗歌、一谜语等）；周四：学生才能展示；周五：一周小结。每学期的晨会主题应有变化，以提高学生的积极性并促进学生全面发展。各班可根据需要增减内容、改变形式，使晨会符合学生的特点和发展的需要。如学生个性才能展示，可由朗诵转为讲故事、表演等。

3. 晨会的组织与实施以学生为主体

晨会属于活动课程，强调学生的自主活动，要求充分体现学生的积极性和主动性，因此，晨会应该由学生自己来组织和实施。班主任在晨会中的作用是设计晨会的主题，在学生有需要时给予指导和帮助。晨会组织与实施以学生为主体，具体的要求有：一是由学生分组设计晨会。根据晨会的主题设置不同的小组，如新闻发布组、课外阅读组等，学生根据自己的兴趣和特长自由选择自己喜欢的小组。由小组成员共同商讨晨会的目标、方式、方法和实施过程，最后撰写成方案，并由班主任审批签字通过。低年级晨会方案由班主任设计并组织。二是分工合作，每个小组成员都有各自的工作和角色。每组成员包括小组长、主持人两人，撰写者，收集资料者以及活动材料准备者等。晨会的组织实施应充分发挥学生的合作能力。三是晨会的活动过程全部由学生组织和主持，班主任只是旁观者和活动参加者。四是晨会结束后，由组织晨会的小组写效果分析，班主任给予简洁的评价。

二、班级例会

班级例会是班主任定期对全班学生召开的以常规教育为主的班级会议，主要包括班务会和民主生活会。班务会是研究、讨论和解决班级一些较为重要的班级日常事务的会议；民主生活会是运用批评与自我批评引导学生进行自我教育的会议。

（一）班级例会的作用

班级例会是每周班会课的重要形式，是班主任对全班学生实施教育的主要途径，是全班学生主要的集体活动。班级例会的定期召开有其重要的作用：一是有利于班主任根据班级的问题有针对性地对全体学生实施教育，减少班主任的工作量，提高班级管理的实效；二是有利于全班学生参与班级管理，培养学生的自治意识和自治能力；三是体现教育的民主化，"我的班级我做主"，培养学生的民主意识；四是民主生活会有助于学生正确地认识自己和评价自己，培养学生自我教育的能力；五是丰富学生的在校学习和生活，促进学生的全面发展。

（二）班级例会的内容及其方式

1. 班务会的内容及其方式

班务会以班级事务管理为主要内容，具体包括《中小学生守则》、《中小学生日常行为规范》及与学生相关的各种规章制度、条例文件的学习和训练；班级奋斗目标和班级计划的研究和讨论；班干部的选拔；班规的制定；班级成员在学习、生活等方面所关心的问题；班级不良问题的批评、纠正与解决；偶发事件的处理；班级各项工作的研究、讨论和总结。

班务会的方法、形式较为单一，多是以语言传递为主，包括讲解、讲座、座谈、讨论和辩论等。相同的内容也可以采用以上多种形式，如班级奋斗目标的制定，班主任先讲解班级目标的作用，分析本班学生的具体情况，然后由学生讨论在各个方面希望达到的目标，最后师生一致通过。或者由班主任直接提出并讲解目标，学生修改讨论后，再表决通过。

2. 民主生活会的内容和形式

民主生活会的内容和形式具体包括：学生个人对自己前一阶段在学习、工作和生活上的成绩和存在的不足进行的自我评价；犯错误学生作自我检讨；学生对其他同学进行评价。民主生活会应注意要客观公正，突出成绩，慎用批评，尤其是对后进生的评价。评比本阶段的先进人物时，评比的项目或奖项可视近期的活动和学生的表现情况灵活设置；班主任表彰先进，批评错误，纠正缺点。

民主生活会主要有两种：一是班干部的民主生活会，根据需要全班同学也可列席参与，这样能促使班干部起模范带头作用和全班同学对班干部起监督作用；二是全班学生的民主生活会。两种民主生活会的方式都包括自评和互评。

（三）组织班级例会要注意的问题

1. 定期举行，控制好时间

班级例会的内容较为繁杂、方式较为单一，容易造成班主任天天开班级例会，甚至有事无事时时开会，以致早读、晨会、自习课都变成了班级例会，使师生总是处于疲惫和紧张状态中。因此要注意班级例会召开的时间和频率。具体的要求：一是在班会课中开展，一般情况下不占用学生其他的学习和活动时间；二是每次会议的时间控制在一节课之内，不拖堂；三是最好是隔周开展一次，并形成惯例。

2. 计划好一学期班级例会的主题内容，把握班级日常事务的重点

有计划才有保障，才能发挥班级例会的作用。班主任先要计划好一学期的班级例会的主题内容。可以根据本班学生的特点、状况和学校的要求以及一学期的不同阶段设计班级例会的主题内容，如开学后几周班级例会的主题是班级的奋斗目标、干部的改选、班规的修订等；中间几周的主题应关注学生的学习、思想、健康等方面的问题，并配合学校的要求设置内容，还有就是期中的总结；期末的主题应是学习、总结和评比等。计划可采用表格的形式，把班会简明扼要地安排出来。这种班级例会计划只能是粗线条的，在具体实施前，还应根据情况加以修改和调整。关键是把握好近期班级管理的重点，使班级日常事务有条不紊、顺利完成。

3. 设计和组织每一次班级例会

设计方案是班级例会开展前必须要做的准备。班级例会方案的内容主要包括主题内容、会议目标、准备、会议的程序和小结（班会后）等。班主任是方案设计和撰写的主要人员，根据需要可邀请班干部和相关的学生参与讨论，共同商定方案。设计好方案后，由班主任和班干部共同准备和组织，包括准备会议需要的内容、材料和设备；主持人的选定和发言，可以是班主任或学生或两者共同主持，根据学生的年龄和需要而定，如高年级可以由学生干部主持。

4. 学生参与组织、讨论与决策，避免出现班主任"一言堂"的现象

开班会时应发挥学生的主体意识，除了让班干部与相关学生参与设计方案外，也可以向全班学生事先通报会议的主要内容，使学生作充分的准备。在设计方案时，要注意增加学生参与的环节和方式、方法，应有学生参与讨论的时间。在重大的班级决策中，每个学生都有决策权。因为班级例会以语言传递的方式为主，所以应该让学生多说，避免出现班主任"一言堂"的现象，以提高学生参与的积极性和主动性。

三、主题班会

主题班会是在班主任的指导下，全班学生围绕一个教育主题开展活动的班级会议。主题班会的内容集中，针对性强，形式多样，是学生乐于参加的集体活动，是班主任教育学生的主要途径和手段。

（一）主题班会的类型

主题班会的内容丰富多彩，形式多种多样。根据不同的内容和形式，主题班会可以分为以下类型。

1. 根据内容不同划分的主题班会的类型

（1）学习类

学习类主题包括学生学习兴趣、学习方法、学习习惯和知识拓展等方面的主题。如针对学生厌学的现象开展的主题有"寻找学习的乐趣"、"快乐学习"、"快乐 A、B、C"等；针对学习方法的主题有"学习经验交流会""我会学，我快乐"、"名人名家学习方法介绍"等；针对拓展学生知识的主题有："××知识竞赛"、"××知识知多少"等。

（2）思想道德类

思想道德教育是主题班会的重要内容。这类主题的内容最为丰富，包括行为习惯、文明礼貌、道德规范、纪律、态度、情感、意志品质、集体主义、爱国主义、理想、信念、人生观（生命、诚信、合作、关爱）、世界观、价值观等各个

方面的主题。如"珍惜生命，关爱生活"、"我的理想"、"感恩的心"、"诚信伴我行"等。

（3）生活劳动类

生活劳动类主题包括劳动教育、健康生活教育等，可设计的主题有"自己的事情自己做"、"我是妈妈的小帮手"、"厨艺展示"、"我运动，我健康"、"健康的生活习惯"、"有意义的课外活动"等。

（4）审美艺术类

以审美教育为主要内容，提高学生表现美、欣赏美、创造美的能力，有关的主题是学生艺术才能展示，如"我是小画家"、"快乐的歌唱"等；学会欣赏，如"我喜爱的儿歌"、"民乐欣赏"、"名画欣赏"等；展示学生自己外在和内在的美，如"说说我们的服饰美"、"美丽的我"、"青春的我，快乐的我"等。

（5）综合类

综合类主题班会融教育性、知识性、审美娱乐性和趣味性于一体，更便于展示班上每个学生的才能和特长。如，"庆祝新中国成立六十周年"、"快乐'六一'节"、"毕业歌"、"二十年后来相会"等。另外，具有综合性质的内容也包括在内，如青春期教育、心理健康教育和环保教育等。

2. 根据形式不同划分主题班会类型

（1）交流讨论式

交流讨论式主题班会是针对学生普遍关注的问题，如学习问题、人际关系问题、青春期问题和心理健康问题等，通过说服、讲座、座谈、朗诵、演讲、讨论、辩论和咨询等语言交流的形式，促使学生全面了解问题、分清是非、掌握解决问题方法的一种主题班会。主题如"实话实说——朋友"、"网络是否应该受管制"等。这类班会的关键是能提出和解决学生感兴趣的、普遍存在的问题。

（2）模拟式

模拟式主题班会是指根据社会和班集体在一定时期的教育要求，通过设计、模仿某种具体的生活情境，组织学生扮演生活中的某种角色，让他们身临其境地感受生活的丰富多彩和绚丽多姿，从中受到感染、启迪、教育的班会。模拟的情境可以是现实社会中的各种情境，如模拟家庭、模拟超市、模拟酒家、模拟交通警察、模拟法庭和模拟游乐场等；也可以是模拟虚幻的情境，如模拟外星人的生活、模拟与动植物的对话、畅想50年后的社会等。模拟式主题班会的关键是创造一个类似真实的情境，使学生如身临其境、积极投入、深刻品味和体验，以丰富学生的社会经验和提高学生解决问题的能力。

（3）竞赛式

竞赛式主题班会是通过比赛的方式提高学生的竞争意识、激发学生的学习兴趣、巩固其对知识的掌握程度、发展其个性能力的一种班会。以竞赛方式开展的主题班会内容是丰富多彩的，如包饺子（等家政）比赛、跳绳（等体育项目）比赛、歌唱（等表演）比赛、科技小制作比赛、古诗（等各类知识）竞赛、手工制作比赛等。竞赛的项目应是全班学生都有一定了解的知识或相对能掌握的技能，以充分发展学生的个性和才能。

（4）游戏活动式

游戏活动式主题班会是以学生的游戏和动手操作活动为主要形式，以激发学生的积极性和主体性，锻炼学生某种能力的一种班会。一般与其他类型的班会联合开展。这类主题班会有游园活动、智力游戏、体育游戏、娱乐游戏等。

（5）表演联欢式

表演联欢式主题班会是学生通过讲故事、诗歌朗诵、歌舞、相声、小品、笑话、书画摄影、武术体操、魔术等文艺表演的形式来展示自我、娱乐大众的一种班会。这类班会有利于丰富学生的生活，展示学生的才华，培养学生表现美、欣赏美和创造美的能力。对于那些没有文艺表演才能的学生，班主任要为他们安排合适的角色，如道具的准备、场景的布置、活动的组织等，使每个学生都在表演联欢活动中得到锻炼。这类主题的班会有："生日快乐"，"我们的节日（六一节、青年节等）"，"××联欢会"等。

（6）综合式

综合式主题班会包括以上各种形式，有问题的讨论、情景的模拟、竞赛、游戏、表演等，体现了主题班会形式多样化的要求。大部分主题班会都具有综合式的特点。

（二）主题班会的设计与组织

1. 活动主题的选定

组织主题班会的第一步是选择适合的活动主题。选择活动主题的依据有：①教育目的、社会的要求、国家的人才培养要求，如培养"四有新人"（有理想、有道德、有文化、有纪律）、"创造型人才"等。据可选择的主题如"我的理想"、"做一个守纪律的小学生"、"我创造，我快乐"等。②学校的传统活动和教育活动计划，如各种竞赛活动、传统节日的庆祝活动、纪念活动等。③对学生产生影响的社会热点问题，如作弊问题、安全问题、环境保护问题、网络问题、腐败问题等。④班级的具体情况和学生的需要。可根据学生在学习、生活、健康等方面的需要确定主题。

2. 活动方案的设计

主题班会的活动设计方案一般包括以下内容：①活动的标题：给选定好的主题设计一个简洁、形象生动的活动名称。②活动对象：全班学生。③活动时间：

一节班会课的时间。小学低年级活动时间可以较短，30分钟也可。④指导思想或活动背景。⑤活动宗旨或目标：活动目标设计要求符合学生的发展需要，突出发展学生的思想、情感态度和能力。⑥活动形式：——列出活动采用的所有形式和方法。⑦活动准备与分工：活动需要的人、财和物，包括活动需要的资料、课件、器材、物品、服饰等；开展活动的人员安排，如主持人、表演者、课件和版头的设计者、手工制作者、教室布置者、器材准备者等。⑧活动过程：活动整个过程的具体环节和步骤，包括主持人的讲稿和班主任的小结发言。⑨活动效果分析或反思：包括活动前的预见性分析以及活动后的反思，反思可在活动结束后补充。除了主持人的讲稿可由学生来设计外，其他部分均由班主任来撰写。

3. 活动的准备

主题班会的顺利开展需要班主任和学生做大量的准备工作，不宜每周开展，一般每个月开展一两次为宜。为了激发学生的积极性，减轻班主任的工作量，主题班会的准备应放手让学生来做。主要有以下步骤：①成立一个活动筹备组，一般由班干部组成，也可以由各个小组轮流组成（旨在激发学生的主体意识，但不能要求太高）。②由活动筹备组安排准备工作，班主任根据需要给予建议，如根据每个学生的特长安排工作：能说会道者担任主持人；写作能手撰写主持稿；网络高手收集资料、设计课件；美术高手设计版头；能歌善舞者表演节目；手巧者制作活动材料（如制作头饰、卡片等）和布置教室等。③提供学生排练的时间和空间，一般安排在放学后或课外或课间自由活动的时间。根据需要，对活动的主持人和表演者给予指导。

4. 活动的开展实施

主题班会的实施由学生全程组织和主持，班主任是活动的嘉宾或应主持人之邀的某些活动参与者和活动后的评价者。在活动过程中，班主任一般不参与活动的组织，只是在学生需要帮助时从嘉宾的角度给予提示，为的是使活动能顺利开展。设计和准备好的主题班会应按期开展，由于特殊原因引起的延误，要向学生说明情况，并商定告知延迟开展的时间。

5. 活动的小结与反思

主题班会结束时，班主任就活动的内容、教育效果、学生的参与等进行小结，要突出主题班会的目的，提高和升华学生的认识；对学生的付出和参与给予肯定；对活动中存在的问题给予提示和建议。

主题班会结束后，班主任对主题班会开展的整个过程进行反思：活动的设计是否合理？哪些环节需要改进？学生喜欢哪种形式的活动？学生在活动中有何收获？组织和准备中还有哪些需要改进？在反思中总结如何更好地组织主题班会。

（三）组织主题班会的要求

1. 主题鲜明，内容集中

主题班会的主题鲜明，题目名称简洁明了，突出一个中心问题或教育要求，活动的内容和形式围绕一个主题展开。内容的选择要能集中体现主题的要求和活动的目标。每次的主题班会只能围绕一个主题开展，因主题过多、问题过杂就难以解决问题，难以对学生产生教育影响。

2. 主题目标明确，教育性强

开展主题班会的主要目的是使学生受到教育，不具教育性的主题班会是没有任何价值的。主题班会的教育性既包括对学生的思想品德教育，也包括对学生的身心健康教育等多方面，只要能促进学生健康发展的主题，都具有教育性。主题班会的活动目标围绕主题、教育目的、学生的发展需要而制定。活动目标具体、明确，内容包含学生的情感、态度、价值观、能力、知识的发展，具有很强的教育性。活动内容和形式围绕主题和目标开展，使学生受到教育。

3. 联系实际，具有时代性和针对性

联系实际具有两方面的含义，一是联系当代社会实际，主题及其内容与现今的社会发展、国家大事相关联，使之具有时代性，如我国的航天事业、世界和平问题、世界金融危机、环保教育、家乡的变化、科技的发展等都是时代气息浓烈的主题。二是联系学生的实际，即主题及其内容贴近学生的思想情感和生活，从学生的实际出发，能帮助学生解决现实生活中存在的各种问题，满足学生的需要。同时活动的内容和形式设计能充分考虑学生的年龄特征，能引起学生的兴趣和共鸣，以取得最佳的教育效果。

4. 活动形式新颖、多样

根据学生的特点和主题内容，可采取不同的活动形式。游戏、竞赛、表演是小学生喜欢的形式；中学生喜欢的形式更为多样化，除游戏、竞赛外，辩论、演讲、科学制作等也是其喜欢的形式。活动的形式要根据内容变化而每次都有所不同，同一形式在不同内容的变化下也应有所变化，使之灵活多变，以激发学生的好奇心和积极性。每次主题班会的形式也应灵活多样，单一的形式容易使学生产生疲劳和厌烦情绪，教育效果也将大打折扣。因此，综合式的主题班会是最常见的、最受欢迎的班会，可根据内容和目标进行组合，使形式有趣、新颖。

5. 全体学生积极参与，充分体现学生主体

主题班会是在班主任指导下学生自己的活动，主题班会的设计、准备与开展都应由学生全程参与。一次主题班会的成功开展关键是看班主任能否调动全班学生参与的积极性。无论什么内容、哪种形式的主题班会，都要使全班学生共同参与，以达到自我教育的目的。根据现代的教育理念，评价一次活动的重要标准之

一是学生全部参与活动的程度以及参与的积极性。如果活动中只有少数或部分学生参与，即使活动设计和组织得再好，那也不能算是好的活动，因为活动只能使部分学生受到教育。如果在整个活动中学生的积极性都不高，只能说明活动的设计或组织是不成功的。因此，在设计和组织主题班会时一定要考虑学生的参与程度和积极性。

第三节　组织课外活动的技能

课外活动是指在课程计划和课程标准范围以外，学校有目的、有计划地组织学生自愿参加的各种教育活动。我国课外活动的历史悠久，早在两千年前的《学记》中即提出："大学之教也，时教必有正业，退息必有居学。"即倡导在规定时间内上课，休息时间从事课外活动。2006 年修订的《中华人民共和国义务教育法》第三十七条也明确规定："学校应当保证学生的课外活动时间，组织开展文化娱乐等课外活动。社会公共文化体育设施应当为学校开展课外活动提供便利。"班主任是课外活动的主要策划者、组织者和指导者。

一、课外活动的特点

课外活动与课程计划中的学科课程、活动课程相比较，其特点如下。

（一）课外活动目标个性化

课外活动目标个性化包含两层含义：一是课外活动的目标主要是促进学生的个性化发展；二是课外活动对学生要达到的目标没有统一的要求，每个学生都可根据自己的知识水平和能力设定不同层次的目标。

（二）课外活动对象的个别自愿化和自主性

1. 个别自愿化

课内教学活动的对象是全员性的，每个学生都必须参加，而课外活动的对象是以学生自愿为原则，学生有权选择是否参与活动，体现参与对象的个别化。课外活动的个别化适应了学生不同的特点、兴趣和爱好，满足了学生个性化发展的各种需要。

2. 自主性

课外活动是学生独立自主的活动。班主任或辅导员要放手让学生自己设计、自己组织活动、自己动手实践、自我评价考核。在活动的整个过程中，学生是活动的主体，班主任处于辅助、指导的地位。

（三）活动内容的广泛性和灵活性

课外活动不受课程计划和课程标准的限制，其内容广泛，无所不包，只要是能拓展学生视野，扩大其知识面，培养学生某方面的能力，或者只要是有益于学生身心健康的活动都可以开展。可以是各领域的学科知识，也可以是融合多学科的综合知识；既可以锻炼学生的实践动手能力，也可以发展学生的抽象思维；既可以培养学生的情绪情感，也可发展学生的个性品质，等等。活动的内容可以根据学生的需要和愿望而灵活设定，学生可自由选择活动内容。

（四）活动形式的多样性

课外活动规模的大小、活动时间的长短以及活动的形式没有一个固定的模式，也没有固定的活动场所，可以根据学校的具体情况、学生的需要而生动活泼、灵活多样地开展。可以是学生个人的活动，也可以是全校性的活动（如绝大部分学生都喜欢的游园活动）；可以是只有几分钟的活动，也可以是长达一年的活动；可以是校内的活动，也可以是学校组织的校外活动；可以是讲座，也可以是讨论、朗诵、演讲、阅读活动、科技制作、社会实践，等等。

（五）活动过程的实践性

课外活动以学生的活动为主。课外活动过程实质是学生运用知识、锻炼能力、体验情感的实践过程。课外活动强调学生通过自身的活动获得直接经验，为学生提供实践的机会，补充以间接经验为主的课堂教学的不足。

二、课外活动的教育意义

课外活动的特点决定其具有特殊的教育意义。

（一）满足学生的需要，激发学生的兴趣爱好，发展学生的个性特长

1. 满足学生的需要

处于成长期的学生有着各种各样的需要，有发展身体的需要，也有提高科学文化素质的需要；有认知的需要，也有发展情感、能力、性格等个性心理的需要；有学习科学文化知识的需要，也有社交、文娱活动的需要。课外活动的内容广泛、形式多样，能满足学生身心发展的需要。

2. 激发学生的兴趣爱好

在各种类型的课外活动中，学生可以充分地发现和发展自己的兴趣爱好。丰富多彩的课外活动能激发学生潜在的兴趣爱好，当学生了解自己的兴趣爱好时，就会享受到学习的乐趣，这种乐趣会泛化到对学校、教师和其他方面的学习中。课外活动能激发学生潜能，使学生看到自己的能力，体会到成功，增强学生的自信心。

3. 发展学生的个性特长

课外活动是根据学生的需要和特点而开展的。学生可以根据自己的兴趣爱好有目的、有计划地选择课外活动，以进一步发展成为自己的特长。实践还表明，课外活动还可以为班级和学校培养有专长的学生以及为社会培养有用的人才。例如，有的同学爱好篮球，他可以参加学校的篮球兴趣小组，表现优秀的学生可参加学校的篮球队，代表学校参加比赛，通过这些活动使其篮球技术水平有很大提高，有可能发展成为专业篮球运动员。课外活动是学生理想的发源地，课外活动中的经历和收获是许多人选择专业或发展方向的一个重要依据。

课外活动没有统一的课程标准和要求，适应了学生身心发展的差异性需要。单一的评价标准如学科考试分数，使一部分学生被贴上"差生"的标签，阻碍了其健康发展，而课外活动使学生的潜力得以不同层次地发现和发展，为他们的不同一般的才能提供了表现的机会。再加上班主任教师在活动中给予适当的引导和帮助，使不同层次的学生都可以形成各自的个性特长。

（二）补充课内教学活动的不足，促进学生的全面发展

课外活动是促进学生全面发展的重要途径。苏霍姆林斯基说过："只有当孩子每天按自己的愿望随意使用5～7个小时的空余时间，才有可能培养聪明的、全面发展的人。离开这一点去谈论全面发展，谈论培养素质、爱好和天赋才能，只不过是一些空话而已。"

1. 拓展知识，开阔视野

当今科学技术的迅猛发展以及知识快速更新使教材中的间接知识总处于"落后"的状态。课外活动弥补了课堂教学知识相对陈旧的不足。学生在课外活动中可以不受课程计划和教材的约束，通过传媒、网络等现代信息传播手段吸收大量的新信息，了解社会发展的现状和趋势，跟上时代的发展。课外活动最大限度地拓展了学生的知识面，使学生对自然科学和社会科学的各个领域都有了一定的认识。而且，课外活动也加深了学生对课内知识的理解和巩固。

2. 培养各种能力

课外活动要求学生通过自己的观察、制作、实验、阅读、收集记录、设计、调查、表演等一系列的活动来完成。在这个过程中，学生的动手能力和独立思考能力都得到充分的发展。而且学生还会遇到许多预想不到的问题需要独立解决，这无形中锻炼了学生解决问题的能力和创造能力。课外活动为学生提供了更多与他人接触的机会，在活动中他们逐渐学会了合作与交际。如在篮球竞赛中，学会与队友的合作和团队精神；在阅读中，学会换位思考和理解不同的人；在调查中学会与陌生人交流；在文学艺术类课外活动中，培养了表现能力、欣赏能力，等等。

3. 形成良好的个性品质

丰富多彩、生动活泼的课外活动可以形成学生活泼、开朗的个性品质，不同类型的课外活动能锻炼学生不同的个性品质。在科学制作和科学实验中培养学生的严谨踏实的作风；在艺术表演中培养学生热情、开朗、大方的个性；在社会调查中让学生学会自制和实事求是；在各种比赛中锻炼了学生坚强的意志品质，等等。

（三）充实课余生活，合理安排休闲生活

1. 充实课余生活

中小学生精力旺盛、爱好广泛、好奇心强，丰富多彩的课外活动正好满足他们的这些特点，这会让学生在不知不觉中愉快地度过自己的课余生活。丰富多彩的课外活动使学生的生活多姿多彩，充实了学生的生活；丰富多彩的课外活动让学生把过剩的精力用在健康、有意义的活动中，避免了受社会一些不良风气和习惯的影响；丰富多彩的课外活动既充实了学生的课余生活，又满足了学生的精神生活，提升了学生的生活品位。

2. 合理安排休闲生活

繁重的课业负担、被挤掉的课外活动，使现在的学生在闲下来时都不知道该做些什么。开展丰富多彩的课外活动，在培养学生兴趣爱好的同时，使之能够合理地安排休闲时间。当学生习惯于在丰富多彩的课外活动中度过自己的休闲时间时，学生的生活将是快乐的、健康的。在课余的休闲时间中发展自己的兴趣爱好将使学生受益终生。课外活动让学生学会合理、健康地安排自己的休闲生活。

三、课外活动的内容与方式

（一）课外活动的内容

1. 学科活动

学科活动是对课程计划中的各学科的课外拓展学习和研究的活动，以满足部分学生对某学科深入理解和研究的愿望。学科活动不是对各学科教学的重复，而是拓展和加深，带有研究或实际应用的性质。各学科都可以有课外学科活动，如数学活动、语文活动、英语活动、美术活动、音乐活动、生物活动、物理活动、化学活动等。各学科活动可以根据学科的板块和学生的兴趣再加以细化，如语文活动可分为口语交际、朗诵、写作、经典名著欣赏等。例如，某校开展的生物课外活动内容包括采集制作生物标本，植物生长规律、特征的观察，培养、栽培、解剖、生理实验及杂交实验，自然界生物及其生态观察（主要是对当地自然资源的考察活动），与生物活动有关（特别是与生态环境有关）的一些调查研究，参与环境保护的公益活动，宣传生物学知识、有关生物学奥赛的辅导与参赛，培养优秀特长生。学科活动一般以兴趣小组的形式出现，是学校重要的课外活动内容。

2. 科技活动

科技活动是以科学知识和现代科学技术为内容的，以培养学生的科学兴趣、科学能力等科学素养为目的的课外活动。科技活动是学习现代科学技术知识、进行各种科技实践性作业的活动，带有综合性，也包括某些理科学科的课外活动。主要的科技活动有制作科技小模型（航模、车模、船模）、采集标本，动物小观察、小饲养，植物小种植、良种培育、园艺，实验，气象观测，教具制作和科学小发明，举办科技知识讲座和科学家故事会，科技表演、竞赛、科学游艺、科技夏令营以及访问科学家等。

3. 体育娱乐活动

体育娱乐活动包括体育活动和娱乐活动。体育活动是指所有能增强学生体质、促进学生健康成长的活动，包括球类运动（乒乓球、羽毛球、排球、篮球、足球等）、田径运动（走、跑、跳、投等）、健身操、体操、武术、趣味体育（跳绳、踢毽子、拔河、滑板、溜冰、骑自行车、攀岩、爬山等）。娱乐活动是指能丰富学生生活、陶冶学生性情、愉悦学生身心的棋类（五子棋、飞行棋、跳棋、军棋、象棋等）、游戏和游园等活动。运动和游戏是最符合学生天性特点的活动，深受学生的喜欢。学校和班主任要有针对性地为学生提供专门的时间和活动器材，使每个学生都能按照自己的爱好选择一些活动进行经常性的锻炼和娱乐。

4. 文学艺术活动

文学艺术活动是以发展学生对文学艺术的兴趣爱好、培养审美情趣、提高他们对艺术美的感受、欣赏、表现和创造能力为主要目的的活动，包括课外阅读，文学作品（童话、寓言、神话、小说、诗歌、散文等）朗诵、欣赏与评论，音乐赏析、声乐、合唱、乐器演奏、舞蹈、戏剧、绘画、雕刻、书法、刺绣、摄影、花卉、盆景、文艺晚会等。其中课外阅读活动更应该是每个学校、每个班级必须组织的活动，要定期向不同年龄的学生推荐适合其特点和需要的课外读物，建设和开放阅览室或图书角，提供一定数量的有助于学生成长的书籍和报刊，指导学生阅读的方法，组织学生讨论、辩论和评价，形成浓厚的读书氛围。

5. 社会实践活动

社会实践活动是学生接触社会、了解社会、服务社会，体验社会生活和社会生产实践的活动，主要包括以下活动：一是参观游览，参观社会各工厂企业、农村农场、社区、社会公共设施（特色建筑物、桥梁、公园、纪念馆、博物馆等)、服务性行业（商城、酒店等）等，以了解社会各行各业及其从业人员的情况。二是游览名胜古迹和自然风光，激发学生热爱家乡、热爱祖国、热爱大自然的情感。三是进行社会调查，可与综合社会实践活动课程相结合，选定课题，制订计划，实施调查，收集和整理资料，写出调查报告。四是访问，主要是让学生走出校园，访问社会各界的知名成功人士，了解成功人士的成长道路、奋斗历程和职业规范。五是社会公益服务活动，主要是社会公益劳动和公益宣传，如打扫卫生、整理社区环境、帮助孤寡老人和病残人员、到各企事业单位进行义务劳动、到街道社区宣传环境保护等活动。让学生体会到帮助他人的乐趣，增强学生的社会责任感，为社会作出自己的贡献。学生的社会实践活动需要社会各界的支持以及学校和班主任的重视和指导。

（二）课外活动的组织形式及其方式、方法

课外活动根据学生参与的人数和活动内容的不同，主要有集体活动、小组活动和个别活动三种组织形式，各种组织形式又有各自的方法。

1. 集体活动

集体活动是指能吸引全班大部分同学参与的由学校或班主任组织的活动，这类活动主要有：讲座和报告。讲座主要是普及学生的科学文化知识、满足学生认知和情感需要的各种讲座，如时事教育、航天知识、音乐欣赏常识、青春期生理健康讲座等。报告会主要是英雄、模范人物的先进、感人事迹的报告。主讲人可以是校内外的教师、学生、家长、各界人士和英雄模范等。参观游览。是学生最喜欢的活动方式，但要求班主任的精心组织并注意学生的安全。集会。包括重大节假日（如庆祝国庆60周年）、学校传统纪念日、重大事件的集会（如"5·12"汶川地震的募捐活动）和各种类型的文艺汇演或晚会。比赛。组织各种内容和形式的比赛，如体育比赛（校级或班级运动会、拔河比赛等）、学科竞赛（英语口语比赛、演讲比赛、书法比赛、奥数竞赛、歌咏比赛等）、才艺比赛等。通过比赛可以满足学生展示各自爱好和特长的需要，获得成功感。电视、电影、戏剧的观看与赏析。学校组织学生到电影院、剧院欣赏有教育意义的电影或戏剧，既了解社会，又陶冶学生情操，培养学生欣赏能力。公益劳动。

2. 小组活动

小组活动是课外活动的主要组织形式。小组活动根据部分学生的兴趣、爱好和要求以及学校的具体条件，以某一种活动内容来组成小组，开展有目的、有计划、经常性的活动。它的种类有学科小组（文学、数学、历史、地理等）、科技小组（车模、航模等）、艺术小组（音乐、绘画、书法、舞蹈、摄影等）、体育小组（体操、球类、武术等）、劳动技术小组（电工、电器维修、刺绣等）、社会公益服务小组和课外阅读小组等。小组的成员组成以自愿为原则，可以跨班、跨年级，人数视内容而定，一般不超过 20 人。如果人数过多可多分几组。小组成员可以是同班同学，也可以是跨班、跨年级的同学，共同的爱好、兴趣把不同水平、不同层次的学生聚合在一起，更有利于学生之间的互相学习、互相帮助。小组的指导者可以是班主任，也可以是校内任何教师（根据小组的内容和教师的所任课程和专长而定），还可以聘请校外相应的专业人员。小组活动要制订计划，有固定的活动时间，活动内容要有特色。小组活动的方法灵活多样，包括收集资料、参观、访谈、观察、调查、做实验、设计、制作、欣赏、创作、训练、比赛等。具体方法根据小组的类型而定。

3. 个别活动

个别活动是学生在教师指导下，根据自己的爱好、兴趣在课外独自进行的作业活动。主要的内容和方式有课外阅读报刊书籍、练习创作（写作、绘画、演唱、演奏、书法、摄影、刺绣、剪纸等）、科技小制作、发明创造、体育锻炼等。个别活动有时也与集体活动和小组活动结合进行。个别活动能充分锻炼学生的独立能力，发挥学生的主动性、积极性和创造性，发展学生的爱好特长。学校和班主任要重视学生的个别活动，根据学生的爱好特长给予有目的的指导和检查，促进学生的全面发展。

四、课外活动的规划与组织

（一）学校和班主任对课外活动的整体规划和具体计划

课外活动的有效开展，离不开学校和班主任的重视和整体规划。学校应根据教育目的、学校的资源和本校各年级学生的特点和水平，制订出本学期的课外活动实施方案（计划）。方案的具体内容包括指导思想、组织机构（校级课外活动的领导和组织成员）、课外活动的内容形式、活动的组织（开展的课外活动及其指导老师）、活动要求、活动时间、活动场地、活动的考核等。

班主任是学校课外活动实施方案的主要组织者和指导者。除此之外，班主任还可以根据本班学生的特点制订本班本学期的课外活动方案，设计和组织本班学生喜爱的课外活动。另外，班主任对自己负责的或本班的每一次或每种类型的课外活动都要设计具体的活动计划，然后根据方案实施活动。活动计划的内容主要包括活动对象、活动目标、活动内容安排和活动实施（措施）等。

（二）组织实施课外活动应注意的事项

1. 重视课外活动

（1）学校重视并提供条件

课外活动是学校工作中不可缺少的部分，学校应该给予高度重视。由于受到应试教育的影响，处于课程标准和考试大纲之外的课外活动往往不能受到应有的重视。大部分学校的课程表上都设有课外活动，真正按课程表实施的学校只是少数。很多学校也只是在形式上提供了课外活动的时间，在活动空间和活动内容上却没有具体的措施。在许多学生看来，课外活动的时间就是放学的时间、上自习的时间、自由活动的时间，课外活动形同虚设。学校对课外活动的重视不应该停留在口头上和文件中，而应实实在在地对课外活动进行整体规划，并为课外活动的实施提供条件。首先，学校应该设置专门的课外活动组织机构，由专人来全面考虑每学年的课外活动计划，及时处理课外活动中出现的问题，检查课外活动的情况，总结课外活动的经验，并做出考核和奖励，使课外活动能持久地开展下去。其次，学校要根据本校的实际情况，充分地利用各种资源，安排课外活动的指导教师，课外活动的空间场地、时间、内容、形式、设备与器材，为课外活动的顺利开展提供尽可能的支持。再次，学校（尤其是一些师资力量薄弱的学校）可以寻求社会支持，聘请有关学者、专家、科技人员和具有专长的家长来校辅导，或走出校园利用社会资源来开展课外活动。

另外，由于受经济利益的驱使，某些学校把课外活动办成收费的兴趣班，并硬性要求每个学生必须参加一个或一个以上的兴趣班，这是有违《义务教育法》的规定的。开展课外活动是学校应尽的义务。

（2）班主任重视并参与组织和指导

班主任作为课外活动的主要设计者和组织者，要充分认识到课外活动的重要性。班主任对课外活动重视的程度直接影响到课外活动的开展，影响学生参与活动的积极性和活动的效果。在某些班级，由于各种原因导致课外活动时间经常被班主任挪用，使课外活动可望而不可及。班主任对课外活动的重视表现为以下四个方面：一是积极参与课外活动的组织与指导；二是严格按学校的要求和课程表时间开展课外活动，不随意挪用；三是减轻学生的课业负担，为学生设计内容丰富、灵活多样的课外活动作业；四是结合自己的学科或特长设计课外活动内容，编写课外活动教材。

2. 明确课外活动的目的，动员每个学生参与

课外活动是学校教育活动的组成部分，是实现学校教育目的的途径之一：课外活动必须有利于促进学生德、智、体、美、劳的全面发展，补充课内教育教学活动的不足，满足学生不同的兴趣爱好和需要，发展学生的个性特长，丰富学生的生活。对于每学期或每次课外活动的开展，班主任必须明确活动目标，动员学生参与。首先，确定活动的目标。可以根据课外活动的不同类型和学生的能力水平确定活动的目标，并使学生也清楚活动的要求。如拔河比赛是为了锻炼学生的体质，培养学生的合作能力；科学小制作目的是加深学生对知识的理解，培养学

生的动手能力和创造能力等。明确活动目标可以防止形式主义或放任自流的情况的发生。学生可以根据活动目标选择活动。其次，动员学生根据自己的特长有选择性地参与课外活动。即动员每个学生都参与课外活动，并教会学生根据自己的爱好特长或需要选择课外活动，要求学生参与的课外活动类型在一定时间内保持相对稳定。学生每次课外活动类型都不一样，不利于学生形成独特的各项特长。

3. 发挥学生的主动性和积极性

课外活动是学生自己的活动，学生是课外活动的主体，应有其自主权。课外活动的设计和组织是学生自己的事情。首先，在制订课外活动计划前，调查学生感兴趣的课外活动，然后根据调查的结果设置课外活动的类型。其次，当学生选定自己参与课外活动的类型后，由活动小组成员设计整个学期的活动内容，班主任或指导教师提出合理建议，共同确定活动内容和形式。再次，在每次活动之前，由学生自己设计活动计划，班主任签名通过后就可实施。最后，活动的主持和实施由学生独立自主地开展。班主任只是在需要时提供帮助和指导，切忌代替包办。班主任要相信学生，要学会容忍学生的过错和失败，因为再差的结果或作品也是学生自己的。当活动的整个过程学生都有其自主权时，学生的主动性和积极性将得到最大限度地发挥。

课外活动要发挥其教育意义，就离不开学校和班主任对课外活动的重视和深入理解，需要师生的积极参与和坚持不懈的努力。只有这样，才能使我国中小学的课外活动都能受到应有的重视，内容丰富，形式多样，深受学生的喜爱，让学生在活动中健康、快乐地成长。

【技能训练】
训练一：
训练内容：
行为规范的学习。
训练目标：
1. 掌握班级例会的内容、形式、作用以及组织班级例会应注意的事项。
2. 明确班级例会的目标。
3. 能结合学生的实际设计一个完整的班级例会。
训练范例：
班级例会：行为规范的学习
参加人员：全班学生。
活动目的：
1. 通过总结上周班级情况，查找不足。

2. 通过再次学习各项常规要求，规范学生的在校行为，使学生养成良好的行为习惯。

3. 强化学生的集体意识和个人意识，知道自己的行为不仅是对集体负责，更是对自己负责。

活动准备：

准备《小学生守则》与《小学生日常行为规范》。

活动过程：

一、导入

师："今天，我们来继续学习学校的各项常规要求。首先，对上周的班级情况进行总结。"

二、各班干部对上周情况进行总结

班长总结；纪律委员总结；卫生委员总结；作业组长总结；教师小结。

三、继续强化常规

师："我们平时的一日常规主要有哪些方面？我们应该怎样做好这些事情？"

小结：平时的一日常规主要有"两操一队"、纪律和卫生等。课间操与排队要做到快、静、齐；眼保健操要做得准确、有效。纪律包括课堂纪律与课后纪律，上课要认真听讲，不做小动作，积极回答教师提出的问题，课后不追逐打闹，不攀爬有危险的地方，进校园和上、下楼梯时靠右行。卫生要根据教师的分组及时打扫，并养成不乱扔废纸的习惯。

四、规范行为（本周活动重点）

（1）学习方面：继续评比（从上课纪律、回答问题和合作学习方面进行评比）。

卫生方面：按每天值日与课间操值日进行评比。

其他方面：分三大组进行评比，主要是评比家庭作业的完成情况以及平时纪律情况。

（2）做好两操一队工作（重点）。

五、强化导行：自由背诵《小学生守则》和《小学生行为规范》。

初一（2）班班级例会安排表

周次	内容	形　式	目　　的	负责人	备　注
1	迎新	班主任致欢迎辞 班主任和全体学生自我介绍 学生谈感想和打算	培养学生爱校的思想情感；尽快地熟悉老师和同学，以便形成良好的开端	班主任	

续表

周次	内容	形 式	目 的	负责人	备 注
2	学习《中学生守则》	讨论 讲故事 订规划	教育学生了解《中学生守则》基本内容，使其能自觉遵守《中学生守则》	班主任	
3	选举班干部	民主选举	建立班级核心	班主任	班长
7	检查《中学生守则》的执行情况	针对班级具体情况订《公约》	在班集体初步形成时，向全体成员提出新的希望	班主任	暂定
9	期中考试动员	报告 讨论	进一步调动学生的积极性	班主任	
11	"三好学生"期中初评	自评：自己检查《个人规划》实现情况，修改《个人规划》互评：提名，并提出主要优点	巩固上半学期教育成果 在学生中树立榜样	班长	
13	学习经验交流会	典型发言	典型发言、日记展览	学习委员	注意选好典型
15	待定				考虑参观计算机或其他参观活动
17	元旦晚会	待定	巩固班集体，锻炼班干部	班委会	
20	总结评比	听取"班委会工作总结" 写自我鉴定 评选三好学生	摆成绩 找差距		

训练建议：

1. 结合范例，分析所述班级例会的优缺点及重要作用。

2. 根据班级例会的形式和要求，设计一个学习《中学生守则》的班级例会。

训练要求：

1. 能运用班级活动理论准确、全面、细致地分析案例。

2. 所设计的班级例会紧扣目的，重在落实。

3. 根据班级例会的目的和内容，选好班级例会的形式。

训练二:

训练内容:

中学生主题班会"当我迈进新校园的时候"。

训练目标:

1. 了解主题班会的意义和它的类型。

2. 明确主题班会组织过程原则与要求。

3. 能联系实际设计一个完整的主题班会。

训练范例:

目的:

通过这次主题班会,给学生以深刻的影响,激励学生迈好青春第一步,在活动中,进一步增进师生、同学间的友谊,做一名合格的中学生。

准备:

1. 邀请学校领导、职员、工人代表、科任教师参加,并从教师的角度准备一封祝贺信,以勉励学生立志奋进。

2. 邀请高年级学生(2~3名)参加,并让他们准备谈一些个人成长进步的体会。

3. 指定学生准备紧扣主题的发言稿和文艺节目。

4. 学生自制一些准备送给来宾的纪念品。

5. 学生自己布置会场。要求美观大方,富有节日气氛,黑板上应画出校景,用彩色、美术字写上"当我迈进新校园时"的字样。

过程:

1. 介绍来宾(主持人)。

2. "欢乐声响彻云霄,翻腾着狂欢的热潮,当时钟走完暑期的最后一秒,我们又迈进了新的学校。"宣布主题班会开始。

3. 集体朗诵诗歌《当我们迈进新校园的时候》。

4. 领导、教师代表致欢迎辞。

5. 座谈发言。内容围绕"让我们很快地熟悉起来","热爱新学校、热爱新班级","争做合格的中学生"这三个专题。

6. 赠送礼物。

7. 文艺演出。

8. 班主任的期望。

9. 全班争做合格学生的决心书。

注意事项:

1. 主持人要精心设计台词,巧妙地把整个活动串联起来。

2. 发言、期望、致辞均应言简意赅。

3. 突出自主性，由学生主持，切忌包办代替。

训练建议：

1. 结合范例，分析所述主题班会的优缺点及成功之处。

2. 根据主题班会的要求，设计一个"歌颂祖国"的国庆主题班会。

训练要求：

1. 能运用班级活动理论准确、全面、细致地分析案例。

2. 所设计的主题班会紧扣主题，有鲜明的思想教育意义。

3. 主题班会形式新颖，富有创造性、趣味性。

4. 以小组为单位评选出优秀的主题班会方案，在全班交流。并模拟一次主题班会。

训练三：

训练内容：

掌握组织班级课外活动的基本方法。

训练目标：

1. 了解熟悉班级课外活动的特点、任务和原则。

2. 掌握班级课外活动的主要内容和方法。

3. 能根据班级学生的实际设计各种班级课外活动。

训练范例：

我们学校的"愉快教育"改革实践从课堂教学发展到了课余校外，针对学生晨间闹哄哄的情况，把学生组织起来，学做时间的主人，合理安排自己的课余生活。我们的晨间活动是这样安排的：

一、教会队员打扫校园

值勤是少先队大队部交给各中队的任务，是队员学习自己管理学校的好机会。为了出色地完成任务，老师事先要做好组织工作。值勤中，晨间打扫校园是一项重要而且比较艰巨的任务。操场大，树叶多，扫帚高，学生矮，怎样打扫呢？我们先在教室里示范，教会学生怎样拿扫帚和扫地的方法，然后就把操场划分成9块，每块4个学生负责清扫，从周围开始，向中心进展，扫清每块地后，由小队长负责检查各小队完成的情况。只用了15分钟，校园就变得干净美丽了。

接着是值勤活动。我安排的是站双岗。让两个队员站在一起比一比谁的礼貌好。同学们主动来到自己的岗位，认真值勤。学校门口，几名队员排成两列迎接走进校门的老师和同学。他们恭恭敬敬地向老师行礼问好，认认真真地检查同学们红领巾的佩戴情况及个人卫生。值勤员还常常为前来参观听课的老师热情地带路，主动为老师拿本子、送黑板，为低年级的同学提水。

在值勤活动中尽管老师起着主导作用，但老师把活动的主动权交给学生，使学生显得更加朝气勃勃。

二、组织学生参加锻炼

为了搞好晨间锻炼，我校班主任与体育老师密切配合，并请体育老师设计一张锻炼安排表，把活动的时间与内容安排得清清楚楚，做到老师、学生心中有数。体育委员全面负责，每次活动前，借好活动器具，让同学们自己管理自己，活动开展得有条不紊。

我校晨间锻炼的内容丰富多彩，除了开展体育活动外，还邀请了解放军来校带领同学操练。有时进行队列歌曲排练，有时自编自演集体舞。

测试证明，当学生高兴地去做某一件事时，生理上和精神上都会产生一种良性反应，如肌力增加，精神振奋，此种反应，有利于学生学习和完成作业，有利于学生的身心健康。

三、鼓励学生观察大自然

孩子有探索自然奥秘和认识世界的强烈愿望，而早晨则是观察大自然的好时光。我们带学生在校园内认识各种植物，观察各种植物之间的差别，观察四季自然现象的变化，为小树苗浇水、拔野草、拾落叶。我们还经常鼓励学生去观察蚯蚓松土，捉"地老虎"喂小白兔，给金鱼换水。各种生命在晨间的活动给同学们带来了无穷乐趣，激发了学生学习科学的热情。

四、培养学生自觉劳动的习惯

现在的学生生活条件十分优越，家长普遍重视子女的学习，却忽视了劳动教育。为此我们针对这些情况采取措施，为每一个学生设立一个劳动岗位，扫地、擦桌椅、抹门窗、给小蝌蚪换水、为小花浇水……学生早上走进教室理好书包后的第一件事，就是参加劳动。先请负责拎水的同学把水提来，然后20个擦桌椅的同学立即行动起来，其他同学也在自己包干的地方干了起来，只要几分钟教室就被打扫干净了。最后由卫生委员负责检查。凡是不合格的地方，就得重新打扫。天天如此，从不间断，久而久之，学生就养成了自觉劳动的习惯。每个新学期劳动岗位换一下，让学生多学一点劳动本领。学生通过早晨这一系列有益健康的活动，可以心情愉快、精神焕发地投入到一天的学习生活中去。

训练建议：

1. 结合范例，分析所述课外活动的优缺点及成功之处。

2. 根据学生的特点和课外活动的要求，设计一个课外活动方案。

训练要求：

1. 课外活动方案科学、合理、可操作性强。

2. 符合学校、班级学生的实际。

3. 形式新颖，学生喜闻的乐见。

4. 有利于学生个性特长的发展。

5. 以小组为单位相互评价每一个同学的课外活动方案，选出一个优秀方案在全班交流。

本章测评要求：

1. 掌握班级活动、班级例会、课外活动、主题班会等的内容、形式和方法。

2. 写出班级例会的程序，写出班级活动计划。

3. 写出课外活动方案。

4. 写出主题班会的活动方案。

第四章　班集体日常管理与行为训练

【目的和要求】

了解中学生日常行为规范，掌握班级日常管理的类型与方式，掌握中学生日常行为规范训练的方法和要求。并能对学生问题行为的成因有所了解，有惩罚措施，会制订有的放矢的矫正方案。

【重点和难点】

掌握班级日常管理的类型与方式，掌握中学生日常行为规范训练的方法和要求以及矫正学生问题行为的方法。

第一节　班级日常管理

班级管理是班主任通过对班级教育条件的把握，采取适当的方法，建构良好的班集体，从而有效地推进有计划的教育行为的过程。班级管理是一个动态的过程，它是班主任根据一定的目的要求，采用一定的手段措施，带领全班学生，对班级中的各种资源进行计划、组织、协调、控制，以实现教育目标的组织活动过程。班级管理是一种有目的、有计划、有步骤的社会活动，这一活动的根本目的是实现教育目标，使学生得到充分的、全面的发展。

班级管理的类型有常规管理、平行管理、目标管理、民主管理等。班级常规管理是指通过制定和执行规章制度去管理班级的经常性活动。班级平行管理是指班主任通过对集体的管理去间接影响个人，又通过对个人的直接管理去影响集体，从而把对集体和个人的管理结合起来的管理方式。班级民主管理是指班级成员在服从班集体的正确决定和承担责任的前提下，参与班级管理的管理方式。班级民主管理的实质是在班级管理的全过程中，调动学生自我教育的力量，发挥每一个学生的主人翁精神，使学生积极主动地参与班级事务，让每个学生都成为班级主人的管理方式。班级目标管理是指班主任与学生共同确定班级总体目标，然后分解为小组目标和个人目标，使其与班级总体目标融为一体，形成目标体系，以此推进班级管理活动，实现班级目标的管理方式。在这些管理方式中，最基础、最根本的是日常的常规管理。

规章制度是学生在学习、工作、生活中必须遵守的行为准则，它具有管理、控制和教育的作用。通过规章制度的制定，使班级各项工作有章可循、有条不紊，可以避免班级工作的盲目性和随意性；通过规章制度的贯彻，可以培养学生良好的行为习惯和优良的班风。所以，制定完善的规章制度，就是班级管理的重要一环。

班级管理中最重要的工作就是抓好班级的日常管理工作，使班级各项工作能有秩序地进行，这样才能有效地维护和促进班集体各项工作顺利开展，才能实现对每一个学生的有效教育。班级日常管理是班主任工作的一项重要内容，这项工作做好了，对教育教学工作影响极大。

一、班级日常管理的总体要求

班级日常管理是为保证班级工作正常进行而实行的日常行为规范管理。班级日常管理不仅要讲求艺术性，更要讲求精细化。班级日常管理工作主要包括班级阶段性管理和每日的管理工作。管理的内容主要有教学常规管理、班级各项建设、学生生活、卫生保健等。

班主任在班级日常管理中，要本着"为了每一个学生的发展"的教育理念，从整体出发全面管理班级，使每个学生在教学活动中都得到健康、和谐的发展。

二、班级日常管理的内容

开展以班级规章制度为核心的日常管理活动，是班主任工作的重要内容之一。一般来说，班级的日常规章制度主要由以下三部分组成：其一是教育行政部门统一规定的有关班集体与学生管理的制度，如学生守则、日常行为规范、体育锻炼标准等；其二是学校根据教育目标、上级有关指示制定的学校常规制度，如考勤制度、奖惩制度、课堂常规、作业要求等；其三是班集体根据学校要求和班级实际情况讨论制定的班级规范，如班规、值日生制度、考勤制度等。班级日常管理的内容有以下几方面。

（一）班级阶段性管理
班级阶段性管理工作可为四个阶段。

1. 开学前的准备工作

根据学校教育工作计划和要求以及本班学生的实际特点，制订出班级管理工作计划和工作要点；再对班级开学前的各项工作进行检查和准备。

2. 开学初的工作

开学初的主要工作内容是：布置好学习环境，对学生进行组织性、纪律性教育，加强学生一日常规等方面的行为规范教育，并制定班级公约。提出并确立班级奋斗目标，指导落实学生个人学期规划，做到实在、明确、可行。组织召开班委会，使班级教育教学工作能如期开展。

3. 期中工作

期中的主要工作内容是：与各任课教师充分沟通，了解班级学生学习情况和问题，分析研究并制定出帮助学生提高的有效策略。听取学生对半个学期班级工作的意见，检查班主任工作计划的执行情况，提出后半学期的工作重点目标。

4. 期末工作

期末的主要工作内容是：教育学生正确对待考试，组织学生复习迎考，参加期末考试。做好学生的学习质量评价，针对每个学生本学期的各项表现，撰写学生的成长建议和评语。根据学校要求，组织"三好学生"、"优秀学生干部"、"精神文明标兵"、"文明班级"、"文明宿舍"等先进个人与先进集体的评比，充分发挥评选过程的教育作用。组织学生制订假期学习生活计划，安排组织好假期生活。认真总结班级工作，提出下学期班级工作设想。

（二）班级每日管理工作

班级每日管理工作既是班主任管理工作的重点，也是班主任经常性的管理工作。主要包括以下几个方面。

1. 班级教学常规管理工作

班主任对建立稳定、正常的教学秩序负有责任。班主任要维持正常的教学秩序，安排学生座位，维持自习课纪律、考试纪律；关注学生的身体、学习、生活与精神面貌。还要检查班级学生出勤情况，如有学生缺勤应及时了解原因，并与学生家长取得联系，同时向学校有关方面汇报。

班主任尤其要抓好课堂教学常规管理。课堂是进行教育教学活动的主要场所，为保障教育教学活动的正常进行，必须加强对课堂的管理。通常的课堂常规有以下几方面：上课预备铃响后，学生应立即有秩序地进入教室，做好上课准备。保持教室严肃，不得光脚或穿拖鞋，不得只穿背心短裤。保持教室安静，不做妨碍教学秩序和学习秩序的活动。上课时，任课教师进入教室后，全体起立，待教师还礼后坐下。学生回答教师提问时应起立，向老师提问时应举手。上课不迟到、不早退，迟到时应在教室外报告，获得教师允许后方可进入教室。如有特殊情况需要早退，必须经任课教师批准，方可退出教室。上课认真听讲，积极参与教学活动，按要求做好笔记。课后复习巩固，有效地按时完成各项作业。班主任要把抓好学生的学习作为工作的中心任务，通过各种生动活泼的形式，对学生进行学习目的性教育，激发学生学习的热情。要教给学生正确的学习方法，让学生制订出适合自己的学习计划。维持良好的课堂纪律，活跃课堂双边活动。

2. 学生卫生保健工作管理

班主任要建立卫生保健工作规章制度，每学期都要有学校卫生保健工作计划和总结，配合学校每年对学生进行一次身体检查，并建立学生体质健康卡。班主任要参与学校卫生保健工作，及时掌握学生身体健康状况，了解健康教育课内容，合理安排学生在校作息时间。通过课堂教学、讲座等教学形式向学生传授健康教育知识，增强学生自我保健意识，提高自我保健能力。班主任还要组织好学生上好"两操"（课间操和眼保健操），检查、督促班级卫生（晨扫、午休、放学后），及时给予表扬或批评，做好教室、包干区的保洁工作。

3. 其他班级各项管理工作

班主任要做的日常管理工作事无巨细，头绪繁多。在这些繁杂的工作中，班主任尤其要记好班级日记、学生成长档案的建立及管理工作，处理好班级的偶发事件。

班级日记是每一个同学轮流将班级所发生的事情或自己的感想记录下来的日记，选择一天当中发生的那些事情和思想中最有意义、最不能忘怀的内容加以记录。记录班级日记的过程能使每一个同学都能够关心自己的班级，热爱自己的同学、老师和学校，还可以锻炼学生的写作能力。学生要在每天班级所发生的各种事情中选取具有代表性、具有典型性的事件和人物加以记录，没有对事物的广角度的观察和细致入微的了解，是写不出来的。记班级日记还有助于增强班级的团结和凝聚力，担任班级日记写作的同学，客观地记录着本班级的历史，这样的历史记载对于集体的团结和发展，对于班级的管理和提高，对于每一个成员的影响，都是具有极大意义的。

成长记录袋是从国外引进的一种新的学生成长档案建立方式，是根据教育教学目标，有意识地将各科反映有关学生表现的作品及其他证据收集起来，通过合理的分析与解释，反映学生在学习与发展过程中的优势与不足，反映学生在达到目标的过程中付出的努力与进步，并通过学生的反思与改进，激励学生取得更大的成绩。学生成长记录袋记录着学生成长的"故事"，能向教师、家长和学生本人提供丰富的内容，反映了学生的实际发展情况，以及在具体的学习过程中，学生解决问题的能力和运用策略的能力。此外，学生成长记录袋还可以反映学生的毅力、努力、上进心以及自我监控能力和自我反省能力，等等。班主任要重视学生成长记录袋的管理，鼓励学生参与的积极性。在成长记录袋管理的过程中，组织学生参与学生成长记录袋标准的制定，帮助学生对自己的作品进行自我评价和反省，激励学生不断进步。班主任通过学生成长记录袋的建立及管理，从中注意发现学生的个体差异，提供适合每一学生特点与水平的教学与指导。

偶发事件是指学生中出现的突发的、意料不到的事件。如学生与学生之间、班级与班级之间、学生与教师之间常常会因某一触发点而引发出种种矛盾或酿成较大的事件。班主任处理偶发事件，要讲求时机和效益，要运用教学机智，化被动为主动。处理偶发事件，必须坚持实事求是的态度，做到公平民主，以事实为依据，秉公办事，不抱成见和偏见，把处理偶发事件转化为教育学生的一个时机，以取得最佳效果。班主任处理班级偶发事件的背后，需要学习心理学的知识，关注学生的心理变化，根据学生年龄特点和心理发展状况来理解学生的行为，理解偶发事件的原因。偶发事件处理的好坏，是班主任工作能力的综合体现，是对班主任工作艺术的检验，也是衡量一个教师成熟与否的标准之一。

三、班级日常管理工作存在的问题与改进措施

（一）班级日常管理工作存在的问题

1. 专断型管理

目前由于中小学教育实践中仍然重视分数，所以师生关系往往以教师权威为主，班主任对班级实施管理的方式偏重于专断型。教师最关心的是学生的成绩，对学生的思想状态关心不够，以分数为中心的班级管理，成为教师实施个人专断管理的活动过程。

2. 班级管理制度缺乏活力，学生参与班级管理的程度较低

班级管理制度的设立，成为管制学生的手段，班级干部成为少数人的专业职务，成为特权的象征，被赋予了管别人的权力，一些学生养成了"干部作风"，缺乏民主意识与民主作风，学生的自治自理成了口号。一般学生很少参与班级管理活动，班级管理制度缺乏活力。

（二）改进措施

1. 建立以学生为本的班级管理的机制，满足学生的发展需要

传统的班级管理就是班主任全权对班级学生负责，管理班级的学习、生活等一切活动，现代学校教育管理则强调一切为了学生的发展，帮助学生健康成长，班级活动要关注满足学生发展需要的问题。

2. 以学生为中心，尊重学生的主体地位

在传统的班级管理模式下，学生处于被动的地位，依从于教师，由教师管理

学生。现代教育强调以学生为主体，关注学生在班级中的权利和义务，注意发挥学生在班级活动中的主体性，促进学生主动、和谐地发展。因此，现代班级管理强调以学生为核心，建立一套能够持久地激发学生主动性、积极性的管理机制，确保学生的持久发展。

3. 训练学生自我管理班级的能力

传统的班级管理模式是教师全权管理，学生参与班级管理的机会有限，即使有，也只是教师意志的再现。通过学生自我管理能力的训练可以提高学生参与管理的积极性和主动性，也可以培养学生主动、创新的精神。因此，训练学生班级自我管理能力，一方面可以提升班级凝聚力，使班集体更加团结向上；另一方面，可以提升班级每一个学生参与班级管理、参与班级学习活动的积极性和主动性。

（三）班主任对班级日常管理应注意的问题

班主任工作和教师的劳动一样，都是创造性的工作，是一门科学，同时也是一门艺术。班级日常管理有其自身内在的规律性，班主任应充分认识班级日常管理的内在规律，善于发现规律，按照规律搞好班级日常管理工作。同时，班主任还要发挥工作中的创造性，以适应社会发展的新形势，解决新问题，创造出更多更科学的班级日常管理新办法、新经验。

四、学生日常行为规范的教育及训练方法

班级日常管理主要落实在学生日常行为规范的训练上。没有规矩不成方圆，学生日常行为规范训练是班主任工作的一项重要内容。主要从以下几个方面对学生进行教育。

（一）学生日常行为规范的教育策略

1. 进行群体目标教育

为什么有的班级集体坚强有力，"团结、紧张、严肃、活泼"八个大字蔚然成风，个体的文明素质得到提升，而有的班级却如一盘散沙，什么事情也干不成，经常有学生发生违反学生日常行为规范的问题？出现问题的原因就在于这个群体是否有一个统一的意志，是否有较强的凝聚力。

从理论上讲，一个群体的总目标应该包括个体的目标，满足个体需要和愿望，使各个体目标在群体内得以实现。对群体中每一个成员来说，个体目标必须与整体目标一致，或趋向于统一，当两者发生矛盾时，个人应以整体利益为重，修正个人目标，甚至牺牲个人目标以顾全大局。

中学生正处在人生观、世界观形成的关键时期，对学生进行集体主义、爱国

主义、共产主义理想教育，指导学生树立崇高的理想，是班主任工作的根本任务。苏联教育学家马卡连柯说："人的生活的真正刺激是明天的快乐。""培养人，就是培养他对前途的希望。"通过群体目标教育，建立一个健全的班集体，在这个班集体中，人人团结友爱、积极向上，就为进行人生教育、理想教育提供了有利的条件；而通过有效的人生教育、理想教育，学生总体思想素质提高了，就能为学生日常行为规范的形成打下良好的基础。

2. 强化群体规范教育

群体规范是班集体为实现自己的目标所必需的统一信念和行为准则。群体规范教育，就是为了告诉群体中的每一个成员应当做什么和不应当做什么。群体规范一旦形成，便要求成员遵守它、服从它。高明的班主任，教育学生遵守班级或学校的规范，主要不是依靠强制的手段，而是通过影响学生的心理来实现的。

有的班主任不习惯于借助班级活动来制定并实施班级规范，而是简单地在晨会课上宣布、规定几条，结果往往由于孤掌难鸣导致效果不佳。其实，群体规范有其客观形成过程。有时是某人提议，大家附和，从而确立；有时是大家一起议论，基本上取得一致同意后自然确立。总之，群体规范的形成过程是复杂的。班主任应根据群体规范形成的特点，选择有效时机组织班级活动，形成积极的群体规范，并利用群体规范教育学生个体，约束学生的行为举止。

3. 引导学生自我管理

用纪律来约束学生，让学生按规章制度做事是形成健康人格的重要前提。但是，不应仅仅依靠外界的制约，而应当培养学生自我控制的能力，促使他们由"被管"到"不用管"，由"被迫"向"自发"、"自觉"过渡。教育家苏霍姆林斯基说："在对个人教育中，自我教育是起主导作用的方法之一。"在班级日常管理工作中，班主任通过搭建学生自我认识、自我体验、自我控制的平台，实现学生自我管理的目标。

具体说来，可以引导学生采取以下方法：一是借助自我认识能力的提高来增强自控能力。如一日小结，可以用来及时检查调节自己的行为，促进良好日常行为的养成。二是借助自我体验的过程来增强自控能力。例如，学生在班级日常活动中如果行为偏离了学校的规章制度，就会产生一种负疚或满不在乎的情感体验，班主任要抓住时机施以正确引导，就能发展学生积极的自我体验，从而形成调整行为的自控作用。三是借助某种媒体进行自我提醒，例如鲁迅先生在学生时代曾在桌子上刻上"早"字以自戒不能迟到，尽管课桌上刻字不宜提倡，但可以制作"自我教育板"，在上面写上针对自己弱点的语句当座右铭，经常提醒自己，起到自醒、自律的作用。四是开展"无批评日"活动。在特别宽容的环境中学生往往会产生"不好意思违犯"的自觉心理。

（二）学生日常行为规范的训练方法

对于学生的日常行为规范的训练，在中小学教育实践中比较常用的具体方法有：

1. 行为训练法

行为训练法是通过指导学生按照日常行为规范进行经常性训练，以养成良好的行为习惯的方法。要使学生养成良好的行为习惯，关键是使学生的道德认识转化为道德行为。学生的行为习惯一般是通过模仿或反复训练而逐步形成的。教师在日常的教学、管理活动中要有目的、有计划、有组织地培养学生正确的行为举止，纠正学生的不良行为，反复训练，反复强化，反复对学生行为进行指导和严格训练。班主任还要使学生了解中学生日常行为规范的训练内容、要求和意义；要严格督促，随时总结经验。班主任从本班的学生实际出发，制订切实可行的计划，有层次、分阶段地实现训练目标。常用的示范方式有：张贴正确行为模式的图片；放映录像；课内外由教师或学生进行演示，举办"良好行为演示会"；"中学生日常行为规范"表演赛，等等。

2. 活动教育法

活动教育法是教师通过组织和指导学生参加一系列丰富多彩的教育实践活动来培养其道德情感，磨炼其意志、增长其才干，进而实现日常行为规范的训练方法。教师通过各种活动，创设情景，指导学生参加一系列丰富多彩的教育实践活动，在活动中使学生的思想情感得到提升，意志得到磨炼，使良好的行为习惯得以养成。在行为规范教育中，班主任可以有计划地组织系列主题班会，并有目的地安排学生分别进行准备和主持；可以组织系列教育活动，如结合传统节日来培养学生热爱祖国、热爱党、热爱集体的思想感情，并将这种感情转化为自觉遵守纪律、努力学习等良好的行动；班主任还可以组织学生参加力所能及的劳动，激发其热爱劳动的感情，使其养成劳动习惯。通过组织学生参加这些有具体任务的实践活动，可以培养学生知行合一的良好品德。

3. 环境陶冶法

良好的环境，是对学生的无声教育。教师创设良好的环境，让学生耳濡目染、潜移默化地受到影响。班主任抓环境建设，一方面要创设优美的班级文化环境。美的环境能使学生产生愉悦心情，从而激发他们热爱集体、热爱校园生活的美好情感。另一方面要形成团结进取、文明的班级文化心理。和谐的师生关系、团结友爱的同学关系、正确的是非观念和舆论导向，能激发全班学生积极向上、奋发进取的精神。

4. 品德考核法

品德考核法是指教育者根据《中学生日常行为规范》（后简称《规范》）的

要求，对中学生已经形成或正在形成中的品德行为、习惯等给予肯定或否定评价的一种方法。学生良好的行为习惯是在教育影响下，在学生自身的实践活动中，通过道德认识和道德行为不断矛盾统一的过程而逐步发展起来的。培养学生自觉运用已掌握的道德知识来评价自己、约束自己行为的能力，是良好行为习惯养成教育的重要环节。要使学生养成良好的行为习惯，教师可以采用品德思想考评的方法。通常的做法是：把《规范》条款归纳为几大项，订出打分标准。先规定一个基础分，学生在某一方面表现突出就加分，在某一方面表现落后就减分。坚持按标准评分，不仅能使学生进一步熟悉规范的内容，而且对于应该怎样做、不应该怎样做，也有较明确的认识。从中，学生也更明确按《规范》的要求去做是大家共同奋斗的目标，每个人的行为都要受到集体舆论的制约，从而培养集体荣誉感。

在学生日常行为规范训练中，教师还要重视榜样示范的作用，用榜样人物的先进思想、高尚情操、优秀品质和模范行为来教育学生，把抽象的道德观念和行为规范形象化、具体化。还可根据学生模仿性强的特点，引导学生学习英模人物，学习身边的榜样，这些都是训练学生行为规范的好方法。

第二节　学生问题行为及其矫正

一、学生的问题行为及其表现

.　　问题行为是指偏离日常行为规范的不正常行为。学生的问题行为主要指学生在成长和发展过程中出现的阻碍学习、品德和性格健康发展以及形成心理困扰等方面的不正常行为。学生的问题行为不仅影响学生自身的发展，还给家庭、学校和社会造成不良影响。

问题行为一般分为两大类：反社会性的问题行为和非社会性的问题行为。反社会性的问题行为是指违反社会规范的行为。这类行为多给社会或他人带来不良后果，例如盗窃、伤害、斗殴、放火、强奸等等。学校中违反校规校纪、违反社会道德的行为等也都属于反社会性的问题行为。非社会性的问题行为，是指虽不对社会或他人造成危害，但有害于个人身心健康，影响个人正常的社会生活的行为，例如自卑、苦恼、孤独、精神疾病、离家出走等等，都属于非社会性的问题行为。

通俗地理解，问题行为可分为心理性的问题行为与品德性的问题行为两大类。有关心理性的问题行为我们将在后面的章节进行详细论述。品德性问题行为主要有：①行为不文明，不礼貌，调皮捣蛋，恶作剧，起哄，无理取闹，欺侮同学，不尊重家长和教师。②不守纪律，屡犯常规，无故旷课，作业、考试作弊。③爱吵嘴，骂人，打人，经常打架斗殴。④离家出走，逃学，夜不回家。⑤过早恋爱。⑥偷窃。⑦行为不当。比如小小年纪抽烟喝酒，举止轻浮，成群结伙以及发生不正当的性行为。

判断一个学生的行为是正常行为还是问题行为，要持慎重态度。特别要注意以下两点：

一是要把学生所表现的行为与该年龄阶段的正常发展的行为相比较，同该年龄阶段的正常行为比较，表现出差距较大的行为，或者说和与该年龄阶段正常发展的行为比较，表现出不相适应的某些行为，可以判断为问题行为。

二是那些在学生行为中具有一定的经常性或扰乱性，妨碍他们的正常学习、良好品德的形成与个性发展的行为，可以判断为问题行为。

二、学生问题行为形成的原因

学生问题行为的形成因素极为复杂，既有外在的社会环境、学校教育的因素，也有家庭因素，还有学生本人生理、心理的内在因素。

（一）社会和家庭环境的不良影响

在社会环境的不良影响中，主要是社会上的不良风气，各种文化生活（如小说、电影、电视录像）中消极的、黄色的、不健康的、有害因素的不良影响，还有社会上各种坏人的影响。据调查，在少年犯中有一半人是受人教唆而走上犯罪道路的。此外，同龄伙伴的不良影响也会导致问题行为的产生和加剧。

家庭对学生问题行为的产生具有更为直接和不可推卸的责任。家庭环境与学生问题行为有密切关系。父母文化程度高低、家庭经济条件、父母的生活习惯都会对孩子的发展产生影响。父母文化程度高，家庭条件好，民主气氛浓厚，父母平时较注重与子女进行沟通、对话，关心子女学业，重视孩子行为习惯的养成，具有良好的家庭氛围，在这样家庭中成长的孩子大多乐观向上，具有较稳定的情绪特征。而父母文化程度低，家庭经济条件差，有不良生活习惯的家庭等等都是我国中小学学生问题行为产生的不利因素。比如单亲家庭的孩子由于一方父母教育的缺失，容易产生这样那样的问题行为；家庭气氛紧张，生活在父母整日吵闹或冷战中的孩子容易受惊；而家长的错误思想意识、不轨行为对孩子也产生着潜移默化的影响；还有，父母错误的教养方式，或溺爱、或粗暴、或放任、或苛求，也可能导致孩子问题行为的产生。

（二）学校教育不当

"问题行为"与学校教育中一些不太适当的教育态度、措施、方法有关。学校教育中一些不正确的，甚至错误的措施、态度和方法也是产生问题行为的一个原因。在当今教育形势下，学校教育"轰轰烈烈搞素质教育，扎扎实实搞应试教育"。在这种教育状况下，学校教育内容简单地分为考试内容和非考试内容，非考试内容弱化，考试内容的教育被大大强化和扭曲，造成学生学业负担过重。学校要求学生和评价学生的唯一尺度是分数，分数高就是好学生，分数低就是落后生，就不被重视。以分数为主导的教育，对学生的能力和道德训练不够关注，也不关心学生的思想情感的变化，教育方法往往简单粗暴，教师对学生分数的苛求，导致学生学业负担过重，从而引起学生问题行为的产生。此外，还有教师的因素，例如，有的教师对学生的要求过高，操之过急；有的教师缺乏修养，对学生不尊重、不耐心、不公正；有的教师，行为不检点，对学生变相惩罚；有的教师没有什么教育的措施和方法，对学生不关心、不了解，放松要求或放任自流。这些都使学生不适应，引起心理的紧张和失衡，由此产生问题行为。

（三）学生自身原因

除了生理或遗传方面的原因外，学生产生问题行为有以下几个原因：一是个性社会化过程迟缓，社会成熟度低；对学校、社会适应不良。一些学生的道德认识与行为水平相对落后，形成年龄较大与道德水平较低的尖锐矛盾。二是从小形成的某些性格弱点可能导致问题行为产生。如自我中心、性格粗暴、狂妄自大、意志薄弱、孤僻、任性等。三是学生情绪障碍往往演变为问题行为，如活动过多、情绪不稳、大声怪叫、注意力不集中、喜怒无常。四是学生的挫折心理，如学生被赏识和尊重等基本需要得不到满足往往会诱发问题行为的产生。五是学生生活经历中的精神创伤会影响他的行为。六是病态人格往往导致问题行为产生。

班主任要正确、全面地分析学生问题行为产生的原因，了解学生成长的过程以及家庭教育情况，对学生的性格特点进行必要的心理测验，然后采取适当的教育措施，进行综合治理，把矫正学生问题行为与思想品德教育结合起来，引导学生树立正确的人生观和对人、对事、对己的正确态度，从而获得良好的教育效果。

三、学生问题行为的指导方法

对于学生出现的问题行为，班主任可以采取以下措施。

（一）协调社会教育、家庭教育力量，努力构建全方位的教育网络

问题行为的预防和矫正必须取得社会和家长的支持与配合。学校教育是家庭教育的继续，社会教育是学校教育的延伸。班主任在探索如何依靠自己的力量做好问题学生行为矫正工作的同时，还应该意识到自己肩负的特殊使命，充分发挥自己对家庭和社会的指导作用，共同致力于问题学生行为的矫正。班主任可以向家长传授教育子女的科学方法，同时注意充分借助社会力量，关心问题学生的行为矫正工作，深入研究影响学校教育的社会因素的构成成分，构建全方位的教育网络系统，发扬积极因素，消除不良因素。如果学生问题行为的产生是受到不良朋友的影响，那就让学生断绝与不良朋友的往来。如果是因为家庭气氛不和谐造成学生问题行为，那就教育家长营造和睦的家庭气氛。如果是因为家长教育不当，班主任就指导家长掌握正确的教育方法。总之，只有找出问题行为产生的外部原因，才能为矫正学生问题行为的工作创造良好的外部条件，这是矫正工作取得成效的必要条件。

（二）对学生"晓之以理，动之以情，持之以恒，导之以行"

提高学生辨别是非的能力，使学生明白道德规范及行为准则，自愿改正问题行为。班主任对学生讲道理，必须动之以情，消除学生的戒备心理和对立情绪。要使学生转化，首先要感化他们，转化教育的过程也是师生情感交流的过程。在矫正问题行为的过程中，班主任还必须磨炼学生的意志，注意学生问题行为的是否出现反复。对学生出现的反复，班主任要更耐心更细致地做好工作，要明白学生问题行为的转变一般要经历醒悟、转变、反复、巩固和稳定的过程。学生在成长和进步的过程中出现反复是正常现象，进步往往是迂回曲折、螺旋式上升的过程。这样，班主任通过"情"与"理"的结合，在"意"的参与下，引导和组织有问题行为的学生进行必要的道德行为训练，使之形成习惯。"导之以行"要做到因人因事而异，"一把钥匙开一把锁"，针对性越强，转变训练取得的效果越好。

（三）掌握学生问题行为的矫正技术

学生问题行为的矫正，在中小学教育实践中比较常用的方法有集体指导法和个别指导法。集体指导法，是针对多数学生的出现问题进行分析、疏导、教育的方法；个别指导法，是针对个别学生的问题行为进行矫正的方法。

学生问题行为的矫正不是一蹴而就的过程，它要经历解冻、改变、稳固三个阶段。

1. 解冻期

解冻阶段是学生对个人思想品德因素重新认识，学生认识到行为改变的必要性的过程。在这一过程中，教师与家长要注意配合，做好思想疏导工作，消除学生的疑虑心理和对立情绪，使其逐步在反省中觉得原有的"旧我"是不正确，不利于自我发展的，因此愿意重新塑造新的合乎社会规范的自我；并且教师要针对学生的不良认识进行分析教育，指导学生对自身问题行为的产生进行客观分析，分析学生"问题行为"的特点，寻找其产生的根源到底是错误思想的支配、外界环境诱发，还是自身心理障碍，使学生从原有的意识、情境、状态和社会关系中解放出来，消除原来的一切不良支持。解冻的过程教师要激励学生个人开始正视这种改变，还要把肯定、表扬、鼓励和奖赏与学生愿意改变的一致性联系起来，破坏原有的标准、习惯和传统，建立新的行为标准，使学生逐渐接受和理解，帮助学生转变认识，激发学生产生转变的愿望。

2. 改变期

在改变阶段，学生逐渐愿意改变其"问题行为"，接受新的行为模式。这时，教师与家长要不失时机地创设情境，找出某些初始行为进行强化，学生也必须强迫自己服从。教师要帮助学生提出转变问题行为的策略，并进行行为训练。在学生改变原有行为时，教师或家长对学生不要嘲笑，而是要分外爱护、热情关心，为他们树立一些由低到高的示范榜样；从具体情况出发，提出一些具体要求，启发他们对照自己的言行，找出差距，努力学习。班主任还要协调学校、家庭、社会教育力量，以形成教育的合力。既要关心爱护学生，又要严格要求；既要肯定他们的进步，又要抓住转变的有利时机继续做好问题行为的转变工作，还要做到赏罚分明。班主任要清楚转化工作有一个过程，学生会有反复的可能，要允许他们犯错误和改正错误；还要设置良好的教育环境，消除环境中的诱发因素，培养学生与诱因作斗争的意志力。班主任还要充分发挥班集体和团队的作用，开展内容丰富、形式多样的集体活动，让学生在活动中体验荣誉感，锻炼意志力，矫正自己的问题行为。

3. 稳固期

在稳固阶段中，学生的问题行为在多次的矫正中逐步被克服，新的行为模式已经建立，这时需要对新行为进行巩固和稳定，使新的行为模式融合于学生的感情乃至个性之中，成为学生完全习惯化了的行为方式和态度。教师对稳固新行为的实施中要及时总结评价，恰当地使用奖励与惩罚手段，强化良好行为的稳固。

为此，教师与家长要注意：当学生有了新的行为模式后，他将会遇到许多具体的事情，对许多新的情况，还需要建立相应的新的行为模式。班主任要适时采用强化的方法，凡是学生新的、良好的行为出现时，即给予正强化；凡是新的、不良的行为出现时，即给予负强化。还要公平对待克服了问题行为的学生。他们非常敏感，教师要一视同仁，不能流露异样的眼光和态度，对他们要平和、坦然、亲切、信任，让他们真正融入班级集体之中。若发现学生有严重的问题行为而又不能有效地得到矫正时，还要考虑有针对性地对其进行心理治疗，个别出现严重心理疾病的学生，还要根据需要寻找心理医生的帮助，保护好他们的身心健康。

班主任要注意更新教育观念，创新教育方法，明确转化目标。问题行为的矫正离不开教师正确教育观的确立，要把教育视为促进学生身心全面发展的活动，把学校作为培养学生德、智、体、美、劳全面发展的场所。要不断学习、创新教育方法，以学生为本，实现教育过程的科学化、人性化。在这一过程中，要明确转化目标是一个非常重要环节，在教育过程中充分考虑学生的现状，以此确定工作目标，因材施教。要目标明确，教育思想端正，重视学生问题行为的矫正，采取有力措施，让每个学生日有所学，学有所得，学会学习，学会生活，学会做人。

总之，班级日常管理也是班级组织日常运行的要求，通过班主任的日常管理，才能创设良好的班级环境，建立良好的班级秩序，提高学生的文明素养，保证教育教学计划的实施。

【技能训练】

训练一：

训练内容：

班级制度建设与班主任日常管理的关系。

训练目标：

通过案例分析，明确班级制度建设的重要性。

训练范例：

案例一：高一（四）班班级公约

一、遵守国家法律，遵守校纪校规，不做有损国格、人格和违反学校管理制度的事。

二、提倡说文明话，办文明事，做文明人。

三、勤学好问，专心听讲，认真复习，按时按量完成作业。

四、要自尊、自爱、自信、自制、自强。

五、同学之间要互助互谅，互帮共进，互相尊重，团结友爱，和睦相处，热爱班集体，维护集体荣誉。

六、主动、积极地参加课外活动，最好做"三操"，参加劳动，爱惜劳动成果，认真履行好值日周职责。

七、尊重教职员工，不得顶撞教职员工，有意见应通过正常渠道反映。

八、不打架，不骂人，不偷窃，不赌博；不吸烟，不喝酒；不进营业性舞厅、酒吧、夜总会。

九、我们每一个人最可爱的品质是诚实，最渴盼的竞争是公平竞争，最推崇的是同学的勤奋、进步努力。因此，考试作弊行为不是我们希望发生的。

十、人生每个阶段都有其发展的任务，我们现阶段的发展任务是学习；交往是人类最基本的社会需要，我们提倡全体同学有情有理、讲求分寸的交往；过早地摘取尚未成熟的果子，得到的只是苦涩，失去的远远大于收获的。因此，现在不是谈恋爱的时候。

高一（四）班

2010 年 8 月

案例二：高一（四）班关于学生量化考核的补充规定

为了进一步调动全班同学的学习积极性，促进全体同学的上进心，做好班级的各项工作，争先创优，经学校政教处许可，结合本班实际，制定此补充规定。

一、奖励加分项目

1. 能自觉遵守班级公约第一至第六条者加 3 分；很好遵守第七至第十条者加 5 分。

2. 对班级工作提出切实可行的合理化建议，给予"合理化建议表扬奖"并记录入班委工作笔记，班委加 4 分，其他同学加 5 分。

3. 积极努力参加力所能及的班集体活动、劳动的一般同学，给予"我为集体献力量"表扬并记录入班委工作笔记，加 4 分。

4. 积极主动、认真负责，富有创造性地开展工作的班委加 5 分；成效好的加 5 分。

5. 自愿参加出班刊、出黑板报、出壁报（含提供、推荐好稿件）的同学，自愿参与文体活动的排练的同学，自愿为班集体做好事的同学，均加 5 分；所参加的活动获校级以上奖励的加 10 分。

6. 在学习、工作、生活上乐于帮助他人的，给予"助人奖"表扬，加 5 分。

7. 当月所考核的各个方面表现非常好的，授予"本月之星"称号，加 10 分。

8. 在某方面特长突出，代表班级或个人在校级以上各种比赛中取得名次的同学或小组，加 10 分。

9. 当月学习、工作、生活进步，改观较大的个人，给予"进步奖"，加 6 分。

二、批评减分项目

1. 违反班级公约第一至第六条者，一般同学扣 5 分，班委扣 7 分；违反第七至第十条者，一般同学扣 10 分，班委扣 15 分。

2. 消极被动地对待班集体活动、劳动的扣 4 分。

3. 不认真履行教室、环境区域的值日任务，重新安排值日，一般同学扣 2 分，小组长扣 4 分。

4. 拒绝参加出班刊、出黑板报、出壁报（含提供、推荐好稿件）的同学，拒绝参与文体活动的排练的同学，拒绝为学校和班级做好事，均扣 5 分。

5. 上月各方面表现较为落后，当月仍然没有进步改观的个人，扣 7 分。

6. 严重违反校规校纪甚至轻度违法者，除按有关规定惩处外，扣 20 分。

高一（四）班

2010 年 9 月 2 日

训练建议：

熟悉班级日常管理的相关内容。

训练要求：

集体讨论案例，分析以上案例中班级规章制度的合理性和改进之处，并掌握班级规章制度建立的操作办法。

训练二：

训练内容：

班级日常管理方法。

训练目标：

通过案例分析，掌握班级日常管理的类型和具体方法。

训练范例：

案例一：评价也是一种管理

"你值日做得很好"、"你很棒"、"你学得很好"、"你这个想法很有创意"、"你真懂礼貌"、"你读的书很多呀"、"你今天主持的节目真让人喜欢"、"没有想好，先坐下，再想想，一定会想出来的"、"今天的作业写得不够理想，再努力呀"。以上是一位班主任经常对学生所说的评价用语。

案例二：这是一位班主任为学生设计的"我的成长记录档案袋"。

封面的设计图案自定，尽量设计得精美些，项目有：姓名，性别，出生年月，属相，照片，兴趣爱好，个性，班级，班主任姓名，爸爸、妈妈姓名，家庭地址，电话号码，邮箱地址。设计目录有学期实践活动材料、平时优秀学业作业、美术作品、自办的手抄报、手工作品、实践活动材料、期中期末终结性评语（老师、同学、家长的评价）、自我反思、成长日周月记、我的外形记录、我的体育素质记录、我的学业素质记录、我的特长记录、我的自豪记录、我的感动记录、我的思过记录、近远期目标、奖励证书、家校联系手册、学习测查材料等。

训练建议：

1. 熟悉学生的特点，对学生的情况有深入的了解。

2. 学会利用"学生成长记录档案袋"的方法。

训练要求：

针对班级中一些常见问题，设计一套改进方案，通过集体讨论，反思自己的设计方案。

训练三：

训练内容：

学生问题行为矫正。

训练目标：

学习问题行为的矫正方法策略，能对学生一般行为问题进行矫正。

训练范例：

案例一：解决学生迟交作业的习惯问题

以下所提供的是台湾教师邱连煌先生的教育案例。他针对学生迟交作业的坏习惯，利用强化的方式来加以纠正。

1. 确定行为

阿芬是中学二年级的学生，她有一个很不好的习惯——迟交作业，老师不知讲她多少次，结果都没有用，她的作业，还是照拖不误。每天早上约有50分钟做作业的时间，按照班规，没有按时交卷的学生不准下课。因为阿芬很少把作业按时做完，所以她很少有下课时间。人家在兴高采烈地玩笑嬉戏时，她则愁眉苦脸地埋头补做作业。老师观察的结果显示，阿芬的不良习惯症结在拖延，每次作业发下来后，她总是慢吞吞地不肯开始做新的作业。因此，老师可确定的措施是缩短她拖延的时间，强化按时完成作业的意识。

2. 测定基线

首先，老师观察阿芬的行为5天，每天观察40分钟。结果发现，在这5天里，自作业发下来到她正式"动工"之间，平均历时15分钟，长的时候达20分钟，甚至过了更长的时间还迟迟不肯动手，难怪她做不完作业。

3. 选择强化物

最初老师使用贴纸条为强化物，5天后发觉其效果不明显，就改用口头称赞，如"好极了，阿芬!"、"阿芬，你真让我感到惊讶!"、"阿芬，保持这个优良记录吧!"等等。

4. 实施强化

开始时，使用继续强化方式，每次阿芬按时完成作业，老师便给她贴一张纸。实验结果，第一天她只拖延 2 分钟，第二天 5 分钟，第三天 6 分钟，第四天 8 分钟，第五天迟至 10 分钟后才开始。可见这时贴纸条对阿芬已失去作用，她又故态复萌了。因此，老师改用口头称赞为强化物，每次阿芬按时交卷，老师当面给她褒奖一番，结果她的作业习惯大有改进，第一天她拖延 9 分钟，第二天 7 分钟，第三、四天都为 4 分钟。老师觉得时机似乎成熟，就把继续强化改为间歇强化，有时给她称赞，有时不给。施行结果，不理想，阿芬的坏习惯逐渐复苏，第一天她拖延 5 分钟，第二天 6 分钟，第三天 10 分钟，第四天 15 分钟。可见，老师操之过急，强化方式改变得太快了一点。这时，老师只好恢复先前的继续强化方式，再来一次。经过六天的实验，终于把她的拖延时间降至平均每次 4 分半钟。老师认为时机确已成熟，就再度尝试间歇强化方式，一连维持 19 天之久。在这 19 天里，阿芬的拖延时间平均每次只有两分半钟，与一般学生的准备时间相同。

5. 评估效果

阿芬的作业习惯的确改善了许多。不但每天及时交（有时提早），而且作业做得更干净整齐。在未实施训练前，她每次要拖延 15 分钟才开始做作业，实施强化后，她仅需两分钟半的准备就够了，这确实是一个强烈的对比。①

案例二：

学生小 M 纪律松散，经常打架，学习不用功，导致期中考试成绩低下，又怕父母打骂，就不辞而别，离家出走。班主任闻讯后迅速赶到学生家，了解学生出走情况，并表示欢迎他回校学习。小 M 回来后，班主任以高度的教育责任感下决心改变他。为此，班主任召开了两次班干部会对此事展开讨论，教育班干部和同学们共同帮助和挽救这个正处在十字路口的同学，要让他感到班级大家庭的温暖。并建立了家庭联系册，经常进行家访。每周与他谈心二到三次，并利用休息时间给他补课。在班上表扬他的点滴成绩和进步。让他参加兴趣小组。小 M 在班会上激动地说："我这次出走实在对不起老师、同学和父母，我决心把损失夺回来，以此来报答老师的教导、父母的关怀和同学的帮助。"果然，小 M 在以后有了长足的进步。

训练建议：

1. 认真阅读《中学生日常行为规范》（修订）稿。

---

① 邱边煌：《心理与教育》，台北：文景出版社 1982 年版，第 32~34 页。

2. 阅读有关班主任行为训练方法的读物。

训练要求：
设计一份学生问题行为的矫正方案。

本章测评要求：
1. 掌握班级日常管理的类型与方式，掌握中学生日常行为规范训练的方法和要求，了解学生问题行为及其矫正方法。
2. 设计行为训练法、活动教育法、品德考核评价法、环境陶冶法的训练方案，并写出来。
3. 设计一个学生的问题行为矫正的方案，并写出来。

附录一：《中学生日常行为规范》（修订）

一、自尊自爱，注重仪表

1. 维护国家荣誉，尊敬国旗、国徽，会唱国歌，升降国旗、奏唱国歌时要肃立、脱帽、行注目礼，少先队员行队礼。

2. 穿戴整洁、朴素大方，不烫发，不染发，不化妆，不佩戴首饰，男生不留长发，女生不穿高跟鞋。

3. 讲究卫生，养成良好的卫生习惯。不随地吐痰，不乱扔废弃物。

4. 举止文明，不说脏话，不骂人，不打架，不赌博。不涉足未成年人不宜的活动和场所。

5. 情趣健康，不看色情、凶杀、暴力、封建迷信的书刊、音像制品，不听不唱不健康的歌曲，不参加迷信活动。

6. 爱惜名誉，拾金不昧，抵制不良诱惑，不做有损人格的事。

7. 注意安全，防火灾、防溺水、防触电、防盗、防中毒等。

二、诚实守信，礼貌待人

8. 平等待人，与人为善。尊重他人的人格、宗教信仰、民族风俗习惯。谦恭礼让，尊老爱幼，帮助残疾人。

9. 尊重教职工，见面行礼或主动问好，回答师长问话要起立，给老师提意见态度要诚恳。

10. 同学之间互相尊重、团结互助、理解宽容、真诚相待、正常交往，不以大欺小，不欺侮同学，不戏弄他人，发生矛盾多做自我批评。

11. 使用礼貌用语，讲话注意场合，态度友善，要讲普通话。接受或递送物品时要起立并用双手。

12. 未经允许不进入他人房间、不动用他人物品、不看他人信件和日记。

13. 不随意打断他人的讲话，不打扰他人学习、工作和休息，妨碍他人要道歉。

14. 诚实守信，言行一致，答应他人的事要做到，做不到时表示歉意，借他人钱物要及时归还。不说谎，不骗人，不弄虚作假，知错就改。

15. 上、下课时起立向老师致敬，下课时，请老师先行。

三、遵规守纪，勤奋学习

16. 按时到校，不迟到，不早退，不旷课。

17. 上课专心听讲，勤于思考，积极参加讨论，勇于发表见解。

18. 认真预习、复习，主动学习，按时完成作业，考试不作弊。

19. 积极参加生产劳动和社会实践，积极参加学校组织的其他活动，遵守活动的要求和规定。

20. 认真值日，保持教室、校园整洁优美。不在教室和校园内追逐打闹喧哗，维护学校良好秩序。

21. 爱护校舍和公物，不在黑板、墙壁、课桌、布告栏等处乱涂改刻画。借用公物要按时归还，损坏东西要赔偿。

22. 遵守宿舍和食堂的制度，爱惜粮食，节约水电，服从管理。

23. 正确对待困难和挫折，不自卑，不嫉妒，不偏激，保持心理健康。

四、勤劳俭朴，孝敬父母

24. 生活节俭，不互相攀比，不乱花钱。

25. 学会料理个人生活，自己的衣物用品收放整齐。

26. 生活有规律，按时作息，珍惜时间，合理安排课余生活，坚持锻炼身体。

27. 经常与父母交流生活、学习、思想等情况，尊重父母的意见和教导。

28. 外出和到家时，向父母打招呼，未经家长同意，不得在外住宿或留宿他人。

29. 体贴帮助父母长辈，主动承担力所能及的家务劳动，关心照顾兄弟姐妹。

30. 对家长有意见要有礼貌地提出，讲道理，不任性，不耍脾气，不顶撞。

31. 待客热情，起立迎送。不影响邻里正常生活，邻里有困难时主动关心帮助。

五、严于律己，遵守公德

32. 遵守国家法律，不做法律禁止的事。

33. 遵守交通法规,不闯红灯,不违章骑车,过马路走人行横道,不跨越隔离栏。

34. 遵守公共秩序,乘公共交通工具主动购票,给老、幼、病、残、孕及师长让座,不争抢座位。

35. 爱护公用设施、文物古迹,爱护庄稼、花草、树木,爱护有益动物和生态环境。

36. 遵守网络道德和安全规定,不浏览、不制作、不传播不良信息,慎交网友,不进入营业性网吧。

37. 珍爱生命,不吸烟,不喝酒,不滥用药物,拒绝毒品。不参加各种名目的非法组织,不参加非法活动。

38. 公共场所不喧哗,瞻仰烈士陵园等相关场所时保持肃穆。

39. 观看演出和比赛,不起哄滋扰,做文明观众。

40. 见义勇为,敢于斗争,对违反社会公德的行为要进行劝阻,发现违法犯罪行为要及时报告。

附录二:《昆明八中文明班评比制度》(试行)

一、评分细则

(一) 升旗仪式 (10分)

1. 集队 (2分):10:18 前集合好队伍得1分,队形整齐得1分;

2. 出勤 (2分):无故缺席每人次扣1分,迟到或早退每人次扣0.5分 (开始出旗后到达视为迟到),以该项0分为扣分下限;

3. 服装 (3分):要求穿着全套年级服,每人次不合格扣0.5分,以该项0分为扣分下限;

4. 纪律 (3分):不遵守纪律 (如讲话、打闹等) 每人次扣1分,以该项0分为扣分下限。

评分说明:由学生干部按以上标准评分并请班主任当场签字确认。

(二) 校门迟到 (10分)

每人次迟到扣1分,扣分不设下限。

(三) 卫生保洁 (40分)

1. 大扫除 (10分)

(1) 地面:地面整洁,无脏物得1分;

(2) 白板:白板洗擦干净得1分;

(3) 门:前后门内外侧擦洗干净且无随意张贴得1分;

（4）墙面：墙面整洁，无随意张贴、无新污损痕迹得1分；

（5）讲台：讲台整洁，无堆放杂物得1分；

（6）桌椅：桌椅排放整齐且无新增涂画得1分；

（7）储物柜：无随意张贴且储物柜顶无杂物得1分；

（8）工具：劳动卫生工具摆放整齐得1分；

（9）水机：水机干净整洁得1分；

（10）卫生死角：讲台缝隙、工具堆放处等卫生死角干净整洁得1分。

评分说明：由总务处按以上标准进行检查评分，并由班长或劳动委员当场签字确认。

2.日常保洁（每天6分，共30分）

（1）地面：地面整洁，无脏物得3分；

（2）讲台：讲台整洁，无堆放杂物得1分；

（3）工具：劳动卫生工具摆放整齐得1分；

（4）桌椅：桌椅排放整齐得1分。

评分说明：由德育处按以上标准每天不定时进班评分，并由班长或劳动委员当场签字确认。

（四）课间操（每天10分，共40分）

1.集队（2分）：10:18前集合好队伍得1分，队形整齐得1分；

2.出勤（2分）：无故缺席每人次扣1分，迟到或早退每人次扣0.5分（广播操音乐响起后到达即为迟到），以该项0分为扣分下限；

3.服装（2分）：要求穿着年级服，每人次不合格扣0.5分，以该项0分为扣分下限；

4.纪律（4分）：不遵守纪律（如讲话、打闹、不做操等）每人次扣1分，以该项0分为扣分下限。

评分说明：由学生干部按以上标准评分并请班主任或班长当场签字确认。

（五）眼保健操（每天3分，共15分）

1.全班认真做眼操得3分；

2.全班三分之二以上认真做眼操得2分；

3.全班不超过三分之二认真做眼操得1分；

4.全班不超过三分之一认真做眼操得0分。

评分说明：由学生干部按以上标准进行检查评分，因体育课、实验课、上机课等特殊原因教室无人或未到齐，则该天得分按当周平均分记分。

（六）仪表检查（10分）

1.头发指甲较长、佩戴首饰等不合格现象作记录，在规定时间内未整改每人次扣1分；

2. 怪异发型、染发、烫发等不合格现象每人次扣1分，规定时间内未整改再扣1分。

评分说明：由德育处定期检查或不定期抽查，并将不合格学生名单书面通知班主任。

（七）宿舍评比（25分）

1. 基础分（10分）：

无违反《昆明八中住校生管理规定》第八项违纪与处罚中相关规定的可得基础分10分；

2. 考核分（15分）：

考核分＝15分×优秀宿舍率－15分×最差宿舍率；

注：优秀宿舍率＝优秀宿舍的学生人数÷住校生总人数；

最差宿舍率＝最差宿舍的学生人数÷住校生总人数。

评分说明：由宿管按照《昆明八中学生宿舍评比办法》评定出优秀宿舍和最差宿舍。

（八）加分、扣分项目

1. 板报：由德育处检查评比出一、二、三等奖，分别加5、4、3分；

2. 被德育处通报表扬或记录表扬者每人次加1分；

3. 被德育处通报批评或给予校纪处分每人次扣1分；

4. 未关电动车报警器每人次扣1分；

5. 未按时召开德育处统一安排的主题班会扣5分。

（昆明八中德育处制定于2010年10月）

第五章　班主任一般教育技能的训练

【目的和要求】

掌握了解学生的技能，掌握对学生进行教育的几种主要方式方法。

【重点和难点】

掌握对学生进行教育的几种主要方式方法。

第一节　了解学生的技能

经常、及时、全面地了解学生，是班主任能有的放矢地教育学生的基础。一个班级有几十个学生，他们有不同的个性、兴趣、爱好，班主任必须了解他们，深入地研究，并从学生的实际出发，加以正确的教育与疏导，做到因材施教。

一、了解学生的内容

班主任只有充分、全面地了解学生，掌握每个学生的个性特点，才能从班级的实际情况出发，制订出适合学生发展的班级工作计划；只有全面地了解学生，才能深刻地理解学生，站在学生的角度看待问题和处理问题；只有全面地了解学生，选择科学的教育方法和措施，抓住教育契机，因势利导，才能创造出最佳的教育效果。

实践证明，那些对学生了如指掌的班主任，不仅被学生们喜欢，而且他的教育往往可以收到事半功倍的效果；反之，那些不了解学生的班主任，班主任工作就会做得一塌糊涂。

了解学生的内容很多，概括起来主要包括两个方面，即了解班级整体情况和学生个体情况。两方面缺少其中任何一方面，了解都是不全面的。

（一）了解班级整体情况

班级是学生从入学到毕业期间最基本的归属组织，它好比一个无形的模具，引导着学生进行自我塑造。学生在班级里学习科学文化知识，学会与人相处，学习如何做人。学生精神面貌的好坏，很大程度上取决于班集体的整体风貌。因此，班主任要加强班级管理，有计划、有目的地开展班级活动，营造一个良好的班级环境，建设一个好的班集体。而要建设一个好的班集体，班主任首先要全面了解班级情况。

1. 班级学生的自然情况

班级学生的自然情况包括：学生姓名、性别、民族、出生年月、来源，班级学生总人数、男女比例、独生子女比例，要特别了解一下班级少数民族学生所占比例。

2. 班级学生的思想状况

要了解少先队员或共青团员人数占全班总人数的百分比，优秀生、中等生和后进生人数所占比例，以及形成原因，班级同学的是非观念、人际关系、行为习惯及其表现层次，等等。

3. 班级学生的学习情况

首先要了解班级学生的学习态度、学习目的、学习风气、学习方法、智力发展水平；其次要了解班级学生的学习成绩、学习优势及弱点；最后要了解学生各学科发展是否均衡，以及学生在学习中存在的主要问题等。

4. 班级学生的身体状况

了解学生的身体状况包括：学生身高、健康情况，患病、残疾学生的比例，近视眼的发病率，体育达标情况及班级传统体育项目，以及班级学生心理健康状况及集体心理素质等。

5. 班级学生的家庭情况

从整体上了解学生的家庭情况，包括学生家长的职业状况、文化程度，学生的家庭结构，如一般家庭（父母和子女构成）、特殊家庭（单亲）、复杂家庭（四世或三世同堂）及其比例，家庭收入、居住条件、家庭住址、家长电话及联系方式等。

（二）了解班级学生个体情况

1. 学生的学习情况

对学生学习情况，可以从两个方面进行了解：一方面要了解学生的学习态度，包括对学习意义的认识、对课堂纪律的遵守、对家庭作业的完成情况，还包括学生的学习方法、学习习惯，学习兴趣和学习特长等；另一方面，要了解学生的学习成绩情况。通过分析学生各科学习成绩情况，可以发现每个学生学习中存在的问题，以便会同科任教师帮助他们解决实际问题，使他们的学习成绩得到提高。

2. 学生的品德情况

学生的品德是指学生的政治思想和道德品质。班主任要着重了解学生对人生观、世界观的认识，对国家和班集体的关心程度，遵纪守法、礼貌待人、文明习惯以及要求进步的情况等。

3. 学生的健康状况

学生的健康包括心理和身体健康两个方面。了解学生的心理健康状况，包括了解个别学生可能存在着的紧张、烦躁、忧郁、恐慌、消沉等心理问题，对社会、学校、家庭、班级、老师等存在的逆反心理等。身体健康状况方面包括有无疾病及诊治情况，喜欢参加的体育锻炼形式，是否具有良好的起居和卫生习惯等。

4. 学生的周边环境

常言道："近朱者赤，近墨者黑。"学生学习和生活的周边环境对他们健康成长影响很大。班主任要了解学生的家庭环境，包括父母的文化道德素养，以及对子女的教育态度和水平，了解生活小区的自然环境及其对学生的影响，了解学生最亲近的同学和朋友等。

5. 学生的兴趣、爱好和特长

学生的兴趣、爱好和特长可能成为学生未来发展的方向，班主任要积极、正确地引导，但前提必须是了解。

二、了解学生的方法

（一）观察法

观察法是从一定的目的和任务出发，通过自己的感官直接了解学生和班级情况的一种方法。观察法是了解学生最常用的方法，大多数班主任都是通过观察法了解学生的。观察法有两种，一种是自然状态观察法，另一种是活动观察法。无论哪种观察法，都是班主任对学生有计划、有目的的观察了解。

1. 自然状态观察法

自然状态观察法是指班主任在日常生活中对学生的观察了解。在日常生活中，班主任可以随时随地观察到学生的举止言谈、感情变化，这种自然状态下的观察了解最直接也最真实。因为它是在学生不知不觉中进行的。学生的各种表现都是其自然的流露，不含虚假成分，所以最容易发现学生的个性差异，发现他们的闪光点，发现他们的一贯品质，发现他们的细微变化。

2. 活动观察法

活动是班级生命力所在。在活动中每个学生都会有不同的表现，这是班主任观察学生最有利的时机。

（1）在教学活动中观察

班主任在全面负责一个班级工作的同时，还承担着本班学科教学任务。在教学过程中，班主任应该有意识地观察学生，了解课堂上学习表现，如注意力集中情况、遵守纪律情况、完成作业情况、知识掌握情况、课堂发言及口语表达情况，以及对学习成绩的态度等。

（2）在班级活动中观察

班级活动范围很广，通常包括：班级例会、主题班会、团队活动，文体活动、社会实践、劳动等形式。班主任要在活动中重点观察学生的思想品行和行为作风，以及学生个体与集体关系的密切程度，注意发现学生身上的闪光点。

采用观察法是在学生毫无察觉的情况下了解学生的常用方法。为使观察客观、真实，班主任应注意观察的全面性、客观公正性和观察的经常性。

（二）资料分析法

资料分析法是班主任间接了解学生的一种方法。它可以了解学生的过去、现在以及将来的打算。不能把资料作为了解学生的唯一依据，应该把自己亲自观察到的与资料记载的对照分析，将现实与历史结合起来进行综合分析。

班主任了解学生的资料大致有三种来源：一是学生的档案资料，如学生入学登记表、学籍卡片、历年的学习成绩、操行评语、奖惩记载、体检表等。这些材料记录了学生的成长历程，通过分析可以了解学生过去的表现。二是学生个人的文字资料，如日记、作文、学习笔记、作业、个人总结、思想汇报等。很多学生的心扉不愿为别人敞开，他们以日记、作文、思想汇报等形式予以倾诉。班主任通过阅读这些资料，可以了解学生的内心世界，从而有针对性地对学生进行教育和培养。三是班级各种活动的记录，如班级日志、团队活动和班级活动的记录等。班主任通过阅读这些资料，可以了解学生在活动中的表现。

（三）调查访问法

调查访问法，是班主任通过对知情者的调查访问，从多个侧面间接了解学生的一种方法。在工作中，班主任有时要通过调查访问，对学生进行深入的了解，并以此作为任用或惩处学生的依据。调查访问的对象十分广泛，任何了解学生的人，如学生的老师、同学、家长、朋友、邻居、社会群众都可以作为调查访问对象。

调查访问有许多种方式，例如开调查会、个别访问，书面问卷等。班主任可以根据不同需要进行选择。根据学生的心理特点，最好采用个别访问方式调查了解学生。这样做声势小，影响范围小，不会因调查访问给学生带来负面影响。但是个别访问要特别注意学生与调查对象的关系，关系过好过差都不合适，都会影响调查的真实性。

（四）谈话法

谈话法，是班主任通过与学生直接对话，深入了解学生的一种方法。与观察法不同，它具有直接、主动、真实等优点，是了解学生内心世界的最好的方法之一。

谈话法有个别谈话法，如班主任与个别学生面对面地交流思想；集体谈话法，如班主任与班组学生集体谈话，或与部分学生座谈。采用谈话法了解学生，第一，要注意谈话时机的选择。例如当学生取得成绩或犯错误时，当学生遭受挫折或故步自封时，当学生迷失方向或有良好表现时，当新学期开始或结束时，当考试之前或考试结束之后，都是与学生谈话的最好时机。第二，要注意地点的选择，谈话场景直接影响谈话效果。第三，要注意谈话方式。班主任要根据不同学生的不同特点，选择不同的谈话方式。要讲究谈话艺术，要以自己真诚的情感去感化学生，消除学生的戒备心理，使其畅所欲言。第四，谈话时班主任不要手持记录本边听边记，以免给学生造成不必要的心理压力。

第二节　操行评定的技能

操行评定也称操行评语，或称品德评定，是班主任专有的一项工作，也是班主任对学生进行教育的一种手段。班主任对学生进行操行评定，既是对学生一学期成绩进步、缺点问题的总结，也是对班主任工作的全面检查。对中学生的品德评定，学期末要进行初评，学年末要进行总评，并要写操行评语和评定等级。为此，班主任在教育管理学生的过程中，必须掌握客观全面评定学生操行的工作技能。为了达到科学客观地评价学生操行的目的，学校可以召开班主任经验交流座谈会彼此借鉴沟通；可以以典型操行评定为蓝本，共同研讨取得共识；可以以校务部门为主组织对班主任操行评定工作的评估。通过这些方式，促进班主任重视并做好学生操行评定工作。

一、学生操行评定的意义

（一）对学生有督促鼓励的作用

通过评定，督促鼓励学生对照《中学德育大纲》和《小学德育大纲》及其他有关规定，回顾自己的品德表现，经过考核评价，发扬优点，克服缺点，不断进步。可以促使优秀生戒骄戒躁，激励他们走向更高的目标前进；使中等生看到自己的不足，奋起直追；使后进生感到有压力，必须切实改正。

进行操行考核评价，必须要求学生对照国家颁发的《中学生守则》、《小学生守则》、《中学生日常行为规范》、《小学生日常行为规范》，以及学校其他规章制度和思想政治方面的要求，进行自我考核，而且同学之间也要相互考核和评价，促使学生明确学校、集体和国家的有关规章制度，由此在客观上对学生起到强化思想教育的作用。

（二）对班主任、教师和学校工作有全面检查的作用

通过考核评价学生的品德反馈的信息中，可以了解学校前一阶段教育工作的情况，诸如德育放在首位是否落实，各项教育措施的实施情况，然后研究改进工作的办法。对于班主任来说，可以从考核评价中较具体、全面地了解班级中每个学生的操行情况，看看班级工作中哪些方面做对了、做好了，教育效果是否显著，从而及时总结经验教训，不断改进工作。

（三）家长可以从中了解子女在学校的表现，配合学校对子女进行教育

学校定期对每个学生的操行进行考核评价并及时地通知家长，可使家长较全面地了解子女的情况，对照子女在家庭中的表现，按照学校和国家的要求，更好地配合学校对子女进行细致的教育。

学生的操行评定是对各个学生进行概括性的考核和评价，又是对学生进行教育的有效手段，还是学校德育工作的重要组成部分。由此可见，班主任不仅要明确操行评定的重要意义和指导思想，而且必须认真负责地把这项工作做好。

二、学生操行评定的指导思想

（一）学生操行评定的指导思想

操行评定既是一项严肃的思想政治工作，也是一项检验本班德育计划的具体总结。如何科学地进行这次总结，正确地反映一个学生一个学期的品德及各方面情况，班主任应有以下明确的指导思想：

第一，评定要有利于鼓励学生发扬优点，克服弱点，使他在成长过程中明确方向，不断进步。对后进生尤其要如此。因为后进生本来对自己的前途就抱悲观情绪，总以为自己在班主任眼里不是个好学生，也害怕家长看到对自己全盘否定的评语。如果评定公平，评语恰当，对他微小的进步和优点给予肯定，常常能给他改正缺点和错误的力量。

第二，评定要进一步引起家长对子女的成长更加关心。学生品德的优劣跟家庭环境联系十分密切。家庭对学生的影响是潜移默化的，对学生身心健康发展的作用有时比学校还大。因此班主任在写学生的操行评定时，要考虑家长这个因素，要让他们全面了解自己的孩子，提醒他们如何帮助孩子发扬优点，克服缺点，自觉地引导孩子在德、智、体、美、劳等方面全面发展。

第三，评定要为下学期的思想政治工作打好基础。学生的道德品质是由低到高、由浅入深地发展的，应循序渐进地加以培养。班主任对每个学生进行操行评定也就是对自己本学期思想政治工作的一个鉴定。通过这个鉴定，可以总结自己在德育工作上的经验和不足，并根据学生进步的情况，为下学期的德育计划打好基础。

（二）对学生进行操行评定的原则

1. 明确目的，端正教育思想和态度的原则

要求班主任定期对学生进行品德考核和评定，根本目的是把全体学生培养成为爱国的、具有文明行为习惯的、遵纪守法的好公民。因此，一定要把定期对学生进行考核和评定的工作纳入对学生进行品德教育的过程之中。通过考核和评定，督促和激励学生发扬优点，克服缺点，按照既定的德育目标不断前进。

2. 坚持实事求是的原则

坚持实事求是的原则就是用全面发展的观点看待学生，既看学生的思想认识，又看其行为和态度；既看学生在校内的表现，又看学生在家庭和校外的表现；既看学生原有的基础，更需注意了解一个时期以来学生的发展情况。

坚持实事求是的原则，还意味着首先要做到客观、真实、准确。对每个学生的优点，既不抹杀也不夸大拔高；对学生的缺点和错误，既不掩盖也不随意上纲上线。

3. 定性与定量相结合的原则

我国中小学生的操行考核评定，长期以来都采用定性评价的办法。实践证明，采用这种办法要求考核评定的主持人员具有良好的思想政治品德修养，作风正派，全面深入地了解被考核的各个学生的各方面情况。由于缺乏比较客观的标准，没有以一定规定数量为依据，在实际考核和评定时，容易产生主观随意性，不能客观、真实、准确地考核评定学生的品德，弊端较多。贯彻定性考核与定量考核相结合的原则，根据考核内容中各方面质的不同，将思想政治状况与行为习惯加以区分，将日常表现与突出事例加以区分，在各部分定性分析的基础上，采用优、良、及格、不及格四个等级加以考评，兼顾质与量两个方面的要求，是比较符合实际和正确考评学生的操行的。

4. 自我评价、班级群体互评与班主任、领导核定相结合的原则

国家教委颁发的《关于中学生品德评定的几点意见（试行稿）》指出："实

行民主评定的方法，既要充分发挥班主任在考核评价中的作用，又要实行学生自评、小组互评，并征求任课教师的意见。对学生的意见既要尊重又要引导，防止压制民主或放任自流。"

贯彻民主评定的三结合原则，首先要求学生对照各项要求、行为规范和制度等进行自评，通过自评，了解自己的进步与长处，找出不足，明确努力方向。这样，学生就不仅只是考核评定的对象，而且也是培养提高思想政治品德素养的主体。另外还要有同学间的互评，使同学互相关心、互相帮助。经过同学推举的班级考评小组，严格对照标准，对每个同学作出评价。这样，既考核了一般同学，也使考评小组的成员得到了锻炼和提高。最后班主任普遍征求任课教师的意见，再对每个学生作出评价。按规定，考评的意见应与学生本人见面。评语一般要肯定成绩，指出缺点。对重点对象还需通过交换意见，做深入细致的思想教育工作，使考评工作更好地发挥教育作用。这种"三结合"的考评，有利于发扬民主，培养学生的民主作风；也有助于防止班主任的片面性和主观随意性，尽量使考评做到客观、真实、准确。

三、学生操行评定的内容和程序

（一）进行操行评定的内容

操行评定的内容主要包括思想品德、学习态度、义务劳动、其他社会活动等四个方面。这四个方面，既有各自的特定内容，又相互紧密联系。在评定时应在突出某方面的基础上，综合给予评价，以展示每个学生的操行全貌。

（二）进行操行评定的等级

根据学生在上述内容诸方面的表现，班主任对学生的操行可分别评为优秀、良好、及格、不及格四个等级。

优秀：对评定内容规定的诸方面都做得好，或某些方面有突出的好的表现。

良好：对评定内容规定的诸方面基本能做到。

及格：对评定内容规定的大部分基本做到，但在某些方面做得不好，有严重缺点或有错误，但已改正。

不及格：对评定内容规定大部分不能做到，或在某些方面有严重错误，或有违法和轻微犯罪行为，且不接受教育，无改正表现。

（三）进行操行评定的程序

学生操行的评定由班主任负责组织实施，每学期进行一次。校长、教导主任或学校负责人要加强领导，进行必要的检查。对于不及格等级的评定，班主任应提交教导处或校长室研究，慎重对待。评定工作应以平时考察为主，班主任在日常教育过程中随时了解学生各方面的情况，留心积累资料，作为及时教育的依据，也为期末评定提供条件。期末评定时，一般应采取下列程序：由班主任负责与有关任课教师联系并征求团组织、辅导员的意见，必要时可以听取家长的意见。要根据学生年级的不同，采取学生自我评定与教师评定相结合的办法，综合整理学生的操行评语，定出等级，然后由班主任写出操行评语草稿，交教导处检查或征求意见，最后认真誊抄在学生的成绩单（册）上，加盖学校教导处章，发给学生交家长。学生操行评语写出后，要以适当的表格形式写好，交给学校存档。操行评语应当肯定成绩，指出方向，应写得明白具体，便于理解。

四、写学生操行评语应注意的问题

根据广大班主任在实践中积累的经验，写好操行评语应注意符合以下几方面的要求。

（一）符合标准，切合实际

写操行评语的标准是中小学生守则。用这把尺子去衡量每个学生，评价才会准确。最好是根据中小学生守则制定出中小学思想品德水平评价标准，报学校主管领导批准（若学校制定有统一的评价标准，可以此其为蓝本进行评价），按评价指标体系及标准逐一对学生进行评价。

有了标准，还要做到实事求是。班主任要想写出既符合每个学生实际情况又能起鞭策鼓励作用的评语，最重要的是要靠平时对每个学生的深入了解。要看其学习情况，行为表现，优缺点及其发展变化。这样才能给学生指出下学期的前进方向，鼓励他们在成长的阶段中不断进步。

（二）掌握分寸，评价中肯

在肯定一个学生优点和成绩时，要恰如其分。过高评价，会引起他骄傲自满，反而成为他前进的包袱。在指出一个学生的缺点时，理由要充分，语言要恳切。过分指责，或有偏激语调，会使学生产生逆反心理，明知不对也不愿改。在写优秀学生的评语时，不要只写优点不涉及缺点；在写后进生评语时，不要只写缺点而不强调优点。班主任评价中肯，有助于学生理解、家长接受，成为激发学生奋发向上的力量。

（三）内容要具体，评语要有特点

评语切忌一般化，不痛不痒，没有特点。如鼓励表现好的学生，总是那么几句话："戒骄戒躁"，"乘胜前进"，"多帮助后进同学"；在给后进生写评语时，就写"学习不努力"，"课堂上不遵守纪律"，"欺侮小同学"，等等。解决这个问题主要的一条，就是把内容写具体。如评一个学生的学习态度不端正，就应写他哪方面不端正，是迟到、旷课还是上课说话、捣乱，或是不交作业、在作业本上乱涂乱写乱画。总之，不能笼统地讲，而要用具体事实和数字说话。如写"迟到、旷课"，应写本学期他迟到××次，旷课××时，写"上课捣乱"，就写哪月哪日某课堂，他是怎么捣乱的，造成了什么后果。当然，例子要说明问题，语言要简练，要一针见血，在受教育者心中打上烙印，使他真正得到教益。

（四）要有侧重点，写出个性

操行评语的范围较广，包括学生的思想、学习、生活、纪律、团结、劳动，等等方面。在写学生的评语时，上述各个方面都要涉及，但又不能面面俱到，每个方面都平均地写上几句。对不同的学生要有不同的侧重点，要写出"这一个"评语的个性来。如某校某优秀班主任在给一个学习好但在政治上对自己要求不高，对加入共青团认识模糊的学生写评语时，除写了他学习好、守纪律、爱劳动外，突出地提到这个学生曾经对同班同学讲的一句话："团支书三次动员我入团，我因为面子关系才写了一份入团申请书。批不批得准都无所谓。"指出他这种认识是错误的，告诉他，有志青年应有政治信仰，入团是为了自己学习有明确的方向，将来更好地为人民服务，为社会主义服务。这个评语对这个学生震动很大。第二学期，他主动向团支部递了两次入团申请书。由于认识真正提高了，他在期末被批准入团。这学期，班主任在给他写评语时，就专门提及他入团后需注意的问题，告诫他不要松劲，别自满，要在政治的阶梯上更上一层楼。这种有个性、有侧重点的评语，常常能促使学生在新的起点上追求更新的目标。

（五）评价面要宽

本着德智体美劳全面发展的原则，教师写评语前要让学生立体化地出现在眼前，审视他们的各个方面，才能发现他们的突出点，抓住他们的主流。"你最拿手的是跳绳"；"公开课上，你那富于表情的朗读赢得了老师们的赞许"；"虽然家远，从不迟到、早退，还能经常早来打扫卫生"；"做操总是很认真，这是你身体健美的重要原因吧！""个子高大，却从来不欺侮小同学"；"你那优美的舞姿为队会增添了色彩"……这里渗透着对学生的素质培养和养成教育，当学生看到这样的语句时，常常会为教师对自己的了解和赞许所感动。

（六）针对性要强

一则好的评语要能突出学生的个性。评语切忌千篇一律，或面面俱到，这样才有利于指导学生正确地认识自己。一个几乎全校人人知晓的调皮大王，自由散漫，不受一点约束，好激动、爱管闲事，但是老师却注意到这个孩子心地善良，有时也能为集体做好事，只是自我控制能力差，遇事欠思考，于是，给他写下了这样的评语："你是一个天真好动的孩子，关心集体荣誉，但做事由于不注意方法，常常使大家误会；你一心为集体争光，运动场上实现了你的愿望。如果每做一件事都静下心来想一想，就会办好每一件事。"这里，老师并未一一列举该生的缺点，求全责备，而是用"你一心为集体争光"，肯定了孩子的本质，一句"如果每做一件事，都静下心来想想，就会办好每件事"，正中该生的要害，针对性很强，能打动学生的心。

（七）以鼓励为主

心理学家做过实验：获得激励作用最大的学生是受过奖励的学生。美国有研究者还曾对两部分程度、条件相等的学生进行测试。一部分被定为"有希望"的学生，另一部分被告知是"无希望"的学生，一段时间后，人们发现前者进步的幅度远远超过了后者。期待感是每一个学生心理上的需求，要求评语要以鼓励为主，正是适应了这种需求。要点燃希望之光，扶起他们的自信小树，让评语变成继续前进的动力。要重视鼓励的教育功能，表扬就是鼓励。指出方向是鼓励，批评缺点也仍然应成为一种积极的鼓励。请看这些句子："人贵在有志气，只要你有决心，世上无难事！""你在纪律方面的进步连我都惊讶，你还会让我再惊讶一次吗？""我想告诉你，你最令老师不满意的一点就是太散漫，当然，改掉这个缺点对你来说应该不成问题，对吗？还有，以后戴上眼镜了更应该注意保护视力。""唯一逊色的是对工作不够泼辣大胆，这需要以后慢慢地锻炼，不要着急。"

这里没有高高在上的责备，只有平等意义上的亲切对话，必然会产生投桃报李的效应，换来学生心理上的感悟，使学生受到鼓舞。

第三节　处理偶发事件的技能

这里偶发事件又称突发事件，是指在班级管理工作中突然发生的不良事件，它扰乱正常的教育教学秩序，危害班集体利益和学生的健康，需要班主任灵活妥善地处理。一个由几十个各具特色的学生组成的班集体，总会发生一些意料之外的事件，班主任必须有充分的心理准备，对偶发事件的特性、处理技能技巧有熟练的把握，以做到防患于未然和机智灵活地处理。

一、偶发事件的特性

（一）成因的复杂性

偶发事件的成因往往是复杂的，可能是内在的因素——人自身的影响，还可能是受外在环境的影响，也可能是多种因素同时或连锁发生影响。引起偶发事件的原因是很难预料和确定的，这就需要班主任透过现象了解本质，妥善处理偶发事件。

1. 人的因素

（1）学生自身的因素

中小学学生身心正处于急剧发展变化的阶段，而且情绪冲动多变，容易制造事端。再加上一个班级有几十个处于发展中的，身体状况、个性特征、行为习惯各异的学生，发生偶发事件也是偶然中的必然了。可以引起偶发事件的学生因素主要有：①身体疾病。如身体疾病引起的呕吐、抽筋、出血（鼻出血）、昏厥等现象。②心理问题。现在中小学生的心理问题主要有学习焦虑、学习疲劳、学习困难、人际交往问题、性格异常、感情障碍、网络成瘾等，由这些心理问题可能引起的偶发事件有自杀、逃学、厌学、离家出走、偷窃、辱骂他人、打架斗殴、破坏公物、恶作剧、早恋等。③不良的道德行为。如各种违纪现象、自私、说谎、欺骗、赌博、侵犯他人等。很多时候这些因素混合在一起引起偶发事件。

（2）教师的因素

教师引起的偶发事件与教师的素质有关，主要有：①身体素质。如疾病导致昏厥等，精力不佳引起的教育教学的错漏等。②个性心理素质。具有以下个性特征的教师一般不易引发学生的不良行为，如真诚、友善、快乐、情绪稳定、自信、冷静、主动等；相反就容易造成师生的冲突，引发偶发事件。另外，现在教师的压力大，使部分教师也存在不少心理问题，如神经衰弱、抑郁、偏执、焦虑、人际关系敏感、敌对、强迫症、恐惧等，这些问题都容易引发冲突。③知识能力素质。表现为知识水平低，经常出现知识上的错误；教育教学方法呆板、枯燥乏味；教育教学能力差，尤其是组织能力差、表达能力差等，这些问题都容易引起学生的逆反。

2. 环境的因素

（1）自然因素

①自然现象和外界事物的干扰，如刮风、闪电、打雷、下雨下雪，自然界某动物的突然闯入，又如一只蝉飞进教室叫个不停等。②天灾，如台风、洪水、下冰雹、地震、海啸、泥石流等。

（2）家庭因素

①学生家庭的变故，如家庭成员生病、离世，父母的离异、下岗等，这些都可能导致学生产生不良的行为表现，由此引发事件。②父母的教育方式方法不当，引起亲子冲突或学生的反抗。

（3）社会环境因素

①社会不良文化、思想对学生的不良影响。②社会不良人员对学生的影响，尤其是社会犯罪分子对学生的教唆、威胁、恐吓等。③发生重大社会事件对师生的干扰，如汶川地震。④校园周边的噪音干扰，⑤中毒、烫烧伤、摔伤等意外伤亡事件。

（二）类型的多样性

偶发事件的类型从不同的角度分，有各式各样的偶发事件，班主任很难充分地预料，需要全员（班主任、教职员工、学生、家长）全时段地做好心理准备。从性质分，有良性偶发事件和恶性偶发事件，一般良性的不需要处理。从成因分，有学生引发的偶发事件、教师引发的偶发事件和环境引发的偶发事件。从偶发事件的动机分，有有意的偶发事件和无意的偶发事件。从偶发事件的对象分，有学生间的冲突事件、师生间的冲突事件、亲子间的冲突事件、学生与社会环境的冲突事件。从发生的地点分，有教室偶发事件、校园偶发事件、校外偶发事件。从时间分，有课堂偶发事件、课间偶发事件、课外偶发事件。从涉及的人数分，有个体偶发事件和班集体偶发事件。

（三）发生的突然性

偶发事件的发生发展过程往往没有明显的预兆，带有较大的隐蔽性。由于偶发事件成因具有复杂性，谁可能引发事件，什么时候、什么场合、发生什么性质的事件，表现为具有不可预料性和突然性。有时候往往是巧合，如某性格内向的同学 A 正为家庭的变故默默悲伤，正好同学 D 不小心碰了他一下，A 竟然大打出手，连 B 在内的所有同学和班主任都感到出乎意料，因为 A 从不打骂同学。

（四）处理的紧急性

偶发事件一旦发生，班主任必须马上处理，否则将危害学生的身心健康或安全，产生不良的影响。这要求班主任在发生偶发事件的瞬间，在最短的时间内，运用高度的教育智慧，迅速作出判断，采取果断的措施，及时制止事件的扩大，把危害和不良影响降到最低。偶发事件处理的紧急性需要班主任冷静、沉着，控制好情绪情感。

（五）后果的危害性

偶发事件如不给予紧急妥善处理，将引起一系列的不良后果，产生以下危害：①对学生身心产生危害。如学生生病或意外受伤，必须及时送校医务室或医院，并且通知家长。如师生矛盾不及时稳妥地处理，就会引起学生的厌学、焦虑、抑郁或者报复等不良心理。②造成人际关系紧张。偶发事件多发生在学生之间或师生之间，如处理不好，将导致师生关系对立、同学关系紧张，影响班集体的和谐与团结。③不利于班级工作的开展。偶发事件的处理需要班主任具有高度智慧。如处理不善，将严重影响班主任的形象和威信，不利于其工作的顺利开展。

二、偶发事件的处理步骤

（一）快速作出判断，沉着果断地应对

快速作出判断，沉着果断地应对，这是处理偶发事件的第一步，其目的是及时平息事件，制止事态的进一步发展。偶发事件一旦发生，首先，必须迅速准确地判断事件的性质和发展态势。通过敏锐的观察，对事件的性质作出判断：是良性的还是恶性的？是个体的还是集体的？是有意的还是无意的？可能产生什么不良后果和影响？其次，根据偶发事件的性质和发展事态作出迅速反应，果断采取措施。不同的偶发事件，现场处理的方式方法不同，需要班主任及时采取措施，灵活处理，使事态平息下来，防止其进一步扩大或恶化。最后，在这个过程中需要班主任控制好自己的情绪，做到沉着、冷静和果断。偶发事件的危害性往往使班主任或着急，或气愤，很难控制自己的情绪。如果带着这样的情绪去工作，班主任往往会采取强制、高压、粗暴或简单的方式处理事情，使偶发事件进一步恶化。

为了不影响正常的教育教学秩序，偶发事件的产生和现场处理往往只有短短的几分钟，甚至几秒钟就完毕。对于简单的、涉及个别学生的偶发事件，灵活机智的现场处理，能在短时间内解决问题。而对于复杂、涉及集体或多方面人员的偶发事件，则或多或少会有一些遗留问题，有时现场处理只是暂时解决表面问题，这就需要班主任事后进行深入的调查研究，做好善后工作。

（二）深入地进行调查研究，了解事件发生的缘由

深入地进行调查研究，了解事件发行的缘由，这是处理偶发事件的第二步，其目的是了解事件发生的原因和真相，为有针对性的善后工作作准备。

偶发事件由于事发突然，其产生的根源和发展的过程往往不被班主任了解，因此，要解决好偶发事件的善后问题，必须进行调查研究，了解事件产生的缘由，把握事件的真相，以便做到对症下药。班主任可以做以下工作：①调查当事人，通过与当事人谈话，了解事件发生的原因和过程，弄清楚当事人当时的思想动机。②调查偶发事件产生和整个发展过程的见证者，目的是从所有的见证者中寻找事件的真相。③调查与当事人关系密切的人，包括同学、朋友和家长，从中了解当事人当时的心态和事件发生的缘由。④对以上的调查结果进行整体分析，去伪存真，清晰地把握整个事件的内在原因和因果关系。

（三）以教育为主，做好善后工作

以教育为主，做好善后工作的目的是处理遗留问题，即教育学生，引起反思，预防同类偶发事件再次发生。

善后工作应以教育学生为主，宽容对待学生。不同原因引起的偶发事件其遗留问题的善后工作各有不同：①由个别学生导致的偶发事件，一般小范围解决。事后了解原因，进行说服、教育，帮助学生认识错误，吸取教训；根据情节的严重程度给予相应的惩罚。②由多个学生或班集体引起的偶发事件，应考虑班风问题，要组织多种集体活动，开展思想教育。③由班主任或教师引起的偶发事件，要求班主任或教师放下架子，主动认错，求得学生的原谅。④由外界环境因素引起的偶发事件，事后要培养学生抗干扰的能力。

每次偶发事件处理解决后，班主任要进行反思：①从偶发事件的起因、过程和后果，总结偶发事件发生的规律。②反思自己处理事件的方式方法，为下一次偶发事件的处理提供借鉴。

（四）几种特殊偶发事件的处理步骤

1. 打架事件的处理

打架事件的性质有轻重之分，情节较轻的是由于玩闹引发的两个同学间的打架，情节较重的则是积怨很深的两个小群体或团伙之间的打群架事件。后者涉及面广、原因复杂，处理会相对困难，需要班主任作细致的调查和调解，并协同学校或社会有关部门做好善后工作。打架事件处理的一般步骤是：①马上制止打架。如果凭班主任的能力无法制止时，要及时报告学校或请求身强力壮的男教师帮忙制止。如果是有社会上的人员参加的打群架事件，除了报告学校外还要马上报警。②给予一定的时间让双方冷静下来。打架的双方往往情绪激动，需要给双方冷静下来的时间和空间。③调查原因，并让打架的双方写说明书或申辩材料。④帮助学生分析根源和危害，促使他们认识错误，并保证不再犯。⑤根据情节的轻重、班规和学校的规章制度给予相应的处罚。在整个事件的处理中，应以教育为主，处罚为辅。

2. 偷窃事件的处理

偷窃事件的发生和处理是班主任极为头疼的事情，必须小心谨慎，否则将产生不少负面影响。表现为：①很难找到偷窃的证据，找不出偷窃者，容易使班集体陷入互相猜疑和人心惶惶的局面；②如果能查出偷窃者，并公之于众，又将严重伤害偷窃者。一方面班集体会一致排斥偷窃者，从此偷窃者将被贴上"小偷"的标签，不得翻身，就容易产生心理问题，变得自卑古怪；另一方面偷窃者会破罐子破摔，继续向坏的方向发展，甚至堕落为犯罪分子，危害社会。所以，从学生健康成长的角度出发，不少班主任形成"不抓小偷，只求追回财物"，以教育为主的观念。其具体的做法是：

第一步，向当事人和知情人了解所丢失的财物情况和事件的发生过程，并安抚当事人，稳定其情绪，以免影响学习。有必要时主动告知家长，并要求家长不要过多地责备孩子。

第二步，感化。感化就是用感人的言语或名人知错能改的故事表达班主任对偷窃者的宽容和原谅。一般可用言语感化和故事感化的方法。如优秀班主任万玮老师提到，丢了东西之后，可以在班里作这样的一番发言："同学们，今天，某某同学的东西丢了，而拿东西的人就在我们当中。在老师的眼中，我们班的每一个孩子都是最纯洁可爱的。我不相信有人会故意做这样的事情。我想，一定是有人觉得某某同学的东西好玩，就借去玩了，但是后来却忘了还。现在，他自己心里也一定很懊悔呢。当某某同学在到处找他的东西时，我想，这位同学的心里一定会觉得像有了包袱一样沉甸甸的吧。老师也希望他及早卸下这个包袱，也愿意帮他卸下这个包袱。"

第三步，为偷窃者改错提供方法和一定的时间、空间。即为偷窃者提供返还财物的方式方法，如给学生一定的期限（一般 1～2 天内），要求其把东西悄悄放回原处或教室明显角落或班主任办公室；或者班主任准备一个箱子或袋子放在教室里，全班同学在教室外排队，每个学生轮流进入教室一次，让偷窃者以最方便的方式返还财物。

第四步，如果财物仍然没返还，重复第一、二步，但感化的言语或故事要有所变化，返还的方式要更人性化。同时，在实施以上几个步骤时，班主任要对学生进行观察和调查，发现在这个过程中有细微变化的学生，可假设嫌疑对象，但一定要做到没有证据绝不冤枉一个学生。如果还没有结果，就分别与嫌疑对象谈话，以攻心为主，设法让他主动交代，认识错误。了解其偷窃的原因，让他明白偷窃行为的危害，给其改过的机会或某种惩罚。另外，要做好保密工作，以免伤害偷窃者。

第五步，教育学生保管好自己的财物，贵重的东西不要带来学校。班主任要利用专门的时间如班会课进行教育。告诉学生如因为学习的需要带贵重物品来校，不要向同学炫耀，可交给班主任代为保管。

3. 逃学事件的处理

逃学是指学生没有请假而不到学校或私自离校、旷课的现象。逃学事件在中小学时常发生，其原因复杂多样（主要有学生厌学、学习困难、贪玩、学校学习生活适应不佳；与教师、家长、同学关系恶化；社会"读书无用论"等思想的影响等），需要班主任协调各种教育力量，共同实施教育。如果学生经常性逃学，就容易成为社会与学校的边缘人，进而出现犯罪行为。班主任要极其重视并妥善解决问题。当逃学事件发生时，班主任应做到：①及时发现。要做到及时发现，就必须制定合理的考勤制度，并指派专门的学生负责考勤工作，当出现缺勤现象时，要求马上报告班主任。②了解学生逃学的情况，并第一时间以最快捷的方式通知家长和学校相关部门。③向同学、教师和家长了解学生最近的表现、经常出入的场所，寻找其逃学的原因。④根据了解的具体情况，协助家长或有关部门积极寻找学生。⑤找回逃学的学生后，要有针对性地对其进行说服、教育与帮助。可以与学生谈心，了解学生逃学的原因和他所遇到的问题和困难，帮助他解决问题。这一步最难做，需要学校、家长、同学、科任教师的积极配合和参与。如果没有帮助学生解决引起逃学的问题，学生还会再次或多次逃学。

4. 生病或意外受伤事件的处理

学生生病或意外受伤事件在学校也时常发生，班主任要尽量做好预防措施，经常性地对学生进行安全教育和健康教育。当学生生病或意外受伤时，应采取以下措施：①在开学初班主任就应告知学生，当发现同学生病或意外受伤时，必须迅速报告班主任或教师。②护送学生到校医室，或请校医到现场（特别是摔伤的）救治。③病情或伤情严重的要及时送医院，应由班主任和校医护送，并迅速通知家长。④安抚学生及其家长。了解学生生病或意外受伤的原因和过程，向家长说明情况，取得家长的谅解和协助。

三、偶发事件的处理方法

（一）幽默化解法

幽默往往能体现班主任的大度、开朗乐观和智慧，是化解冲突的有效方法。运用幽默处理偶发事件，可以在欢笑中化解紧张的气氛和冲突，沟通感情。幽默化解法常用于学生在教育教学中恶作剧和违反纪律的行为。如有一个班曾发生过这样的事：班上需要面粉打糨糊，要求每人带点面粉。有人喊道："我家揭不开锅了。"教室里哄堂大笑之后一片宁静，等着挨训吧！班主任对那个学生说："放学后你不要回家——"大家紧张地等待下文，教师却微笑着说："反正你家揭不开锅了，到我家去吃饭，饿坏了你，我们可心疼呀！"听了这话大家如释重负，欢笑起来。笑声是对班主任宽宏大量的赞美，也是对他成功运用幽默教育艺术的肯定。

（二）因势利导法

因势利导法是班主任抓住偶发事件中的积极因素或难得的教育契机，化不利为有利，对其加以利用，使之成为教育学生的内容和良好时机。这多用于外在环境的干扰或学生的违纪事件。如在教育教学活动中，突然雷声大作，风雨交加，一下子吸引住了学生的注意力，要让学生重新集中注意力于原定教育教学内容较难，这时教师可以马上更改教育内容，让学生进行观察活动，并写观察日记或讨论气候变化对人的影响等。因势利导法不足之处在于要改变原来的教育教学计划，可能会导致教育教学目标和内容没办法按时完成，需要班主任或教师利用其他时间来完成。

（三）转移注意法

转移注意法是运用心理学中注意力转移的方法，引导学生抑制由于受到某种外界刺激而产生的不良影响的一种方法。班主任可以根据学生注意力容易转移的特点，利用偶发事件中学生表现出来的积极因素或优点，巧妙地把偶发事件的处理转移到另外一件有趣的事情上，如把学生恶作剧的形式转化为教育的形式，使学生忘了偶发事件所带来的不愉快或不良影响。

（四）延缓处理法（或冷处理法）

延缓处理法（或冷处理法）是把偶发事件暂时"搁置"一下，或稍作处理，留给学生冷静和思考的时间，使班主任调查后能从容处理事件的一种方法。这种方法多用于学生的违纪事件和恶作剧。当发生偶发事件时，学生多半头脑发热、情绪激动，很难心平气和地接受班主任的教育，而此时班主任也往往被激怒，需要时间调整自己的情绪。事后，班主任进行冷静思考，多方面调查事件产生的原因和过程，考虑好处理问题所采用的方式方法，然后找个恰当的时机处理事件和教育学生。

（五）自我解嘲法

自我解嘲法是当班主任发现自己处于尴尬处境时，通过自我嘲笑、自责或大胆地指出自己缺点和错误的方式，以缓解偶发事件所带来的矛盾冲突的一种方法。常用于由于班主任的失误引发的偶发事件或学生的恶作剧、违纪现象引起的师生冲突。当班主任自我解嘲时，也为学生自我反思和自我教育创造了良好的情境。

第四节　与任课教师沟通协调的技能

一、重视任课教师在班级管理中的作用

任课教师课堂教学的过程也是课堂管理的过程，课堂管理是班级管理的主要

组成部分。现行的班主任制度容易使人产生误解，让人以为班级管理是班主任一个人的事。因此，任课教师往往只管自己的教学工作，而把所有的教育和管理的事情都推给班主任，如任课教师的课堂纪律混乱也向班主任投诉，要求班主任管理好班级的纪律；而班主任也认为班级管理是自己分内的事，往往忽视任课教师在班级管理中不可缺失的作用。实际上，教书育人是所有教师的职责，只靠班主任一个人的力量，不可能完成对学生的全部教育任务。管理班级和教育学生需要所有的教师共同努力，以形成教师团队。要形成班级管理的教师团队，必须各部门全员配合：①学校重视任课教师的作用，制定激励性的制度，使任课教师教书育人，协助班主任，参与班级管理工作。如制定副班主任制度，或规定任课教师参与班级活动和对学生个别教育的次数等，并给予一定的奖励。②任课教师改变"事不关己，高高挂起"的心态，对班级管理应积极主动、热情关心，承担育人的职责。③班主任重视任课教师的作用，包括认识到每个教师都能对学生产生影响；班级中每个学生的学业成就离不开每位任课教师的努力；任课教师的协同努力，能使班级管理事半功倍。

（一）召开班会介绍任课教师情况

每一位教师都有自己独特的教学风格，这是教师教学思想、教学艺术的综合体现。为了使学生更深入地了解任课教师，更快地适应任课教师的教学方式和方法，班主任应在任课教师上课之前召开班会，向学生介绍每位任课教师的情况，包括教师的教学年限、教学特长、教学习惯、教学态度以及以往取得的教学科研成果等。让学生在了解教师的基础上接受教育，促使师生双方尽快地相互适应。对于那些刚刚走上教学岗位，教学经验不足，教学水平可能不是很高的年轻教师，班主任要教育学生尊重他们的劳动。

班主任绝不能为了树立个人威信，在学生面前议论任课教师的缺点和短处，甚至有意贬低任课教师，这些对教育学生都是有害的。班主任要有意识地在学生中树立任课教师的威信，教育学生尊敬任课教师，树立尊敬师长的良好班风。

（二）主动向任课教师介绍本班学生情况

在教学过程中，每位教师要想做到有的放矢，因材施教，其前提必须是对所教学生有一个全面的了解。班主任应主动把学生的思想情况、学习情况、生活情况、身体情况、家庭环境、社会关系以及兴趣爱好等主动介绍给任课教师，使任课教师心中有数，为更好地教育学生奠定基础。

（三）召开师生座谈会交流教与学的情况

教学过程是师生双向的信息交流过程。教学效果好坏直接取决于师生双方的努力和配合情况。班主任可以定期或不定期地召开师生座谈会，让学生与任课教师面对面地交流，畅谈教与学的感受，共商教学对策。同时，师生座谈会也为师生相互了解、增进感情、消除障碍提供了机会，为改善师生关系创造了条件。

（四）邀请任课教师参与班级教育工作

作为班级教师集体重要组成部分的任课教师，是班级教育工作中不可缺少的教育力量。班主任在制订班级工作计划、确定班级奋斗目标、研究学生思想动态时，一定要邀请任课教师参加，倾听他们的意见和建议。有经验的班主任不仅善于联合任课教师共同搞好班级建设，而且还十分注重与任课教师搞好关系，建立友谊，例如：邀请任课教师参加班级迎新联欢会、各种体育比赛、主题班会等，以扩大师生之间的交往，建立良好的感情基础。

（五）协调各科教学，妥善安排各种活动和课业负担

适当的作业量和测验，可以督促学生的学习，检查教师的教学效果，起到促进和改进教学的作用。任课教师大多都是从本学科的教学出发布置作业、进行辅导和考试的，所以难免会出现学科之间作业量轻重不均、考试集中或频繁等问题，致使学生的课业负担加重。班主任要统筹兼顾，在调整各科作业量及考试次数等方面起到调度作用，合理安排学生的自习和辅导时间，避免出现几位教师占用同一时间等问题。

二、协调好班主任自己与任课教师之间的关系

在我国中小学中，直接领导教师教育教学工作的部门是学科组或年级组，班主任与任课教师之间并不存在管理关系，只是一种同事关系。班主任作为班级管理的核心人物，为了管理好班级和教育学生，就必须主动与任课教师协调好关系。良好的人际关系是班主任顺利开展工作的前提和保障。

（一）班主任对待任课教师的态度

1. 主动

作为班级管理的核心，班主任可利用各种机会，主动与任课教师沟通、交往，最好能成为相互帮助的知心朋友。班主任首先应从交朋友的角度与任课教师交往。朋友关系比同事关系少了些利益冲突，多了些理解、支持和帮助。班主任主动、热情往往能感动和带动任课教师，使任课教师能主动参与本班的管理工作，从被动变为主动，成为班级管理的一员。如班主任及时主动地征求任课教师对班级工作的意见和建议，并尽可能采纳实施，能使任课教师体会到自己也能为班级管理出谋划策。

2. 尊重

一是尊重任课教师的教育教学风格。每个教师都有自己独特的教育教学方式，当班主任对任课教师的教学有看法时，要尽量看到任课教师的优点，诚心诚

意地提出自己的看法和建议，以商量的口吻与任课教师沟通，使任课教师感到你的善意和帮助。千万别在学生和其他任课教师面前批评、指责和嘲笑任课教师，这只能恶化双方的关系，增加班主任工作的难度。而对于任课教师对自己的不满或提出的建议，班主任要虚心听取，做到"有则改之，无则加勉"，充分体现出对任课教师的尊重。二是尊重任课教师的劳动成果。当班级取得进步时，要看到任课教师的功劳；当班级成绩不理想时，要安慰任课教师，并帮助其分析原因，寻求解决方案。三是尊重任课教师的人格、生活方式。不要有侮辱任课教师人格的言行举止；任课教师的生活方式应属个人隐私，只要不对学生产生不良影响，都不应该干涉。

（二）班主任与任课教师沟通的内容

1. 本班学生的基本情况和特点

一是班主任应主动向任课教师介绍本班学生的基本情况（年龄、男女生比例、思想动态、学习现状、家庭背景等）和发展特点（思维方式、性格、爱好等），以便任课教师更有针对性地对本班学生实施教学活动。二是班主任向任课教师了解学生本学科的学习情况和课堂教学情况。包括学生本学科的成绩、作业完成情况、课堂纪律、课堂气氛、学生思维特点和存在的问题等。

2. 班级管理与班集体建设的情况

班主任要主动向任课教师介绍本班的奋斗目标、班级组织机构及其成员（其中任课教师的科代表要征求其意见，最好由任课教师确定）、班级的规章制度、班级的活动安排、班风等。并征求任课教师对本班级管理的要求和建议，以统一对学生的教育要求，减少教育过程中的内耗，加强相互的配合。

3. 个别教育

每个班级都有一些特别的学生，如学习困难的学生，心理有障碍的学生，特殊家庭的学生（单亲家庭、离异家庭、留守儿童、孤儿等）等，他们更需要教师团队的特别关爱和指导。班主任要协同任课教师共同研究教育这些学生，以促进他们的健康发展。

4. 教师的教学特点和作业的布置情况

每个教师的教学都有相对的独立性和自主性，一般而言，班主任不予干涉。了解各任课教师的教学特点，是为了协助学生更有针对性地学好本学科。了解教师所布置的作业，有利于协助教师督促学生完成作业。

（三）班主任与任课教师沟通协调的方式方法

1. 座谈会

由班主任定期组织本班所有的任课教师召开班级管理的座谈会，一般每个月一次或学期初、期中、期末复习考试前各一次。座谈会的频率不宜太频繁，以不加重任课教师的负担为原则。不同时期的座谈会侧重点可以根据需要有所不同，如学期初的座谈会，可由班主任介绍本班学生的基本情况、班级目标、班级活动安排等。期末的座谈会安排在复习考试前，有利于针对本班学生各学科的学习情况和存在的问题，进行统筹安排和解决学生学习存在的困难。如有可能，学校形成座谈会制度，激发任课教师参与班级管理的积极性。

2. 听课

班主任听任课教师的课，其目的不在于评价科任教师的教学质量，而是了解教师的教学风格、学生在课堂中的表现、教师与学生的关系，从中发现本班学生学习的特点，帮助学生和教师相互适应和相互配合，以提高学生的学习效率。但应注意听课之前征求任课教师的同意，听课时做好听课笔记，听课后与任课教师交流看法，找出学生和教师在课堂教学中各自的优、缺点，并针对学生在课堂上存在的问题，共同研究解决方案。如任课教师的课堂管理存在问题，要委婉地提出建设性的意见，使任课教师容易接受。

3. 日常工作中的随机交流

同一年级的教师一般都在同一个办公室办公，这给班主任提供了大量的时间和空间与任课教师接触，有利于教师们的相互交流。班主任可利用课余空闲时间，有意识地与任课教师沟通，既达到协调管理班级的目的，又能促进双方的感情。

4. 帮助

班主任要尽自己的能力给予任课教师教育教学和生活上的帮助。①教学上的帮助。一般而言，任课教师的教学任务较重，要同时教多个班级，班主任可安排班干部、科代表协助教师完成教学任务。如课堂上，班干部协助教师维持课堂纪律；课后，督促和帮助同学顺利完成作业；每天自动收齐作业并按时交给任课教师；根据教师的需要要求班干部帮助其检查作业。如果某学科的成绩不理想，班主任可以专门组织一次主题班会讨论"如何学好……"帮助学生和任课教师寻找原因和学习方法，并经常督促学生学习。另外，如果任课教师是缺乏经验的年轻教师，根据他们的需要也可以提供一些教育教学上的方法、技巧，帮助他们尽快熟悉教学。②开展学科课外活动，激发学生学习学科的兴趣。如在晨会上开展讲故事比赛、英语情景对话游戏、趣味数学、历史剧表演等。③生活上的帮助。如任课教师生病或家里有事，可尽量帮助他们调课（征得领导同意后）或代课（主要是自习课和早读课）。班主任与任课教师的互相关心、互相帮助，能加深同事间的感情，从而形成团结的教师团体，既能对学生产生良好的榜样作用，又能使任课教师与班主任步调一致，共同承担管理班级的责任。

三、协调好任课教师之间的关系

任课教师之间的矛盾主要源于教育教学资源的有限性，如教学设备、教学时间和空间的有限等。如某教师布置的作业特别多就会影响学生完成其他学科的作业。

（一）加强各任课教师之间的交流与沟通

由于所教的科目不同，各任课教师很少有教学上的沟通协调。而且由于所教学科、年龄、经验、个性等的不同，往往对学生的要求也不尽相同。为了使任课教师对本班学生的教育影响协调统一，为了实现班级的共同的奋斗目标，班主任要发挥其核心作用，把任课教师组织起来，进行有效的沟通协调。如举办座谈会是教师之间沟通协调的最好机会。另外，班主任可组织任课教师开展教师间的活动（如聚会等），也可邀请任课教师参与班级活动、家长会，或通过其他形式提供任课教师交流的机会。一个和谐团结的教师团队是教育好学生和管理好班级的基础。

（二）协调任课教师给学生布置的课业负担

我国中小学生课业负担重的主要表现是课外作业多，有不少学生经常做作业到深夜。在我国，中小学语文、数学、英语三门主科，是教师每天都必会布置作业的学科。假设每科布置作业半小时，那学生要完成作业就需要一个半小时。而在中学还有其他六科（物理、化学、生物、政治、历史、地理）也是在课后必有作业的，假设每天都有其中的2~3科也布置作业，学生的作业总量就要2~3小时才能完成。这还是正常速度，如果学生遇到不会做的作业，或某些学生养成拖拉、不专心的学习习惯，其作业的时间就可能会延长许多。有不少任课教师布置作业时，只是考虑本学科的情况，很少考虑到学生所有的作业负担。要解决这个问题，需要学校和班主任统一协调，或形成制度。如班主任可以在教室设置专门的作业小黑板，由任课教师或科代表把作业和完成作业需要的时间写在小黑板上。其作用有三：①让任课教师了解学生当天的课业负担，使任课教师对自己所布置的作业进行相应的调整；②班主任可以根据作业量进行协调；③提醒学生今天要完成的作业。同时，学生如果认为作业多，可反映给学习委员，再由学习委员提出建议，直接或由班主任与任课教师协调。这样，班主任通过作业小黑板，就可了解学生当天的作业和学生的承受力，根据需要与任课教师进行协调。

（三）协调各任课教师的教学时间

可能有人会说教学时间不是由课程表安排好的吗，还要协调？教师都清楚地知道，课程表的某段时间可以由学生自主安排时间，是没有安排教师的，如自习课、课外活动课、早读、午读、午休的时间、放学后的那段时间。其中早读和午读虽然在课程表上没有体现具体的教学内容，可是在许多学校早已被安排了，如周一、三是语文，周二、四是英语，周五是数学。

那么，如何协调任课教师对这些时间的安排呢？①学校要明文规定教师不能用这些时间来上新课，如果教师认为有需要，只能用来做课外辅导，以免增加学生的负担。②为了避免任课教师因抢占时间而发生纠纷，学校可形成申请使用制度。如果任课教师认为需要，可以书面或口头形式提前向班主任申请使用某段时间，由班主任统筹安排。班主任再把这段时间的安排通知学生，让学生有心理准备。原则上，学校应要求教师在各自的课时内完成教学任务，让学生有更多的时间自主支配。几乎所有的学生都不喜欢教师占用自己自主学习的时间，尤其是课外活动的时间。学校和所有的教师应让学生自由支配这段时间，让他们自主组织参加各项自己感兴趣的文体活动。

四、协调好任课教师与学生间的关系

（一）利用各种机会，让学生与任课教师相互沟通和理解

1. 让任课教师参与班级管理和班级活动

班级的重要决策和主要活动都可以事先听取任课教师的意见，采纳他们积极的建议。如班规的制定，班级活动的安排，班干部（尤其是科代表）的选拔、"三好学生"、"优秀学生"等的评选，学生的操行鉴定，学困生的教育辅导等都可以征求任课教师的意见，使任课教师在参与班级管理中主动地关注和了解学生，感受到自己也是班级的一员，把班级看成"我们班"，而不是"你们班"。

邀请任课教师参与班级活动。共同的活动是增加师生感情的最佳途径。班主任可邀请任课教师参与晨会，主题班会，各种文体活动（联欢会、庆祝活动、游园活动、体育比赛等），家长会等。在活动中，任课教师能充分了解学生，看到学生不同于课堂学习的另外一面，了解学生的兴趣、爱好、特长，对学生有更多的肯定。在活动中，师生的自由沟通和教师个性能力的展示，也让学生感受到任课教师的人格的魅力和广博的知识，增加对教师的尊重。另外，邀请任课教师参与班级活动，以自愿和不增加教师的负担为原则，也不是所有的班级活动都邀请任课教师，只是一些特色活动（如才艺展示、主题班会等）和有利于增进师生感情的活动（如春游等）应尽量让各任课教师都参加。

2. 树立任课教师的威信

正面宣传和赞美任课教师，树立任课教师的良好形象。班主任的宣传和赞美远比任课教师的自夸要让学生信服。班主任可利用各种时机在班级里宣传和赞美

科任教师。如①当教师第一次教本班课程时，有意识地赞美任课教师的特长。如某班主任是这样介绍他们班的任课教师的："教历史的许老师，他知道的那些历史故事，如滔滔江水，连绵不绝，想听历史故事吗？好好上历史课！你们知道数学老师有个什么外号吗？他叫'华一笔'，华老师不用圆规，一笔能画一个圆，神吧！地理老师的外号叫'活地图'，不信，你们考考他，看能把他考倒吗？"这样的赞美既使学生较快地认识和了解了任课教师，又使学生对任课教师充满期待和佩服。在赞美任课教师前，班主任要对他们有一定的了解，使赞美名副其实，否则将适得其反。②当任课教师获得成绩和奖项时，要特意在班里夸夸任课教师，让全班同学都由衷地佩服和敬重他们。如某教师发表了论文或文章，某教师获得了"优秀教师"的称号，某老师是"教坛新秀"等。③肯定任课教师对本班所作的贡献。当班级的成绩有进步时，不忘在班上感谢各科教师；当班里某同学在某科的比赛中获奖时，不忘提醒学生要记得任课教师的功劳。④不在学生面前贬低任课教师，要维护任课教师的威信。当班主任对某任课教师不满时，千万不要在学生面前表现出来，否则将给学生造成不良的影响，如导致学生也表现出不喜欢某任课教师，进而影响该学科的学习和任课教师与班级同学的人际关系等。当任课教师在教学中偶尔出现失误时，要在班里帮助教师作正面解释，教学生学会理解和宽容教师，千万不要挖苦和讽刺任课教师，因为谁又能保证自己一辈子不会出错呢？

3. 教育学生学会尊敬任课教师

尊敬教师是学生的道德行为规范。班主任可利用各种机会教育学生要热爱、尊重教师。同时，班主任要教会学生尊敬教师的方式。例如，见到教师要问好；上课认真听课、积极配合教师的教学，尊重教师的劳动；帮助教师收发作业、拿教具，为教师课前准备一杯水；看望生病的教师；教师节时提醒学生用各种方式（如一张自制贺卡、一声问候、一枝花等）感谢教师的教导和关爱，等等。

（二）妥善处理任课教师与学生的矛盾

师生矛盾在每个班级中或多或少总有发生，我们要以积极的心态灵活处理和协调两者间的关系。任课教师与学生的矛盾主要有两种情况：一种是由于学生犯错引起的冲突，另一种是由于教师自身素质引起学生的不满。不同的起因，解决的方式方法也不同。但是，很多时候是多种因素综合引起的冲突，这就要具体情况具体分析，多方面协调师生关系。而且应该认识到矛盾双方都有做得不恰当的地方，只要其中有一方能理解、宽容和合情合理地处理，就不会有矛盾。宽容和理解是教师应有的品德。

1. 由于学生的错误引起的矛盾

学生最常犯的错误是上课违纪，学习上不做作业，抄袭作业，成绩不理想

（这不完全是学生的错，只是成绩往往也是教师与学生发生冲突的主要原因）等。当学生犯错误时，教师是有责任和权力管理和教育学生的。可当教师方法不当时，就会引起矛盾冲突，只是这种冲突起因于学生。对于这类冲突的处理应是：①向任课教师和学生多方面了解事情的缘由和学生犯错的原因；②晓之以理，动之以情，使学生认识到自己的错误；③要求学生向教师道歉，也感化教师。最好的结果是教师也认识到自己的不当，学会合理对待和处理学生的错误，使师生关系日趋和谐。

2. 由于任课教师自身素质引起的矛盾

容易引起师生矛盾的任课教师自身素质主要有教学失误、教学方式方法不当、教育教学理念落后、个性问题、师德问题等由教师引起的矛盾，处理起来就比较棘手。班主任能做到的是：①教会学生体谅任课教师，特别是对任课教师的偶尔失误要宽容。可以通过组织学生观察和调查"教师的一天"等活动，让学生认识到教师工作的艰辛和教师们的敬业精神。②教育学生学会适应教师的教学风格。③教育学生可以不喜欢任课教师，但不能由此不喜欢其所教的学科，不要与知识过不去。④让学生通过某些方式（如写信、座谈会）把对任课教师的意见直接反应给他们，让任课教师知道自己的不足和学生的要求。任课教师能逐步改变则最好；如果任课教师征求班主任的建议，班主任就要诚恳地给予帮助。⑤与学生、任课教师共同商讨学生学习本学科存在的问题和学习方法。对于教师教学的问题，最好由学校来组织专门人员给予教师适当的帮助，以改进教师的教学和提高教学质量。

第五节　与学生家长沟通的技能

班主任与学生家长沟通的目的是交流各方面的信息，沟通感情，为学生创造有利于其发展的家校合作条件。班主任与学生家长的沟通方式主要有面对面沟通和其他的信息沟通，其中面对面的沟通有家访或校访、家长会等形式；其他的信息沟通是利用传统或现代的信息技术来传递信息的一种沟通手段，主要有家校联系手册、书信与便条、电话、短信、家校通、QQ群、博客等。

一、家访

家访是指为了协调学校与家庭的教育步调，统一学校教育与家庭教育对学生的要求，促进学生全面发展，班主任代表学校对学生家庭进行的具有教育性质的访问。家访是班主任与学生、家长建立联系的一种重要途径。

（一）新时期家访的意义

随着信息技术的发展和广泛运用，家访已逐渐被班主任和家长淡忘。确实，与现代通信手段相比，家访的缺点也是一目了然的，不但费时、费力、触及他人隐私，而且班主任的精力时间有限、家长的时间不定、学生的跨区上学等也给家访增加了难度。班主任们以电话、短信、电子邮件、QQ 等联系形式来代替传统的家访，一定程度上使教育交流的渠道更为丰富和通畅，也减轻了教师的工作强度。那么，现在的家校联系真的就不需要家访了吗？我们发现，近几年，不少学校或教育局出台了要求班主任和任课教师家访的硬性措施。如 2007 年春，成都市教育局发出通知，要求各中小学班主任每年要对本班不少于 1/3 的学生进行家访（入户式家访），3 年内走完整个班上所有的学生家庭；哈尔滨市教育局下发了文件，将学期教师家访量列为教师师德评比的标准。这在一定程度上说明，家访具有其他方法所不可替代的作用。

1. 有利于全面、深入地了解学生及其家庭情况

班主任走进学生的家，才能全面了解学生的各个方面，尤其是学生在家的真实表现和影响学生的真实家庭环境，而这些是难以从与学生交谈和与家长通话中获悉的。通过家访可以了解到通过其他方面较难了解的信息如：①学生在校难以展示的特长、爱好。例如，水果削得特别好，会做家务，有一定的烹饪技术，喜欢养某种动物，动手能力强，会修理小家电、自行车，等等。家访能让班主任了解到学生的另一面，即生活的一面。②家庭的突然变故（父母下岗、生病、去世或离婚）。学生生活的变故会直接影响学生的生活和学习。这往往也是学生和家长难以启齿的事情。如某班主任就碰到这样的情况，一个平时成绩很好的学生，有一段时间成绩突然下滑，问她也不肯多说，家访后才知道，她父母亲吵着要离婚，她很担心，没心思念书。后来该班主任和学生、家长进行了沟通，学生的成绩也就赶上来了。③学生生活和学习的环境。如某学生学习成绩总是上不去，通过家访才发现，原来学生做作业的桌子几乎挨着麻将桌。又如某学生家庭作业总是写得很潦草，班主任家访后才知道学生的家庭作业是在家长所开发廊的阁楼上写的。④学生在家中的表现，尤其在家学习和娱乐生活的情况。如完成作业的时间、自觉性和作业的质量，娱乐的时间和内容等。

2. 拉近班主任与学生、家长的感情

班主任的来访，能使学生和家长深切地感受到老师的关心，拉近班主任与学生和家长的感情。因为面对面的、一对一的交流更具真情实感，在私人的空间中，更能体现双方关系的平等和自由，使交往更加融洽。学生和家长不喜欢班主

任家访是因为他们害怕班主任告状。如果班主任家访的目的不是告状而是为了学生能更好地发展，表示出对学生的关爱，学生和家长就会盼望着班主任来家访。

3. 可以全面地了解家长的教育观念、方式方法，纠正家庭教育中存在的不合理的教育现象

我国家长受教育的水平参差不齐，素质普遍还有待提高，家庭教育过程中存在不少问题，如教育的随意性大，过分关注孩子的学习成绩，手段方法不科学，甚至体罚、辱骂等侵犯孩子人权的现象也时有发生。这些问题危害着学生的健康成长，必须及时加以纠正。这也是班主任最头疼的事情。众所周知，教育家长远远比教育学生要难得多，而家长错误的观念、方法不改变就很难教育好学生。所以，班主任往往会尽自己所能帮助家长，以达到家校协调共同发挥作用的目的。其中家访是最有针对性的途径，只有通过家访，才可能面对面地就教育过程中存在的具体问题进行认真研究并加以解决。

班主任还要适当协调学生与家长的矛盾。经常会听到家长抱怨孩子不听话，或孩子对家长不满。这时候班主任就是亲子关系的协调者。通过家访，班主任可运用自己所掌握的有关青少年身心发展的理论和方法，以及实践经验，帮助家长理解和尊重自己的孩子，为家长提供与孩子沟通的机会和方法；班主任还应做好学生的工作，让学生体会到父母的艰辛和对自己无私的爱。

（二）家访的计划和准备

1. 制订家访计划

每学期开学之前，班主任要根据学校和班级工作计划制订本学期家访计划。制订家访计划的意义在于可以使家访工作成为班主任的一项常规性工作，可以使学生正确看待班主任的家访，对家访感觉是正常的事，而不是害怕老师家访，还可以使家长积极配合班主任的工作。计划的主要内容包括本学期家访的目的、要求、任务（人次）、家访阶段、家访步骤和家访方法。对于新接的班级，建议班主任采取普遍性家访。普遍性家访还有利于班主任和家长双方互相认识了解、沟通教育信息，为以后班级各项工作的开展以及取得家长的支持打好基础。对于班额较大的中小学班主任来说，普遍性家访的工作量大，需要班主任统筹计划，合理安排。另外，也需要学校给予精神和物质支持，如设立家访专项资金、家访绩效工资和奖励制度等。对于老班级的家访，多采用重点性家访，以有针对性地帮助学生健康成长。同时，可以要求学生和家长根据自己的需要邀请班主任家访，给学生和家长一定的自主权，并将其纳入计划中。家访计划的制订过程可征求学生和家长的意见，如果学生和家长都不愿意班主任去家访，班主任就要尊重他们的意见，运用其他方式方法与家长沟通。

制订好的计划可在全班公示以预先告知学生，并向全班同学宣传班主任家访

的意义和目的。这有利于使全班学生对班主任的家访习以为常，把班主任的家访看成是对自己的关爱，使学生和家长积极配合家访工作。

2. 确定好每次家访的目标和内容

每次家访，都要明确家访的具体目标和内容。可以根据学校的教育情况、学生在校的表现和想了解的家庭情况拟制目标和谈话内容提纲。要带着目标去，而不是随意地走访。如果目的不明，则家访就易陷入盲目性；而内容不清，则会导致谈话无主题，东拉西扯闲聊一通，不着边际，既不解决什么问题，也没有什么意义，反而浪费双方的时间和精力。在普遍性家访中，家访的内容有四个方面：①与学生家长相关的内容，如学生家庭情况、学生家长的文化水平、对待子女的教育态度和方法、亲子关系、家长为子女提供的家庭教育条件。②有关学生的信息，如学生在家的学习情况、学生的课余生活、个性特征；并向学生家长介绍学生在校的基本表现、学生所在班级的基本情况。③与学校教育有关的内容，如班主任和任课教师的教育教学情况；本校教育特色和要求等。④共商存在的问题和解决措施。而对于重点性家访，就要根据学生的具体问题，确定家访的目标和内容。如某学生总是在课堂上睡觉，家访的目标就是寻找原因，与家长、学生共同商讨解决方案。

家访的内容可以征求学生和家长的意见。如学生希望班主任帮助他父母改变总是打骂自己的教养方式，父母要求班主任帮助学生改变某种不良的习惯等。在家访前，班主任可通过信件、家校联系卡、通知、便条等方式征集学生和家长对家访内容等方面的要求和建议。这样的家访就更有针对性，能满足学生和家长的需要。

3. 了解学生和家长的基本情况，为家访做好充分准备

（1）了解学生

家访的一个重要内容是让家长了解学生在学校的表现。在家访前，要了解学生在校的具体表现，如学生的思想动态，学习态度，学习成绩，课堂的学习状态，与同学、教师的关系，在学校中表现出来的爱好、兴趣、个性、品行等。然后，总结学生的优点、存在的问题和需要解决的问题，说明希望家长在哪些方面给予配合等。对学生的了解可以通过观察、与学生和任课教师的谈话、学生的书面资料（作业、作品）等方法来实现。

（2）了解家长

为了增强家访的成效，家访前要对学生家长或家庭情况有一定的了解。主要了解学生家长或家庭情况，包括家长的职业，文化程度，家庭收入水平，家庭结构（核心家庭、单亲家庭、主干家庭、联合家庭、留守家庭），家庭关系，家长对子女的期望等方面的情况。这些信息资料可以在学生入学或每学期开学时，通

过问卷调查的方式收集，并作为学生的档案保存。家访前，要根据家长以上各方面的差异，确定不同的家访内容和谈话方式方法。同时，根据所掌握的信息确定本次家访需要了解家长的哪些情况，如家长的教育观念、教养方式、亲子关系、家庭教育中存在的问题等。

4. 确定家访时机，预约家访时间

班主任往往会在学生出现问题时去家访，这从班主任的角度看是一个好的时机，可学生这时候是最不欢迎班主任家访的，因为这时的家访往往成了"告状"，学生会非常害怕，甚至恐惧。而且家长也不喜欢班主任的告状，因为几乎所有的家长在内心深处都认为或希望自己的孩子是最好的。学生有问题就"告家长"这是最没办法的办法。关于家访的最佳时机的选择，我国优秀班主任武兴元老师把它归纳为十个方面：①学期初、学期中和学期末；②学生生病不能到校的时候；③学生生日那天；④"差等生"获得较好成绩的时候；⑤学生被评为"优秀队员"、"优秀干部"或"三好学生"的时候；⑥优秀学生考试成绩突然下降的时候；⑦学生精神不振、学习情绪低落的时候；⑧学生犯错误屡教不改的时候；⑨学生进入青春期初恋的时候；⑩学生突然旷课的时候。

家访的具体时间应该由班主任和家长共同商定或预约，应该选择双方都有空的时间。一般而言，家访的时间选择周末或寒暑假较为合适，而且许多学校也规定班主任在寒暑假要家访的人次。寒暑假一般适合普遍性家访，而对于重点家访或解决问题的家访的时间选择在周末或晚上就较合适。家访前可通过电话、短信、便条等与家长预约，共同确定家访的时间和内容。不要在家长不在家时或很忙时去家访，否则将影响家访的效果。

（三）家访注意事项

1. 班主任要态度诚恳，尊重学生和家长

首先，态度诚恳。到学生家拜访，除了要注意一般性的礼节外，班主任的态度尤其重要，对任何类型的家长都要态度诚恳，做到有礼有节。对于有钱、有地位的、高高在上的家长，不要懦弱求人，要不卑不亢、有条有理、就事论事，从孩子的发展角度与家长沟通；对于家境贫困的家长，不要盛气凌人，要多体谅家长，为学生提供具体可行的帮助；对于蛮横无理和冷漠的家长，可通过关心学生的言行来感化他们。如果感化不了家长也不要放弃，只要诚恳地传达了自己的想法和建议即可，尽力而为，家长怎样做是他的自由和权利。要认识到不是所有的家长都能接受学校或班主任的良好建议的。其次，尊重学生及家庭的隐私。家是一个私人的空间，从现代人的理念看，家访尤其是不经过同意的家访或多或少侵犯了学生和家长的私人空间。所以要学会保密，保护在家访过程中所了解到的学生和家长的隐私。尤其是涉及学生和家长的一些不良信息，不要拿来与他人讨论或闲聊，更不要在公共场合提起，如某某家长爱说脏话、不讲卫生、有不良爱好，某某同学的父母离婚了，某某同学家境贫穷，某某同学的家长有外遇，某某同学还尿床等。

2. 承担责任，为学生和家长提供帮助

学生的健康成长，教师、家长和学生自己都有责任。学生出了问题也不是单方面的因素，班主任和家长都不应该推卸责任。每当学生出现问题时，班主任往往希望通过家长来解决，最简单的方式是"告家长"；而家长往往认为孩子在学校出现的问题或学习上的问题是教师的责任。这些都是有失偏颇的。班主任和家长应协调一致，共同承担教育学生的责任。因此，家访时，班主任不能推卸责任。应以对学生负责的态度，用理论和事实说服家长承担起他们作为家长应负的教育责任。对于解决问题的家访，要事先设计好解决问题的方案或措施以及希望家长配合的事项。然后，将方案拿出来与学生、家长共同商讨，在协商中确定解决问题的措施，为学生和家长提供他们所需要的帮助。

3. 灵活应变，减少双方的矛盾冲突

一般而言，班主任、学生和家长没有什么利益冲突，矛盾往往是因缺乏沟通或沟通不畅引起的。矛盾的来源无非是学生的教育问题，大家的出发点是好的，都是为了学生的发展。只要有良好的沟通，问题总有解决的途径和方法的。这就需要班主任灵活应变，用不同的方式与学生、家长沟通协调。当发现家长有不满的情绪时，要及时调整谈话的语气、谈话的内容，换一个角度谈论问题，从家长的角度思考问题，以家长能够接受的方式进行交流。

4. 做好家访记录和反思

家访记录有利于班主任与家长保持更好的联系，有利于对家访的实效进行反思，对学生的教育进行追踪。家访记录的内容包括家访对象、家访目的、家访时间、家访谈话的内容、家访的效果分析和反思等。前四项内容可以在家访前先写好，作为家访的活动方案，或所有的记录在家访后应及时完成。但家访记录不要在家访中进行，因为这样做会增加学生和家长的压力，不利于得到真实的信息，也不利于家访的顺利进行。

二、校访

校访是家长到学校来与教师进行交流和沟通学生教育情况的访问。校访有两种情况：一是班主任邀请家长来校访问；二是家长主动来校访问，这也体现了现代家长对子女教育的重视。

（一）班主任邀请家长的校访

班主任邀请家长的校访主要有以下两种情况：

1. 根据学校的校访制度开展的家长开放日（周）和家长接待日（周）

家长开放日（周）是学校开展的一项面向学生家长的活动。即邀请学生家长走进学校，深入课堂与孩子一起听课并参与主题班会等教育活动，以了解学生在学校的表现和学校及其教师的教育教学水平。家长开放日（周）活动使家长真正走近了学校，对孩子在学校中的生活、学习有了更进一步的了解，缩短了家校之间的距离，使家长和学校共同关注孩子的成长，正确地引导孩子健康、快乐地成长。家长开放日（周）根据家长的时间和班级的具体情况分阶段安排家长来校观摩教育活动。家长开放日（周）的顺利开展需要班主任做以下工作：①发邀请函，统计家长来校的时间，做好准备；②安排学生接待，提供本日教育活动安排及其方案的相关资料；③收集家长意见和建议，可以表格的形式要求家长边参观活动边给予评价和提出建议；④对于家长的建议作出回应。家长接待日（周）是指学校专门安排一个固定的时间接待家长来访。家长接待日的时间可以固定为每周（月）一天的某个时间，如每周三下午16：00～18：00，或某一周内每天的某个时间，地点一般是班主任办公室。然后通知家长可以在这段时间内根据自己的需要来校，并可向班主任和任课教师了解学生在校的活动、生活情况，谈论教育孩子的问题，提出自己的要求和建议。班主任应尽力解答家长的问题，听取家长提出的建议，帮助家长解决实际问题，共同商讨教育学生的办法和措施。

2. 班主任请个别家长来校商讨学生的教育问题

在学生犯错误时，班主任经常会使出"杀手锏"——"请家长"，班主任"请家长"的初衷往往是让家长全面了解孩子，要求家长与自己共同教育好学生。但是"请家长"往往是在学生出现问题时，而这个时候家长和学生都不愿意被请。因为家长怕受到班主任的训斥和推卸其教育责任，而不是平等的商讨；学生则怕被家长打骂。而且如果班主任动不动就"请家长"，容易使学生产生逆反心理和对立情绪，学生会认为老师"无能"，只会"告状"，无形中加深了师生之间的隔阂。"请家长"往往是班主任没办法的办法，应尽量少用或不用。

（二）家长主动的校访

家长主动来校访，说明家长非常重视孩子的教育，班主任要妥善接待。家长主动校访有两种情况：

1. 一般性来访

一般性来访主要是家长来校了解孩子的在校情况和希望班主任给予教育孩子的方法或建议。如果有家长接待日（周），可要求家长在那时来校访，或班主任自己每周确定一个固定的时间接待家长来访，以免影响正常的教育教学秩序。

2. 质疑性来访

质疑性来访即家长对学校、老师的工作有不满，或认为孩子受到不公正待遇的来访。这种情况比较复杂和麻烦，班主任要虚心听取意见和要求，并根据需要给家长作出合理的解释。

另外，应该拒绝家长到班主任家拜访。因为这种拜访带有很多的功利性，所以不利于班主任开展工作，甚至有损班主任良好的职业道德形象。

三、家长会

家长会是学校发起的，由班主任、任课教师和全体家长参与，共同探讨学生教育问题的会议。开家长会的目的是：班主任向家长宣传国家的教育方针与政策，学校的教育教学改革、教育目标与计划、教育教学内容和方式方法、学生在校的表现；班主任向家长了解学生在家的表现和家长的教育观念、教育方式方法；双方通过沟通，共同商讨与解决教育学生的各种问题。家长会是家校沟通、协调一致的重要手段。

但有不少班主任和学生、家长都怕开家长会。班主任怕开家长会是因为组织家长会不易，而且事情琐碎而重复；家长怕开家长会是因为怕被教师点名批评，而且只能枯坐着听教师们轮番说学生的学习或成绩，及其要求家长的配合，对自己的孩子针对性不强，而且每次家长会的内容和形式都大同小异；学生怕开家长会是怕会上成绩的排名、班主任"告状"、家长会后的打骂。那么，如何举行成功的家长会，使大家都能进行有效的沟通，让家长、学生都满意，以有利于学生的发展呢？主要应明确和做到以下几个方面。

（一）家长会的形式和内容

1. 向家长展示班风班貌和学生成果及其表现

家长来到自己孩子学习的主要场所——本班教室，往往希望能感受和体验孩子的学习环境和学习情境，班主任可有意识地布置和展现给家长看。可以让家长看到：①体现班风班貌的教室的布置。如明亮的教室，整洁的课桌椅，写着热情洋溢的欢迎词的黑板，张贴班级学生奖状、名言警句和书画的墙壁，学生自己编辑的黑板报，开阔学生视野的图书角等，这一切都会让家长感到亲切，为孩子能在这样的环境中学习感到自豪。②每个学生的学习成果和作品。在每个学生的桌子上都整齐地摆放着各自的各科作业，让家长全面了解自己的孩子。③学生的作业或优秀作品，展示在教室后面或走廊中，让家长感受到本班学生的各方面的才能和特长。④把平时拍摄到学生的教育教学活动制作编辑，通过多媒体再现，让家长看到孩子在校的具体表现。⑤班主任或学生写给家长的一封信，尤其是让学生写下自己的心声、最想跟家长说的话、对父母的感恩等。这是最能感动家长的事情。⑥学生的表演。如以展示学生多才多艺为主题的家长会，将主题定为"爸爸妈妈，我们都很棒"。这么多可看的内容，一定会使家长有所收获和感动。

2. 师生的汇报或专家的讲座，让家长听

一是听教师的汇报。主要有：①任课教师介绍全班学生在教学活动中的情况，包括学生的课堂表现、作业完成情况、学业成绩、学习中的优点和存在的问题、希望家长配合的事项等。②班主任介绍国家的教育方针政策、学校的教育要求和班级所开展的教育活动、学生的思想动态等班级各方面的情况。

二是听学生说。班级情况的介绍除了由班主任汇报外，也可以由班干部来做，以充分发挥学生主人翁的作用。如果是全班学生都参与的家长会，可以让学生作简短的发言，发言的内容可以是自己在校的表现、取得的成绩和努力的方向，或想对父母说的话等，如以"爸爸妈妈，我想对你说"为主题的家长会。另外，学生的说可以通过汇报表演的方式呈现，如朗诵诗歌、讲故事、演讲等，让家长了解孩子多才多艺的一面。

三是听专家（或领导、优秀教师）的专题讲座。这一形式往往与家长学校相结合，通过系统的教育理论和经典案例的分析，使家长领会正确的家庭教育理念、规律、原则和方法。其具体的主题可以根据家长的需要和班级家庭教育存在的问题等具体情况确定，如"独生子女的教育"，"孩子良好学习习惯的形成"，"孩子课外时间的安排"，"青春期教育"，"理解和尊重孩子"，"培养孩子的爱心（责任感、承受能力等个性品质特征）"等。

3. 经验交流，让家长说

家长会的主角是家长。在看和听中，家长往往处于被动状态，为了激发家长的主动性，家长会中要为家长提供说和做的机会。家长说的主要有家长之间、家长与班主任之间交流教育子女的经验及家长与学生之间思想、意见的交流。交流的形式主要有个别家长经验推介式和问题讨论式。①个别家长经验推介式。需要班主任选择合适的家长，并共同商定具体的主题。尽量做到使个别家长教育子女的经验对其他家长有参考和推广价值。②问题讨论式。需要班主任征集家长在家庭教育中存在的问题，从而选定大部分家长关注的问题作为讨论的主题，使每个家长都有话可说。可以根据选定的讨论主题，特别通知在这些方面有经验的家长作发言的准备，而且班主任要收集相关的理论知识做总结发言或提供一些建议。

4. 设计丰富多彩的活动，让家长做

家长会中让家长做的活动有：①在会前让家长提出对这次家长会的建议和讨论的问题，或写下想对孩子说的话和期望。②让家长与班主任根据孩子的特点和特长，共同设计个性化的奖项，并在会上给自己的孩子颁奖，促使家长多从正面认识和鼓励孩子。③设计一些亲子活动，让家长与孩子共同参加，以增加亲子间的感情和沟通。④进行教育知识问答比赛，加深家长对教育知识的理解和运用能力。⑤评选优秀家长，增强家长教育孩子的责任感和成就感。⑥评选让家长满意的教师。家长会上的活动可以根据家长的特长和职业而有机地、灵活地设计，其目的是为了增进家长、学生、班主任之间的沟通和协调，以便更有效地教育学生。让家长做的活动要以家长自愿以及不增加其负担为原则。

以上形式多样的家长会不可能在一次家长会上全都体现，而是要求班主任灵活组合，使每次家长会都能激发家长参与的积极性和主动性，取得良好效果。

（二）家长会的准备与实施

1. 确定开家长会的时间和内容

召开家长会的时间一般由学校统一安排，多安排在学期初、学期中和学期末。班主任也可以根据本班的特殊需要单独安排时间召开家长会。每学期通常召开家长会的次数是 1~3 次。在不同时期召开的家长会目的和内容应有所不同。学期初的家长会，主要向家长介绍本班学生和任课教师的基本情况，本学期班级工作计划（如班级奋斗目标、班级主要活动安排等），教育教学方面的改革与设想，要求家长的配合建议等，增强教师、家长和学生的感情和沟通，以便共同做好本学期的工作。学期中家长会的重点是总结班级工作计划开展的情况、学生在各方面的表现、学业成绩、存在的问题等，多以与家长共同商讨的形式开展。学期末的家长会的内容与学期中不同的是，增加了有关假期中家长对子女的管理与教育问题，配合学校使学生度过一个丰富多彩的、愉快的、有意义的假期。当然，也可以根据本班家长的具体情况，灵活地确定家长会的时间。

2. 印发会议邀请函

召开家长会应发给家长正式的邀请函，以显示校方对家长的尊重和对会议的重视。邀请函的用语要恭敬，态度要真诚，格式要规范，制作要美观大方。邀请函的内容包括会议的目的、时间、地点、会议议程、家长的建议等。"家长的建议"放于最后的"回执"部分，以虚线隔开，要求家长填好后剪下，由学生带回给班主任。班主任可以根据大部分家长的建议修改议程。如果不能参与会议，应请家长在"回执"中请假并说明原因。邀请函可由学生带给家长，也可邮寄。在发放邀请函后，还可以通过手机短信方式通知家长，以提醒家长检查是否收到邀请函。邀请函至少提前一周印发，以确保通知到每位家长，使家长、班主任都有充分的时间做好准备。

3. 设计家长会方案，做好会前准备

设计并撰写家长会方案。方案的内容包括会议目标、形式、准备、主持人、议程、效果分析等。议程中除了设计会议的各项内容和活动的流程外，还要确定好发言人并事先通知其准备发言稿。要与会议上发言人（主要有任课教师、家长、学生）商定发言的内容提纲、发言的顺序和时间。

收集和整理有关资料，布置教室。主要是整理和摆放好供家长看和听的有关学生的资料和作品，要求学生自己整理并摆放好个人资料；优秀作品、奖状等由指定的班干部统一收集和摆放；制作和编辑好要给家长看的视频；设计好家长会的版头，并在会前绘画在黑板上。这部分的工作主要是在班主任的指导下，由班主任与学生共同完成。

安排接待工作。接待工作主要由本班学生完成。班主任要指定好接待的学生，并对他们的具体工作和流程给予指导。对于高年级或中学的学生，则完全可以放手让他们自己去组织计划。

4. 热情对待和尊重每一位家长

会前，班主任应与学生一起热情接待每一位家长，切忌对某些家长过分热情，而对另一些家长过分冷淡，要让家长有宾至如归的感觉。会上，班主任的发言要真诚，不能有伤害任何一位学生和家长的言论，切忌训斥家长或学生。对于家长的发言，要耐心和认真地倾听，并做好记录，切忌打断家长的发言，并要给予其肯定和感谢，使家长感受到班主任的尊重。另外，要控制好会议的时间，切忌漫无边际地重复或发牢骚，浪费家长宝贵的时间。会议应尽量控制在两小时以内。

5. 做好家长会记录和会后反思

家长会记录包括会议时间、地点、议程内容，记录下每位发言人的发言内容，尤其是家长反映的情况和集体的建议或意见。会后，要整理和补充会议记录，撰写会后反思。反思家长会的感受、家长的反映、会议开展的效果和存在的问题，为下一次家长会提供参考和借鉴。

四、其他现代信息沟通方式

（一）电话和短信

电话和短信是现代最简捷和方便的沟通方式，已逐渐被运用于家校联系中，并且有取代家访和家长会的趋势，被称为电话访问。家访真实、亲切、全面，电话访问快捷、方便、省时省力，两者各有优缺点。但是，现今家访逐渐被电话访问代替，由此电话访问正饱受争议。其实两者结合起来，灵活运用更能发挥作用。采用家访还是电话访问，班主任可以根据教育的需要和家长的具体情况来决定。电话访问与家访的实施和要求没有本质的区别，班主任可定期地通过电话访问向家长汇报学生的情况，并征求家长的意见。

（二）互联网

现今通过互联网的家校联系方式有校讯通、班级网页或博客、QQ群等。

1. 校讯通

校讯通又称"家校通"，是为实现学校、家庭和老师之间快捷、实时沟通而研发的先进教育网络互动平台，是集计算机技术、互联网技术、无线通讯技术和考勤信息化技术于一体的现代信息化管理系统。利用这一平台，家校双方能够及时方便地传递信息，有效地解决家校之间沟通难的矛盾与问题，使学生在成长过程中随时随地得到关爱，给学校、班主任老师提供方便、快捷、高效率的沟通渠道，使他们交流起来无拘无束，畅所欲言，充分实现了社会、学校、家庭和谐共育的教育格局。

校讯通在家校联系中确实发挥着重要的作用，但在使用中，也存在一些问题：①学校发布的内容单一，不能满足家长的需要。家长每天都能收到班主任发来的当天家庭作业信息，间或有学生各科单元考试的成绩和排名，还有就是学校的各种通知。有关家庭作业的短信可以使家长检查学生的作业完成情况，但也养成学生不记作业的习惯和依赖心理。而家长更希望收到有关孩子在校表现的信息。②信息多是班主任以群发的方式，可以同时向全班的家长发布同一个信息，减轻了班主任的工作量，但却导致与家长的沟通缺乏针对性。家长都希望能收到"个性化"的短信，如"今天，你的孩子第一次在讲台上讲故事，那么生动、形象，把全班同学都吸引住了，请好好表扬他"。③家长很少利用这个系统平台，使班主任较难收到家长的建议和了解学生在家的表现。校讯通作用的发挥还需要学校和班主任的努力及家长的配合。

2. 班级网页或班级博客

随着网络技术的普及，不少学校都有了自己的校园网，班主任也正利用这个平台建立了自己的班级网页，或者开通了班级博客。在班级网页（博客）中，家长可以全面地了解自己的孩子所在班级的特色、风气、所开展的活动、所有任课教师的教育教学风格、师生和家长的个性化留言和随笔等。班级网页的建设和完善是班主任、任课教师、学生、家长共同参与和努力取得的成果，不仅可以展示学生和教师的风采，家长也可以自由进入并发表自己的建议和家庭教育经验。班级网页使班主任、家长和学生三者之间的沟通更加充分、及时，实现了真正意义上的家校互动。班级网页的建设在我国还是新生事物，需要班主任、学生和家长的共同努力。班主任可以让有这方面特长的家长和学生充分发挥作用，请他们协助建设和维护班级网页。

3. 班级（家长）QQ群

QQ是网络即时通信工具，现在的孩子和年轻的家长都有自己的QQ账号

（有的甚至有几个账号），通过 QQ 与他人交流已经成为现代人的主要沟通方式。如今几乎有互联网的地方，就有学生的班级 QQ 群。班级 QQ 群一般是班级同学之间的，班主任和家长很少加入，不过班主任和家长可以通过进入学生的 QQ 群了解学生的思想动态和身心发展特点。班主任也可以建立班级的家长 QQ 群，为家校联系开辟一个新的沟通渠道。通过 QQ 群，家长和班主任的沟通将突破面对面的尴尬，从而更加自由、流畅，也能加深家长和班主任的感情，使家校沟通更加通畅无阻。

（三）家校联系手册（卡、本）

家校联系手册（卡、本）是班主任为了方便家校日常联系而给每个学生建立的档案，是家校沟通的传统方式方法。手册的内容是由班主任、学生和家长共同来完成的。由学生完成的内容包括记录当天的作业、想对家长或教师说的话；由班主任填写的内容包括学生课内外的行为表现、作业完成情况、各科成绩、给学生的评语、给家长的留言或配合要求等；家长要完成的内容是：检查学生的作业并签名，学生在家中的表现（如学习习惯、生活习惯、与家人朋友的关系、从事的家务劳动等），家长想对孩子说的心里话，对学校或班主任的建议等。手册通过学生的手每天（或每周）在班主任和家长之间传送，建立起家校日常沟通的桥梁。

（四）书信

书信是班主任与家长沟通的传统方式。随着班级网页和 QQ 群的出现和普及，传统纸质书信会变成电子书信。班主任给家长的信件，多是给全班家长的一封信，已经很少有给个别家长的书信了。书信内容主要包括以下五种类型：①学校或班级的各种通知，主要是告知家长即将开展的各类教育教学活动和对家长配合的要求，如"观看电影的通知"、"中小学生参与社会实践活动的通知"、"召开家长会的通知"等。②对本班教育教学情况、学生各方面表现的汇报和对家长的希望或要求。③给家长提供一些有关家庭教育理论与实践的文章，希望家长阅读并从中得到教育孩子的启示。④在节假日和寒暑假前，给家长的一封信，希望家长在学生假期中对学生进行监督和管理等。⑤给个别家长的书信。班主任给家长的书信应注意：要用尊称，语气要诚恳，表达清晰、有条理，文字简洁、有感情。班主任通过书信，用心与家长沟通，而不是通知式的沟通，能收到意想不到的效果。

【技能训练】

训练一：

训练内容：

个别谈话设计。

训练目标：

通过训练，使学生明了了解学生的方法使用的程序以及应注意的问题，初步学会运用个别谈话、调查访问、实例分析法等去了解学生。

训练范例：

案例一：个别谈话的艺术

一、个别谈话的时机选择

俗话说："打铁看火候，穿衣看气候。"班主任找学生谈话也要看"气候"。谈早了，条件不成熟，达不到预期目的；谈晚了，就会时过境迁，于事无补。因此，与学生个别谈话的时机选择特别重要，关键在"适时"。"适时"不等于马上，而是要根据情况具体分析，该热处理的"热处理"，该冷处理的"冷处理"。怎样方能做到"适时"呢？我是从以下两个方面把握的：

一方面，把要解决的问题分成紧迫类和缓解类两种。紧迫类问题必须立即解决，否则就要出问题；缓解类问题应该缓一段时间解决，立即解决反而有害。

另一方面，根据谈话对象的情绪特点，把他们又分成两种类型。一种是情绪比较平和，能听得进你的意见，并可能按照你的意图去做的学生，可以立即与其交谈；一种是情绪比较激动，对你的谈话意图充满反感的学生，需要等待一段时间再谈。

二、个别谈话的非语言因素

所谓个别谈话的非语言因素是指人际距离的影响、表情的作用、权威的作用、隐蔽动机的影响，等等。非语言因素不仅能弥补口语之不足，协助人们传递信息，而且还可以单独传递信息，产生一种此地无声胜有声的最佳效果。

第一，"人际距离"的影响。所谓"人际距离"，是指老师同学生个别谈话时相互之间的空间距离，把师生距离控制在适宜的范围内，可以诱发出彼此之间的"亲密效应"，使学生"亲其师而信其道"。

第二，"表情"的作用。人们通常只把"表情"理解为面部表情。事实上，人们的各种态度变化、语调特征也都是丰富的表情，与学生个别谈话不仅仅是一个语言交流的过程，也同样是一个表情交流的过程。情感交流的作用甚至远远大于语言交流。著名心理学家梅拉比在实验的基础上曾提出这样一个公式：交流的总效果 $=7\%$ 言语 $+38\%$ 音调 $+55\%$ 表情。

第三，权威的作用。教育者的威望、知名度越高，使对方态度改变的可能性就越大，这种现象被称为"权威效应"。所以，我在与学生个别谈话时，除了利用自己本身的"威望"外，还十分注意利用"权威"的影响，有了权威的论述，便可显得言之确凿，令人信服。

第四，隐蔽动机的影响。当教育者提出的主张与其自身利益完全相反时，他的见解最容易被接受。因此，我找学生个别谈话，总要尽量使学生明白，我提出的主张并不是从自己利益出发的，而是为他们的利益着想。

三、个别谈话的语言艺术

个别谈话最终还是离不开语言，在讲究个别谈话的语言艺术方面必须十分讲究语言的艺术。因此我经常注意以下几点：

第一，注意运用幽默暗示。有位名家说过："用幽默的方式说出严肃的真理，比直截了当地提出更能为人接受。"在个别谈话中，采用适当的幽默暗示，能收到较好的教育效果。幽默暗示的方法很多，我常运用以下几种：①类比暗示。即用一种相近或相似的人或事暗示学生需要注意的问题。②侧击暗示。即对学生中存在的问题不直接点出来，而从侧面敲击一下使其注意。③赠言暗示。即选择暗示学生注意的格言、警句，在谈话结束时，赠给学生，使谈话效果来一次升华。

第二，要注意句式的选择、语气的运用。句式是多种多样的，不同的句式，表达的言辞效果是不同的。陈述句和一般疑问句在用于表述和询问时，语气舒缓，听起来入耳些，祈使句和反问句一般少用或不用，因为它表现出来的往往是命令式或斥责式的语气，听起来让人难以接受。

第三，要注意使用选择复句、假设复句和转折复句。①选择复句常给人提供选择的条件、对象和一些主动权，以显示对他人的尊重。例如，我们要惩罚某个迟到的学生：A. 你今天迟到了，给大家讲个故事！B. 你今天迟到了，是给大家讲个故事还是唱支歌？A是祈使句，是命令的口气，让学生难以接受；B是选择复句，是一种商量的口气，学生显然就容易接受了。②假设复句常在假想的事实中给人以提醒与警示。例如，我们要批评某个对学习失去信心的学生：A. 你对学习失去了信心，成绩怎么会有提高呢？B. 假如你对学习失去了信心，成绩怎么会有提高呢？A句肯定了"对学习失去信心……"已是现实情况；而B句则委婉多了，它把"对学习失去了信心"作为一种假设提了出来，表明了"你过去未必对学习完全失去信心"。这就不是完全否定的态度了。③转折复句又常包含了肯定和否定的两个方面，例如，我们要批评某个学生学习不够刻苦：A. 你就是不刻苦学习！B. 你的脑子很灵，但就是不刻苦学习！A句判断中有肯定、感叹、埋怨的意味，B句则肯定了被批评者的一方面的优点，这对唤起被批评者的进取心是有好处的。

以上是我怎样与学生个别谈话的点滴体会。但最为重要的还是一个"情"字。古人云："感人心者，莫先乎情。"因此，要"达理"必先"通情"。

训练建议：

阅读上述案例，运用所学理论分析案例中班主任与学生个别谈话的成功经验。

训练要求：

1. 根据学生的实际情况，确定一个需要了解的问题和对象。

2. 根据问题的性质和对象的特点，选择与学生个别谈话的方法和艺术。

3. 利用教学见习和实习的机会对学生进行实际了解，收集所需要的信息，设计一个与学生个别谈话的方案。

训练二：

训练内容：

写操行评语。

训练目标：

1. 通过分析案例1，让学生了解和学习评语改写的某些动向，帮助他们突破传统评语模式的束缚，指出这种改革尝试的特色与优势。

2. 通过分析和改写评语，进一步理解和掌握操行评定的原则和写评语的一般要求。

训练范例：

案例一：谈心式评语

1. 心灵手巧的徐刚，看你图画课上得多好，看你做的"忍者神龟"头饰多么像，同学们都在夸你，都在暗暗羡慕你呢，能把你的聪明用在学习上吗？爱哭可不是男子汉的作风，有了缺点被批评哭可帮不了忙，想想该用怎样的态度对待批评，我想你已经知道今后该怎么做了，对吗？

2. 马勤，文静、心灵手巧的女孩。工作起来就像你的名字，勤勤恳恳，不言不语，却总是把工作完成得很好。那展示着你的灵气的一篇篇漂亮的钢笔字，一张张栩栩如生的图画，令老师和同学们佩服，如果上课发言声音再大些，就更好了。

3. 孔祥楠，你认识那么多的字，读过那么多的书，多让同学羡慕呀，班会上你能绘声绘色地讲故事，课堂上你声音洪亮的发言，多让老师高兴呀。你整洁大方的字迹，你优秀的学习成绩，都是你不懈努力的结果。今后对班级的工作再主动泼辣些，当好老师的好助手，好吗？

案例二：典型不良评语

该生缺乏远大理想，思想散漫，目无组织纪律，平时经常借故迟到早退，上课经常插嘴，下课打打闹闹，校运会上冒名替跑，班级活动中经常帮倒忙；作业不认真，偏科现象严重，除数学、体育外，其他科目成绩低下。长此下去，恐将来难有作为，望家长严加管教。

训练建议：

1. 集体讨论案例1，分析它是怎样体现操行评定原则要求的，指出它在评价思想、评价内容、语言等方面的特点。

2. 集体讨论案例2，分析其不当之处。并进一步讨论其缺陷和改进办法。

训练要求：

1. 学习操行评定的有关原则，掌握进行操行评定的操作程序。

2. 分头改写案例2。

3. 分组评议各人改写后的评语，集体评出每份评语的成绩等级。

训练三：

训练内容：

评议案例，指出它在哪些方面体现了处理偶发事件的技能，并讨论处理这一事件的其他可能办法。

训练目标：

1. 使学生掌握处理偶发事件的基本要求。

2. 为学生提供一次运用一般原理解决具体问题的机会，使学生获得初步的处理偶发事件的经验。

3. 培养学生比较、优选处理问题方案的能力。

训练范例： 一场对峙是这样结束的

这是好几年前发生的事情了。

有一天，我正在上课，而且讲得很起劲，同学们也听得很入神。就在这时，我发现一个女同学正在看小说，于是气不打一处来，心想，你学习成绩不好，还要看小说，真不要脸！于是就边讲课，边悄悄地走向她的座位。当走到她旁边时，我以"迅雷不及掩耳"的速度伸出手，把她的小说收了过来。

正当我准备批评她时，一件意想不到的事发生了。那位女同学站起身来，急速地走上讲台，将我放在讲台上的教本和备课笔记全部拿去了。这位班上有名的"女犟头"，站在讲台旁手拿我的备课笔记与教本，瞪着眼看着我。我站在她的座位旁，顿时觉得呼吸急促，手发麻，头上冒汗，此时我与她怒目相视，双方剑拔弩张。教室里寂静无声，气氛十分紧张，大家等待着事态的进一步发展。

我心里想，这次明明是她不对，应该趁机好好镇她一下：先把她的书包从窗口甩出去，然后走上讲台把她推出教室，杀杀这股邪气。但刹那间，我猛然想到，假如她不肯出教室，甚至大吵大闹怎么办？不是越闹越糟吗？不但课上不下去，还很可能将事情闹得无法收场。在师生双方头脑发热的时候，绝不能蛮干，先要保证把课上下去。我这样想的时候，便强压住上冒的肝火，勉强笑着对她说："好吧！你不要再看小说了，好好听课。"说时将小说书放回到她的课桌上，那位女同学见此情景，也把我的教本与备课笔记放回讲台，回到了座位上。于是我润了润喉咙，又继续上课了。这堂课的教学计划总算按时完成了。

下课以后，我反复考虑，这件事一定要谨慎处理，处理不好以后班务工作难以开展。

我决定对这件事"冷处理"。

连续两个星期我没有找这位同学谈话，而是先在班干部会议上把我当时的想法告诉大家，说明班主任这样做是为了顾全大局，不影响大家听课。在班会上又有意识地讲到，凡事要顾全大局，加强集体主义观念，同时也谈到对待思想上的问题，不能采取简单、粗暴的办法来解决……这样的谈话，先后进行四次，班里同学的认识渐趋一致了。这时我仍然没有找这位同学谈话。但我注意到在班上干部、同学们的议论中，她的态度慢慢地有了变化，对班内的活动也能比较认真地投入了。我仍然耐心等待着有利的教育时机的到来。

一天外语课上，当我讲到某个语法用法时，请同学们举例说明。已经有两位同学讲了自己的例句，此时我环顾一下全班同学，发现这位女同学也在认真地听着，从她的神态中可以看出，她也能正确回答这个问题。时机来到了，我随即对她微笑地点了下头，说："你能不能举一个例句来说明？"她站了起来很认真地讲了自己所举的例句。我面带微笑，肯定了她举的例句很确切，并表扬了她能简要地说明这个语法的特点。

下午课外活动时，我叫另一位女同学请她到我办公室来，她来了，我先请她坐下，接着我先讲了她最近学习认真，成绩已有上升，各项活动能认真地投入，作为班主任，我心里很高兴。讲着讲着，她露出笑容，随即我把话题一转，讲了两周前的事，并把我当时的想法告诉了她，她听着听着，忽然眼睛湿润了，她含着泪水说："老师，那次我不好，同学们都讲我不应该收你的备课笔记和教本……"我接着安慰她说："老师不会计较这些的，现在你认识了，就好了。我是担心你这样任性，将来走上工作岗位，恐怕很难跟同事们友好相处。今后对任何事情都不能太任性了，要注意个性修养。"通过这种师生交谈，我们之间的隔阂消除了，第二天早读时，她看见我就亲切地喊了一声："老师早！"

我心中感到了一种从未有过的快慰。

训练建议：

1. 学习有关理论，掌握处理偶发事件的基本技能。

2. 集体评议案例，指出它给了大家哪些启示，处理偶发事件应遵循哪些原则。

训练要求：

1. 集体讨论案例中解决对峙的其他可能办法，并说明其好处与可能出现的问题。

2. 个人写出一个处理偶发事件的简单方案，并相互交流，分小组评定各方案成绩。

训练四：

训练内容：

协调沟通任课教师与学生的关系。

训练目标：

1. 掌握与任课教师协调沟通的基本理论与内容。

2. 正确运用与任课教师协调沟通的技能，处理好各种关系。

训练范例： 处理我班学生与科任老师的冲突

去年，我班的"刺头"和英语老师起了冲突，竟然要大打出手，被老师和同学们及时制止了。那天我出去开会，第二天上班我还被蒙在鼓里（学生怕我生气没敢告诉我）。上完语文课，有学生通过写纸条的形式告诉我发生了什么，我一看，当时便感到了事态的严重性，找到了了解此事的老师，弄清了事情的来龙去脉。其实，他们的矛盾已经不是一天两天了，很多同学都对英语老师有些意见，由原来的几个人不听讲，到现在半个班甚至一个班都不听讲，已经到了很严重的程度。这些，我都是知道的。但是，我一直没有把它当做严重的事情来看待，有时候还会为学生开脱，像一个不愿他人说自己孩子不好的母亲。后来，我找那个同学好好地谈了谈，我感觉到了他内心的不满和憎恶。谈话在我自认为良好的情况下结束，再后来的每一节英语课他上得也不是很好，而我那个时候也将责任归咎于英语老师的教学方法，并没有从自身出发去做点什么。期中考试，我们班英语平均分只有62分。

面对这一切，我开始真正地反思：自己在这个过程中扮演的是什么角色？我和科任教师沟通了吗？真正地去解决问题了吗？

想来想去还是自己在推卸责任，没有将班主任与科任教师的教育合力充分发挥出来，这就是我的失职，而我还在那里一个劲地要求别人怎样怎样。自此，我终于静下心来思考下面的工作。

首先，必须建立规范、适用的班级管理制度。俗话说得好，"绳以规矩，始成方圆"。对一个班级的管理来说，没有一个行之有效的制度是很难想象的。针对英语课的学习问题，我专门开了讨论会，将学生的想法集中归类，找到问题的所在。由学生讨论制定相关的奖惩制度，促进学生的自我约束，将大多数学生稳定下来，逐渐转变个别现象。

其次，与英语教师及所有科任老师取得联系，进行沟通。在学生中间树立和维护科任教师的威信。也将学生的意见反馈给科任教师，以便他们也改变其教学方法。我给英语老师的建议是多开展活动性学习，将学生的积极性调动起来，而不是单单传授知识。

再次，跟踪上课，实施监控。这一举措半个学期下来效果明显。一开始，我跟着上了一周四节英语课，在课上我和学生一起背单词、学句子，让学生们从内心认识到我对此事的认真程度，以严来扶正。一周下来，带领学生总结学习收获，很多学生都认真上好每一节课，学习效果显著，学会了很多平时看似很难的单词，重拾自信。坚持一个月后，课堂氛围好转了很多，而我则逐渐脱离课堂，转为"地下工作"，关注个别现象，解决个别问题。

最后，让学生找到学习英语的信心。很多学生都是由于学不懂才不爱学的，如果让他们认识到学习英语就像学习语文一样容易的话，那么兴趣自然就找了回来。每天的晨读时间我不再让学生读语文课文，而是改为读英语课文，大声地朗读那些平时不敢念的句子。下午进行单词过关。每天三个单词过关，谁全对了就可以回家了。虽然，没有了那么多学习语文的时间，但是学生的英语成绩在短时间内提高很快，很多学生都由原来会不了几个单词，到后来单词竞赛考满分。当笑容与自信重现在孩子们脸上的时候，我才舒了口气。

在这个学期期末考试中，全班英语平均分提高了20分，优秀率达到了40%以上。我把这个好消息告诉学生的时候，教室里响起了持久的掌声。看着他们那高兴劲儿我也会心地笑了。

训练建议：

1. 结合范例，分析班主任解决问题的方法和突破口。

2. 对以上案例进行分组讨论，说说案例中班主任老师好的经验和不足之处，有没有更好的协调师生关系的方法？

训练要求：

1. 正确运用相关理论，针对以上案例，每个学生设计一个协调师生关系的方案。

2. 方案设计要求符合师生共同的心理需要，对案例中问题处理有独到之处。

3. 分组评选方案，选出一个最好的方案。

训练五：

训练内容：

设计家长会的方案。

训练目标：

1. 使学生了解家长会的主要形式、内容和不同学习阶段的要求。

2. 学习掌握主持家长会的一般组织程序。

3. 训练学生的组织能力和创造、设计能力。

训练范例：别开生面的家长会

每个学校都要开家长会，但富乐实验中学的家长会却开得不一样。

镜头一：舞台上，学生们正在表演文艺节目，歌舞、相声、快板、诗朗诵、舞台剧等节目，精彩纷呈；操场边，学生美术、书法、电子作品、优质作业展也令人目不暇接。这是学校正在进行的教育成果展示活动，也是家长会的重要内容。

镜头二：咦，这不是初二（4）班吗？家长会怎么在操场上开？孩子们又是唱歌，又是跳舞，又是做操，又是演讲……原来，这是班主任韩静老师在带领同学们向家长展示各自的特长。看着孩子们的成长，家长们满面春风。

镜头三：初二（12）班的教室里，班主任魏朝明老师如数家珍，正在细说孩子们的特长和进步。每个家长手里都拿着一本资料，是成绩单吗？不是。那是魏老师为家长们撰写的7000余字的家庭教育文章。

镜头四："家长的孩子，老师的学生，共同的希望"，初一（2）班的教室黑板上，几个大大的美术字点明了本次家长会的主题。家长代表发言，交流了教育孩子的经验，感谢学校和老师对孩子的教育。学生代表发言："我们选择了富乐实验中学，我们的选择是正确的。有爱严结合的老师教育我们，有管理员叔叔阿姨精心呵护我们，我们在富乐实验中学的摇篮中愉快地学习，健康地成长。"班主任谢明秀老师推行赏识教育，努力发现学生的闪光点，班上每位学生都受到了老师的表扬。

镜头五：初一（4）班教室的黑板上，一个大大的心形图案，两只大手紧紧地握在一起，寓意"老师和家长手牵手，心连心，共筑孩子成长之路"，这是班主任陈国清老师的创意。家长会上，孩子们以"夸夸咱们班"为题表演了演讲，又以"颂父母"为主题表演诗朗诵。

为改革家长会、创新家长会的形式，富乐实验中学首先在家长会时间安排上进行改革，过去都是安排在考试之后，而现在则是在考试之前。考试后开家长会容易开成成绩报告会、分析会，对后进生的成长尤为不利，而考试前开，家长不再只看着分数，可以让家长全面地看待自己的孩子，以发现孩子身上的闪光点。其次，改革家长会的内容。家长会不再是成绩报告会、批评会、指责会，而是学生特长的全面展示会，是学生向家长感恩、老师和家长赞赏学生的最好舞台。最后，改革家长会的形式。不再是教师的一言堂，而是学生、家长、教师共同参与的多向互动的崭新平台。①

训练建议：

1. 学习有关理论，了解家长会的主要形式、内容、时间及注意问题，掌握组织家长会的一般程序。

2. 结合范例，分析别开生面的家长会的优缺点及成功之处。

训练要求：

1. 了解家长会的主要内容、特点，并选定一个设计内容。

2. 每个学生为家长会设计一个方案。方案要求设计合理，思路正确，主题鲜明，形式新颖。

3. 分组对设计方案进行评议。

本章测评要求：

1. 掌握了解学生的技能，掌握写操行评定的技能，掌握处理偶发事件的技能。掌握与任课教师沟通协调的技能，掌握与学生家长沟通的技能。

2. 设计家长会的方案。

3. 设计一份学生调查访谈提纲，走访并写出访谈记录。

4. 写一份学生操行评定。

5. 访问一位教师，记录访问的过程，分析自己与教师沟通的能力状况，提出改进措施。

---

① 周文全：《别开生面的家长会》，《中国教育报》2007 年 3 月 27 日。

第六章　学生心理辅导

【目的和要求】

了解学生生理发育及心理发展的特点，理解学生的心理矛盾，理解青少年特殊的自我发展的矛盾，掌握常见学生心理问题及青春期心理调适的方法。

【重点和难点】

理解学生的心理矛盾及青少年自我发展的矛盾，掌握常见的学生心理问题及青春期心理调适的方法。

心理辅导是班主任工作的重要组成部分。这不仅是学生自身健康成长的需要，也是社会发展的需要；同时也是班主任有效地开展管理工作、实现工作目标的需要。

良好的心理素质是人的全面素质中的重要组成部分，是人才素质培养中的一项十分重要的内容。当今社会竞争加剧给人们的学习和生活带来了巨大的压力，多种价值观的冲击造成越来越多的行为失范，人们的心理问题越来越成为社会重点关注的问题。中小学生正处于身心发展的关键阶段，他们不仅面临自身身心发展所带来的诸多矛盾问题，也要面对缺乏社会生活经验与处理更为复杂的社会要求之间的矛盾，心理问题日益突出。这一严峻的现状要求班主任在开展班级管理活动中，广泛地或个别地、有针对性地、预防性地开展学生的心理辅导工作，提高学生的心理素质，为他们发展成为符合社会要求的新型人才打下良好的基础；对个别有严重心理障碍和心理疾病的学生，做到及时发现、及早防治，避免恶性事件的发生。

学校的教育活动主要是通过班级实施的，班主任是班级的组织者、管理者和教育者。班主任的角色决定了他与学生交往最频繁，所以最能洞察学生的心理，最能敏锐地把握学生的思想动态，也是开展学校心理辅导工作的首选人员。班主任应具备相应的心理学知识，掌握中小学生的心理特点，运用心理辅导的理论和技术，针对学生的心理特点和个性差异进行班级管理工作。这不仅有助于良好班风和融洽人际关系的形成，也能使班主任树立现代教育观念，用民主的教育思想管理和建设班集体，营造一个有利于学生心理健康的班级心理环境，提高学校德育工作的效果。

第一节　小学生心理发展的特点与常见心理问题

一、小学生心理发展的特点

（一）注意力的发展

注意力是各项心理活动正常进行的前提。小学生注意力的发展在不同阶段呈现出不同的特点。小学低年级学生还不能完全适应学校的学习生活，他们的注意力不稳定，爱做小动作。无意注意仍起重要作用，容易被直观、形象、新颖的事物吸引，注意力带有明显的情绪色彩，在做作业时往往需要老师和家长的督促。小学中段学生的注意集中能力有一定的发展，注意的持续时间可达到 20 ~ 25 分钟。小学高年级学生的有意注意的发展超过了无意注意且开始占据主导地位，能自觉地控制自己注意力，在注意的深度和持续性上都有了明显的进步。

（二）观察力的发展

观察是有目的、有计划、较为持久的知觉。低年级小学生对事物的观察常常是零乱而不系统的，不能全面细致地观察事物的细节，抗干扰能力较低，观察时间较短。中年级小学生观察的精确性和目的性已经明显提高，但仍须在老师的引导下才能进行有意识的、细致观察。小学高年级学生在观察的分辨力、判断力和系统化能力等方面有明显提高。

（三）记忆力的发展

小学儿童记忆力的发展总的说来经历了由无意记忆向有意记忆发展的过程。小学低年级学生由于他们的逻辑思维尚未发展，仍以形象记忆和机械记忆为主，小学中年级是小学生理解能力发展的关键期，也是从机械记忆向理解记忆转化的关键时期。小学高年级学生开始从具体形象的记忆发展到对词的抽象记忆，并开始注重运用记忆的策略来提高记忆的效果。

（四）想象力的发展

小学低年级学生的想象以幻想为主，内容十分丰富，易受暗示，且在幻想中常常把现实事物加以夸大或缩小，但他们的想象带有很大的具体性和直观性，创造性成分较少。中年级小学生的想象已经能比较真实地表现客观事物，高年级小学生的想象中创造性的成分逐渐增多，他们的幻想开始逐渐趋向未来，形成不稳定的理想。

（五）思维的发展

整个小学阶段中，小学生的思维发展是从以具体形象思维为主要形式逐步过渡到以抽象逻辑思维为主要形式，但其抽象逻辑思维仍保留了很大程度的具体形象性。低年级小学生无法很好地认识事物的本质属性、掌握比较抽象的概念，思维活动也主要是靠表象完成，思维处于出声的外部言语阶段。小学生的思维由具体形象向抽象概括的发展存在着一个转折期，思维发展出现"飞跃"和"质变"。通常认为这个关键期出现在小学四年级前后。小学高年级学生开始具备对事物的本质属性和内部联系进行初步抽象概括的能力，思维活动主要借助于无声的内部言语进行。

（六）情感的发展

小学生活动的内容和范围都较前有所增加，在学习和人际交往中会有更多的由成功与挫折所带来的复杂情绪体验，情绪的表达能力与社会情感进一步发展。低年级小学生的情绪比较外露、比较容易激动，不善于掩饰，中年级的小学生逐渐学会控制自己的情绪和用言语表达自己的情绪感受，而不是任性地以发脾气来表达自己的不愉快，高年级小学生情绪的稳定性进一步发展，但仍然有很随意的成分。与此同时，小学生社会情感逐渐发展起来，情感体验也逐渐深刻。低年级小学生的情感逐渐从具体事物（黑暗、怪兽等）转向社会事物（学习成绩、老师同学的评价）上来。进入中年级后，小学生逐渐将道德标准、行为规范与自己的实际生活联系起来，发展起责任感和义务感。小学高年级学生的情感内容不断丰富，开始意识到自己的情感表现可能产生的后果，从而出现情感的内化，荣誉感、责任感、友谊感、集体主义情感等有了大幅度的提升，有强烈的探索真理和向往成功的渴求。

（七）意志的发展

小学的学习活动对小学生学习方式、内容提出了越来越高的要求，从而促使他们的意志品质迅速发展起来。低年级小学生的意志自觉性、自制性、果断性和坚持性都比较差，需要班主任或家长向他们提出任务要求并且监督他们完成任务。他们常常优柔寡断或作出草率决定，在遇到困难时，比较容易放弃或半途而废。中年级小学生逐步有了自己行动的目的性，能克服一定的干扰，对力所能及的活动一般能够做到坚持完成。小学高年级学生的果断性有较大发展，抗干扰能力和坚持性得到进一步发展，但容易固执己见，常带有片面、冲动、草率和情绪化的特点。

（八）自我意识的发展

自我意识是指主体对其自身的意识，即人们对自己各个方面的情况以及与周围人关系的认识、感受、评价和调控。自我意识包括自我观念、自我评价、自我体验、自尊心、自豪感、自我监督、自我调节、自我控制等等。小学阶段，学生是一个逐步学习并获得社会角色的重要时期。低年级小学生的自我意识的发展是最显著的，他们很注重自己的身份认同，但主要是从自己的外部特征（班级、职务、性别、遵守纪律等）进行描述，较依赖于他人的评价，缺乏独立的见解。中年级小学生的自我意识依旧建立于自己具体的外部特征上，对自我的评价开始由具体向抽象、由外显行为向内心世界发展，开始注意到自己身上某些内在的道德品质。小学高年级学生自我意识不再只依赖于外部评价，逐渐转为以内化了的行为准则来监督、调节和控制自己的行为，对自己的认识也转向对自己内心世界的更深入的了解，开始从个性品质、人际关系、自我价值等方面的特点来描述自我形象。

（九）人际交往的发展

小学生的人际交往较学前有了较大的发展，主要表现在择友标准变化和开始形成团体的规则上。低年级小学生喜欢在丰富多彩的活动中与同伴建立友谊关系，但他们对友谊的认识还很肤浅，择友标准是以自我为中心的，往往只选择能满足自己需要的人交往，因此他们的同伴关系并不很稳定。中年级小学生对友谊的认识有了提高，但还具有明显的功利性的特点，他们在选择朋友时往往把学习的好坏作为交往的标准。从中年级开始，小学生之间的交往出现分化并且形成了若干个同伴小团体，团体中的成员开始出现社会地位的分化：有领袖人物，有受欢迎的、受忽视的和有争议的团体成员。高年级小学生的同伴交往进入了一个亲密、共享的新阶段。他们的友谊观认为朋友之间是可以倾诉秘密、相互帮助、相互分享的，认为友谊是要随着时间的推移而逐渐形成、发展并得到巩固的，朋友之间应该相互信任和忠诚，做到同甘共苦。这一时期中小学生的友谊有了一定的稳定性和强烈的排他性、独占性，择友标准也相对严格起来。同伴团体进一步发展，团体规则和集体舆论成为交往行为的约束力量。

亲子关系与师生关系方面。低年级小学生对父母怀有深厚的感情，有一种明显的依恋感，愿意向父母倾诉自己的烦恼和不安，希望得到家庭的温暖和慰藉，并产生一种安全感，他们也愿意通过父母学习各种生活经验和行为准则。低年级小学生对教师充满了崇拜和信赖，很愿意接近老师，对老师的话绝对地服从。进入中年级之后，父母对学习的要求往往取代了早先亲密的沟通，矛盾与代际距离开始出现。他们对老师的态度也由从完全崇拜到有自己的独立评价，师生关系开始与学生的道德评价相联系。高年级小学生对父母的教养方式及老师的管理都有了自己的评价，对父母、老师过多的"看管"会表示出不满，亲子之间的代沟明显加大，相互理解和沟通明显减少，师生关系与教师的管教行为有很大的关系。

二、小学生常见心理问题与辅导

（一）学校适应不良

1. 小学生学校适应不良的表现

进入学校学习对于小学生来说是生活的一个重大转变。对于新的环境、新的要求，多数学生会表现出好奇和兴奋，但也有一些学生无法适应学校生活，出现焦虑和不良反应。学校适应不良首先表现在对学校的消极态度上，如不愿去学校，或借口身体不适来达到回避学校的目的。其次表现为学习障碍。有相当一部分小学生在入学后表现出或多或少的学习困难现象。这种学习困难可能是由于未形成良好的学习习惯、未掌握相应的学习方法、对学习的认识不明确，从而缺乏学习积极性引起的，极少数则可能是由存在认知障碍所引起的。小学生学校适应不良还表现为交往障碍，无法与同学、老师沟通交流，害怕参加集体活动。这些问题的外部客观原因主要在于家长对孩子的教养方式不当，过于娇惯、庇护或粗暴、严厉。内部原因则与学生的个性特征、缺乏应对技能、未形成良好行为习惯有关。

2. 小学生学校适应不良的辅导

班主任应帮助小学生在入学之初做好充分的准备。主要包括以下几个方面：

（1）学习态度的准备

在入学之初就要培养小学生热爱学校生活、尊敬老师的习惯；培养其学习兴趣，端正学习动机。在入学时，可采用入学教育的方式尽量让小学生熟悉学校环境、了解学校生活，以减少他们进入新环境时产生的心理紧张；用生动的事例激励小学生的学习动机，使其明确学习要求，将学习和游戏区分开来。

（2）学习习惯的准备

班主任要帮助小学生养成有规律的生活习惯，以适应学校的作息制度，如按时起床，按时到校，按时完成作业，有序做事等等。要培养小学生管理学习用品的习惯，让他们学会自己收拾整理用具。还要培养他们守纪律，爱整洁的习惯。

（3）学习方法的准备

刚入学的小学生首次接触正规的学校学习，他们习惯于直接的记忆、背诵，理解概念非常具体，不善于归纳复述，不善于独立思考，学习带有很强的随意性。班主任在指导学习过程中应注意：首先引导他们不仅注意学习的结果，还要注意学习的方法、学习的过程，其次具体地引导他们针对不同的学习活动、不同的学科采用不同的学习方法。在教学活动中注重启发，鼓励他们克服困难、积极思考。

（4）学习能力的准备

积极培养和促进小学生认知能力的发展，是帮助儿童顺利过渡到学龄期的一个重要条件。在小学生入学后，班主任与家长要协同配合，注意训练小学生口头言语的表达能力，培养言语能力；提高他们的观察水平，训练其注意、记忆的目的性和稳定性，发展其感知能力，以适应学校教学要求。

（5）社会性能力的准备

社会性能力包括与他人、与周围环境交互作用所需要的各种心理条件。为了使小学生较好地适应学校生活，班主任要帮助小学生在入学时通过训练和学习，具备一定的自主能力，包括生活上的自理能力和独立完成活动的能力；具备一定的情绪情感表达能力，发展情绪的控制调节能力；具备一定的交往能力，为参加集体生活做好准备。

（二）自我意识问题

小学生自我意识的发展首先表现在生理自我和社会自我的发展。生理自我主要指由自己容貌、风度、健康等状况构成的自我；社会自我即对自己在社会活动中的地位、名誉、财产及与他人的相互关系的认识。最后发展的是心理自我，它是个体自我意识的核心，它使个体根据主客体的需要来调节和控制自己的心理和行为，修正自己的经验与观念，支配自己去追求真理和高尚的精神生活，确立一定的信念和信仰。

1. 小学生自我意识发展中常见的问题

小学生的认知发展具有较大的表面性、狭隘性，在自我意识的形成过程中易出现以下问题：

（1）自我认识偏差

小学生的自我认识偏差主要表现为自我评价偏差和自我角色认识偏差。小学生的自我评价常常表现出两极性，他们的思考方式是"全"或"无"，因而自我评价时是"好"或"坏"，不会将对立的两个方面整合起来。对自我的认识更多的是从外部的具体特征来描述自己，因而对自己的身份、职责、义务、行为方式的认识片面，容易导致行为上的不当。如有的小学生喜欢对他人的缺点吹毛求疵，却看不到自己身上的问题。

（2）拒绝接受自己

由于小学生容易把自己的特征视为绝对的和不可变更的，对自我评价又比较笼统和极端，这种认知偏差往往会造成对自己的不满，如对自己性别的不满，或对自己的外貌、身材、智力、能力甚至自己口音、家庭背景的不满，因而不喜欢自己，讨厌自己，常常为自己无力改变现状而感到高度焦虑，缺乏自信，进而表现出孤僻、敌对，或是产生脱离现实的幻想。

（3）自我中心

这一阶段的小学生常常以自己为出发点来观察周围事物，没有学会从他人的角度来看问题，只会从自我的角度进行思考，只注意自己的心理需要，不会心理移位，不会察觉他人的需要与体验。表现为以"我"的想法和感受推及并取代他人的想法和感受。

（4）自卑

自卑，是指个体在与他人相比较时，由于低估自己而产生的一种不如别人的情感体验。自卑的情绪一旦形成，会让小学生陷入逃避现实、孤独压抑和攻击反抗的情绪状态中，甚至出现病态反应。自卑的小学生常常情不自禁地夸大自己的缺陷，还总爱拿自己的短处比别人的长处，不能正确地对待自己的过失，也不能客观地理解别人对自己的评价，以致把自己看得一无是处，失去自信心，甚至对那些稍加努力就能够完成的任务也轻易放弃，常常逃避集体活动。小学生的自卑体验通常与对学业好坏和能力的高低评价有关。

2. 小学生自我意识的完善

班主任应营造有利于良好人格形成的氛围，尊重每个学生的人格发展。对学生家庭背景、学业成绩等都一视同仁，对每个学生都抱有积极的期待。

班主任要教育小学生正确认识自己并接受自我。帮助小学生逐渐形成正确的自我认识，提高自我意识水平，增强自我监控能力，主动调节行为，与社会协调一致。同时要帮助他们学会观察他人，对照自己，发展良好的人际交往。小学生正确认识自己一般通过以下四种途径：第一，通过了解他人与自己的关系，认识自己的角色。第二，通过课内学习和课外活动认识自己的兴趣、爱好与特长。第三，通过听取他人对自己的评价。第四，通过自我分析。班主任要帮助小学生在认识自我的基础上学会接纳自我，客观地评价自己。

班主任应教育小学生不断通过实践形成适当的角色行为，最终做到知、情、行相统一，自我评价与他人评价相一致，并通过自我激励，自觉调节和控制自己的行为，更好地理解他人，尊重他人，与他人和谐相处。

班主任还要帮助小学生克服自卑心理。自卑心理危害很大，班主任可以根据小学生的心理发展特点，通过周围环境强有力的刺激，激活并强化他们的自信心，克服自卑心理。具体的做法有：第一，语言暗示。积极的语言能使人产生积极的情绪，改变消极的心态。教师可以有意识地用"你的表现不错"、"你一定行"、"你做得很好"之类的语言，引导学生产生积极的信念和行为。第二，进行肯定性训练。首先帮助小学生分析在某种特定情境下为什么不能表现自信行为的原因，并讨论在此情境中最适宜的反应应该是什么；然后在教师的指导下通过角色扮演、模仿等方式练习新的行为反应，鼓励学生在其他场合运用学到的反应做出适宜的行为。第三，储蓄成功。应创造机会让学生在生活和学习中体验成功，可以指导他们建立成功档案，将每一次哪怕是非常小的成功与进步都记录下来，积少成多，每隔一段时间就拿出来看看，经常重温成功的心情，这样能使他们更有信心地去克服困难。第四，学会逆向比较。即用自己的长处去比别人的短处，达到心理平衡。第五，降低过高期望。对有自卑感的学生来说，应适当降低自我期望，着眼于小而具体、与自己现实相符合的期待，把大的目标分解成若干个小目标。可行的小目标是易于实现的，这样一来学生就能经常体验成功感，不断受到激励，达到越来越自信的目的。

（三）人际交往问题

1. 小学生人际交往中的常见问题

小学生主要的人际关系包含师生关系、亲子关系和同学关系。在这里主要讨论的是同学关系。同学关系对小学生的发展具有重要意义。他们在与同伴的交往中，能不断积累起社会生活经验，获得社会生活所必需的知识、技能、态度、伦理道德规范等，逐步摆脱以自我为中心的倾向，学会与人平等相处，促进相互间的情感交流。如果交往受阻或限制他们的交往，那将会带来压抑、恐惧、焦虑、孤僻等心理问题，甚至导致心理疾病。小学生常见的人际交往问题有：

（1）不良的交往模式

不良的交往模式表现为：第一，自我中心型。这种交往模式最突出的特点是"我"字当先，表现为不顾及他人的感受和利益，凡事按照自己的意愿行事，任性妄为。学习上以自我为中心，不愿与他人共同探讨、相互学习，总认为自己是最好的。第二，自我封闭型。表现为与他人交往时比较害羞，也比较被动，常有强烈的孤独感；或是认为自己不需要他人的帮助和友谊。第三，趋附型。这种交往模式表现为对周围人际交往不加辨别的接纳与趋从，是一种老好人般的交友方式，其本质是交友无原则。

（2）不良的人际心理

不良的人际心理表现为：孤独心理、羞怯心理、嫉妒心理和猜疑心理。具有不良人际心理的学生表现孤僻，害怕交往，却又抱怨别人不理解自己，不接纳自己，在人际交往中表现出手足无措，或是对别人学习成绩、人际关系、身体特征等方面的优势表现出一种不悦、怨恨、恼怒、自惭形秽甚至带有破坏性的负面情绪，甚至出现攻击性行为。在人际交往中过于敏感，以怀疑的眼光看待人和事，对人怀有戒备之心。

2. 小学生人际交往技能的训练

（1）克服不良的人际心理

班主任应引导小学生以积极的心态与人交往，客观认识、评价自己与他人，树立起自信心，在人际交往中不敏感、不退缩、不逃避。

（2）改善不良的交往模式

班主任应引导小学正确认识人与人之间的交往关系，逐步树立正确的友谊观，培养对他人的理解与宽容，克服由独生子女的特殊性而带来的自我中心等不良性格特征，消除嫉妒心、猜疑心等，与同学建立起健康的交往方式，努力做到心胸开阔。

（3）适当地学习人际交往的技能，进行人际交往的适应性训练。在不断与人交往的过程中，通过实践向他人学习，发现自己身上的缺陷，不断调整完善自己；同时，学会正确地看待他人，关心、尊重、体谅他人，学习适当的交往技能，不断给自己创设良好的人际心理氛围。

（四）行为问题

1. 说谎

小学生由于意志力发展落后于认知的发展，再加上思维活动中幻想的成分较多，还不能客观地反映现实，在遇到压力或困难时，容易作出不真实的陈述，或是以一种虚构、捏造事实的行为来逃避不愉快的情境。说谎带有模仿性和功利性，有时是恐惧、取悦他人、虚荣或逆反心理引发的，是一种从幼儿时期开始，并有可能延续至成年期的不良行为和习惯。

纠正小学生的说谎行为，班主任可从以下几个方面进行辅导：首先班主任应识别并理解学生说谎的行为，严厉责备反而会加重说谎的行为。应帮助他们分析说谎的原因，采取相应的措施，让小学生认识到说谎给自己带来的"好处"是损人不利己的，并且可能会承受更大的压力和带来一系列的麻烦。其次，确定诚实的灵活标准。班主任应与学生共同探讨在什么场合下允许用说谎来保护自己不受伤害，或是有时为了某种高尚的社会目而说谎，如善意的说谎、开玩笑和游戏中的说谎、为维护对方利益而说谎等。第三，提高小学生应对压力的能力，培养其应对困难的意志力，同时调整家长、教师和学生自己的期待，教育学生不要为了暂时应付和解决问题而敷衍、寻找借口或轻易许诺，但事后又不兑现，养成说谎的习惯。最后，奖罚分明，实事求是，防止弄虚作假，对于说谎行为应有适当的惩戒，以防效尤。也要注意多给小学生充分表现自己的机会，当他们感觉自己有价值、有成就时，就不容易说谎。

2. 攻击性行为

攻击性行为是小学生常见的一种不良行为。它是指小学生在需要不能满足时，出现的焦虑不安、暴怒、伤人毁物的外显行为模式。程度严重的甚至对父母、老师和朋友也蛮横无理、肆意攻击，似乎周围的人都得罪了他。常见的攻击行为除了肢体攻击外，还表现在语言攻击上，如出言不逊，或顶撞，或骂人，或挖苦、讽刺与嘲笑等。有时，攻击的目标也可能是当事人自己，如自罚、自虐、自伤等行为。有攻击性行为的学生性格倔强，不关心人，缺乏同情心，甚至残忍、凶狠，朋友少，常常呈现反抗、敌对、暴躁、仇视，不顾安危，有意挑衅，喜欢无端地恶作剧和捣乱。

攻击性行为容易对他人和自己造成伤害，影响伙伴关系和学校的教育秩序，严重的可能涉及法律问题，因此对于小学生的攻击性行为应该积极预防。对于已经发生的攻击性行为要及时地加以干预，防止造成更大的伤害。具体来说，干预及预防可以采取以下措施：第一，可使用行为矫正的办法，运用正强化、负强化、代币法、示范法等策略矫正学生的攻击行为。第二，通过说服教育引导学生改变不正确的认识，增强学生的挫折容忍力，使其对事物及周围的人尽量采取宽容的态度，以适当的方式疏导愤怒情绪，减弱其攻击性。第三，尽量避免让受辅导学生观看暴力电视、电影、书刊，鼓励受辅导学生从事消耗体力和运动四肢的活动，如发作业、打扫教室、拿教具等，以免精力过剩而引发攻击性行为。第四，提供和谐、友爱、宽容的生活环境。教师和父母要与学生建立良好的关系，关心学生的日常生活，引导学生与他人建立友好的同学关系，善待他人。避免对立和惩罚，强烈的惩罚往往使当事人产生更大的反感和愤怒，并且成为他们攻击性行为的示范。第五，鼓励受辅导学生参加有益、有趣的竞赛活动，如钓鱼、跳绳、打乒乓球等。不提倡身体接触、对抗性比较直接和强烈的运动。安排活动让学生适当地发泄负性情绪，如打沙袋，向别人诉说等。第六，对于打架的学生，可以先制止其打架行为，然后要求双方各自写下所要说的话，包括打架的原因、经过，以及对这件事的处理建议。这样可以使其冲动的情绪得以平复，通过以笔代言发泄心中的怒气。

3. 任性

所谓任性，就是放任自己的性子，不加约束，不管正确与否，只要是他想做的事，就非做不可。小学生在进入学校前，受到的约束较少，再加上独生子女的生活背景，很多学生都有任性的表现。然而，现实生活中任性学生的种种需要和要求并不是都能满足的，周围的人也不能完全听从他们随心所欲的"支配"和"调遣"。因此，任性的学生在日常生活中会经常碰钉子，受打击，遭挫折。这让他们感觉事事都不顺心，好像人人都有意跟他们过不去，时间长了，对他们的身心发展就会产生不良的影响。任性形成的原因有很多，主要是由于家长的宠溺，如无节制地满足孩子吃、穿、玩的要求，无明确的生活常规和行为准则要求，对孩子放任自流，久而久之导致孩子任性的形成。有的孩子则是对家长过于苛刻、难以达到的要求产生逆反心理和抵抗行为，久而久之演变成任性。有的孩子是模仿成年人的任性行为。此外，小学生情绪不稳定，易冲动，思维带有片面性和刻板性，是形成任性的个人主观因素。

预防或矫正小学生任性的不良个性，关键在于给这些学生提供适当的约束，增加其心理自控能力。辅导中可以参照以下几种方法：第一，转移注意。在学生表现出任性行为时，可利用小学生的注意力较容易转移的特点，用其他能引发他们兴趣的事情让他们忘记刚才的冲突与争执，改变任性行为。第二，消退法。当小学生任性时可以暂时不去理会，不予强化，让他感到哭闹的方法是无效的，他就会停止任性行为。事后再与他坦诚地交流，向他指出错误所在。第三，强化。当孩子做了好事或是表现良好时，老师应及时提出表扬，强化、巩固良好行为。这可以使小学生知道任性行为是不受注意甚至是被指责的，良好行为才会使老师注意，进而增强自我控制力，任性的个性也会慢慢得到改变。

4. 沉迷于游戏和网络的问题行为

适当的玩游戏、上网对小学生应当是一种有益于开阔眼界、发展智力的活动，也是一种休闲娱乐活动。然而一部分小学生自制力薄弱，一旦沉迷于玩游戏机、上网，便难以自拔，让这种活动取代了生活中的其他活动，甚至取代学习成为主要活动，这对于他们的身心健康成长产生十分消极的影响。最新的一项研究表明，经常玩电子游戏的小学生比其他的同龄人更具攻击性和暴力倾向。同时，心理学家指出，迷恋于网络的小学生，整天沉浸在虚拟世界里，大大减少了与现实世界的人和物接触的机会，久而久之，他们就会变得孤僻、冷漠，缺少与人沟通的能力，逃避现实，自制力降低。

小学生沉迷于电子游戏和上网的原因是多方面的。首先，社会竞争加剧，小学生的学习压力日益加重，加上家长期望值过高，致使许多小学生感到不堪重负。在找不到合适的宣泄途径时，他们以玩电子游戏或上网的方式来宣泄压抑的情绪，并在游戏中获得成功的体验，从而对自己产生认同感，找回自信。其次，学校和家庭中人际关系不良会促使小学生通过虚拟世界逃避现实中的许多不愉快。最后，许多电子游戏富有挑战性、赌博性，还有许多不健康的黄色内容，这对好奇、喜欢冒险的小学生来说，都极富吸引力。

引导学生消除或降低对电子游戏和网络的迷恋，应对症下药，针对不同学生的不同需要给予辅导。可以从以下几个方面加以引导：第一，班主任要引导家长多和孩子接触、交流，主动了解孩子的学习、生活情况，与孩子交朋友。营造一个宽松、和谐、民主的家庭气氛，不要因家庭不和睦而将孩子"赶"到电子游戏厅和网吧中去。第二，学校、家庭和社会应注意为小学生提供丰富多彩的娱乐活动，培养儿童健康的兴趣爱好。第三，鼓励小学生参加集体活动，增加与同伴的交往和接触，提高人际交往能力，在人际交往中感受自己的能力与价值。对已经在电子游戏和上网行为中不能自拔的小学生，班主任可建议家长采用行为管理的方法来矫正，家长可与孩子约法三章，限制他们每天玩电子游戏和上网的时间。严格控制孩子的零花钱，不能让孩子有过多的钱去网吧或电子游戏厅。同时，家长可把电子游戏和上网作为一种奖励机制，严格管理。此外，在家庭中开展一些孩子感兴趣的有益活动，以转移孩子的注意力。总之，应该内因、外因兼顾，内因上帮助小学生自身从心理和行为两方面建立起抵制电子游戏诱惑的"防火墙"，外因上阻断小学生从事该项活动的条件，并创造一个健康的、富有吸引力的环境，才能将小学生从痴迷游戏机和网络的陷阱里拯救出来。

（五）感觉统合不良

1. 感觉统合不良的表现

人的种种感觉系统必须被统合起来才能使人完整地认识外界。感觉统合不良是对各种感觉没有管理和统合，感觉是混乱的、无序的。感觉统合不良是小学生常见的一类发展问题。感觉统合不良主要有下列外在表现：①动作不灵活。这些学生多半动作灵活性较差，有的不会使用剪刀和筷子，有的不会翻跟头，不敢登高，不敢荡秋千等。②多动，但并无动作技巧。这些学生一般上课乱动，不能有效地约束自己，难以集中注意力，不能专心听讲。③讨厌被触摸。他们的触觉防御过强，如对洗澡、洗头和理发反感，有时甚至对换衣服也十分反感。④过于胆大或过于胆小。他们往往表现为要么胆大鲁莽，经常从事危险的活动，不计后果；要么胆小腼腆，上课不敢发言，害怕老师，不敢与陌生人接触，内心十分紧张。⑤说话发音不清晰，速度慢。

2. 感觉统合不良的改善

感觉统合不良不是病，而是一个可以由后天的教育及训练加以改变的问题，需要辅导教师给这些学生提供一个能锻炼身体的环境，尤其是训练他们的平衡能力和触觉能力，他们的状况就会有很大的改善。

一是触觉训练。包括摩擦、按摩、挤、轻压、重压等，这是对儿童大脑最好的刺激。

二是平衡能力训练。平衡能力是个体维持自身动作稳定与灵活的一种动作能力。辅导教师可训练这类学生进行单脚跳、用足尖走步、旋转身体等。平衡能力提高后的小学生会变得注意力更为集中，多余动作减少，记忆力提高，还有利于提高儿童的书写能力，提高其完成作业的质量。

三是与家长协同，在学习、生活中培养孩子开放、温和、有条理、守秩序的习惯。

第二节　中学生心理发展的特点与常见心理问题

一、中学生心理发展的特点

与小学生相比较，中学生的身心都有了较大的发展，是生理与心理发展的重要时期，也是由儿童向青年发展的过渡时期。在这一时期，无论生理或心理的发展，都发生着急剧的变化，有些方面的发展出现质变，给青少年的身心带来极大的不适感。青春期学生生理与心理发展的特殊性也使这一时期成为最容易出现心理困扰的时期。

（一）中学生生理发展的特殊性

1. 身体发育处于第二次生长高峰期

初中生身体迅速成长，是人生中除了乳儿期外的第二次生长高峰，女生在9～10岁时身高、体重、肩宽和骨盆宽的发展水平都超过同龄男生，男生则在15岁左右各部分发育指标开始超过同龄女生。总的说来，中学生平均每年增长7～10厘米，体重每年平均增长5～6千克。体形的变化上，男生肌肉细胞增长比女生快，而且力量也比女生大。与此同时，男生的脂肪逐步减少，女生的脂肪却没有减少，而是在骨盆、胸部、背部、臀部积存。这种发育上的性别差异最终表现为男生身体较高、肩膀较宽，女生身体丰满、髋部较宽。

2. 脑和神经系统的发育

随着中学生活动范围和内容的扩大，他们的脑机能及神经系统不断趋于完善。12岁时，中学生的脑重量已经达到成人的平均脑重量，为1400克，脑容积也接近成人水平，其结构与成人相似，脑神经纤维变粗、增长，分支增多，神经纤维髓鞘化形成，神经元之间的联系复杂化，神经细胞的分化机能接近成人水平。在大脑神经活动机能方面，主要表现为兴奋性较高，兴奋过程相对强于抑制过程，兴奋与抑制的转化也较快。此外，他们的第二信号系统逐步占据优势地位，认知能力、反应能力有明显提高。

3. 性成熟开始，第二性征出现

少年期生理迅速发展最明显的表征是性成熟开始，第二性征出现，这也是人们们常说的进入青春期的表征。进入青少年期，位于下丘脑的性中枢开始活跃，促进腺垂体分泌出大量的性激素，促进性机能逐渐成熟，进而引起个体生理上的一系列变化。女孩性成熟的标志是开始出现月经，男孩性成熟的标志是出现遗精。除了生殖器官发育成熟，男生生长出胡须，喉结突出，声音变粗，身体雄壮有力。女生乳房隆起变大，声调变高而尖细，皮肤光泽，体态圆润丰满，出现女性特有的形体特征。生理发展和性成熟促使中学生"成人感"和"独立感"出现，对异性的兴趣增加并产生新的情感体验，同时，由于一些不正确的认识和缺乏适当行为的培养，也使他们在这一阶段容易在心理上、身体上出现不适、压力感等。

（二）中学生心理发展的一般特点

1. 认知的发展

中学生的观察力有长足的发展，能主动制订观察计划并进行持久的观察，同时还能调控自己的观察活动。记忆发展的总体趋势是随年龄增大，记忆力不断提高，直观材料的记忆仍然好于抽象材料，但抽象记忆开始成为优势记忆方式，理解记忆成为主要记忆手段。初中生思维的主要特点是抽象思维开始占主导地位，但很大程度上还是经验性的，是以感性经验为基础的；高中生的抽象逻辑思维明显占优势，基本形成辩证逻辑思维。中学生思维品质的发展中有明显的矛盾性，表现为思维深刻性与表面性共存、批判性与片面性共存，并且有明显的自我中心倾向，他们在对现实进行分析、判断与评价时，常按自己的个人意愿进行。

2. 情绪的发展

伴随表情识别能力的发展，中学生已能较好地运用这种能力，以控制情绪，但其情绪还具有较强的易感性和较高的兴奋性的特点。随着青少年的生理发展，内分泌活动尤其是肾上腺素分泌增多，导致青少年遇事容易兴奋。此外，青少年的各种需要迅速发展，内心世界日愈丰富，尤其是自尊需要的发展使他们过于关注外界对他们的评价，对外界事物的感受性也日愈增强，但他们的认知水平还不高，对事物的看法往往片面且偏激，对客观事物的评价和期待往往与现实不符，进而导致强烈的情绪反应，甚至会引发冲动行为。中学生情绪的另一个显著特征是有较大的起伏波动，表现为情绪反应快，平息也快，情绪维持时间短，容易从一个极端转变为另外一个极端，喜怒无常。

中学生情感的发展主要体现在友情和异性情感的发展上，这将在相关部分作专门讨论。

3. 意志的发展

由于中学阶段学习任务增多，难度增大，所面临的问题的复杂性增加，对中学生克服困难、自我调控以及在应对挫折中表现出来的意志力也就有了更高的要求。随着中学生自我意识和独立性的发展，以及各种能力的不断提高，中学生的意志力比小学时期有了明显的发展。这主要表现在依赖性逐渐减少，克服困难的毅力不断增强，根据目的做出意志决定的水平不断提高等方面。中学生的意志行动处于发展过程中，"受暗示"性较大，他们非常崇敬和愿意模仿学习意志坚强的人物，但由于他们对意志品质的理解往往流于片面，加之情绪两极性波动较大，有的学生在意志行为中会表现出不良的极端品质，如把刚愎自用视为有独立见解，将草率蛮干视为果断，将执拗固执视为坚忍，甚至做出有损集体利益的事情。

4. 自我意识的发展

青春期是自我意识发展的第二飞跃期。由于青春期生理发育具有特殊性，初中生逐渐出现了成人的体貌特征，加之思维水平提高，他们对自己的外在形象和精神世界都尤为关注，出现了自我意识的第二个"自我中心"期。与前一个自我中心期不同，这个时期是由外部世界指向个体自身的自我中心。中学生的"成人感"产生并不断增强，使得中学生与周围人群的关系发生重要变化，他们积极模仿和学习掌握成人的行为标准和行为方式，尽快地使自己向成人过渡，积极参与社会事务并要求独立处理与自己有关的事情。中学生的自我评价从强调个体的外在行为发展到对个体的内在品质的重视，强烈要求了解自己的个性特点和内心世界，自我评价有了相当的独立性，但中学生对他人的评价仍然很敏感，尤其是权威和同伴的评价对他们的自我意识影响较大。

5. 人际交往的发展

相对于小学阶段，中学生对友谊的需要日愈强烈，这一方面缘于中学生成人感产生的同时独立性迅速发展，家长和班主任对他们的影响减弱，而同龄人之间更多的共鸣使他们更愿意在同伴中寻求帮助；另一方面，生理的巨变带来的困惑与不安又使他们相对闭锁，他们渴望得到同龄人的认可与理解。友谊可为中学生提供社会支持，发展良好的同伴关系，可使个体更好地适应环境。此外，中学生在同伴交往中的"小团体"现象十分突出。以共同的兴趣、爱好、相似的品行或互补的个性特征为基础形成的小团体，能让中学生体验认同与尊重，获得社会交往的经验与成就感，这对于发展中学生的自我意识具有重要的意义。但这种团体交往带有明显的情绪特征，他们往往会把友谊看得高于一切，出于"哥们义气"的不良认知使中学生在交往中常表现出非理智或不遵守社会规范的行为，常会出现袒护、包庇朋友的缺点和错误等现象，团体中的不良习气也很容易相互影响，甚至形成犯罪团伙。中学生的师生关系变浅，他们对老师的态度从一味听从变得开始富有批判性，班主任对中学生的影响力减弱。中学生与父母的交往在这一时期有很大的落差，他们一方面仍然依赖父母，另一方面却觉得父母难以沟通，与父母不断产生摩擦，心理隔阂不断加重，这种情况到了高中才稍有缓解。

（三）青春期学生心理发展的矛盾性特点

与青春期的生理发育十分迅速相反，初中生的心理发展的速度则相对缓慢，心理水平尚处于从幼稚向成熟发展的过渡时期，这样，初中生的身心就处在一种非平衡状态，成人感及幼稚性并存，由此引起种种心理发展上的矛盾。

1. 反抗性与依赖性

初中生身体外形发生变化，生理发展已基本接近成人，由此产生的成人感使他们具有强烈的独立意识，希望能尽快进入成人世界，寻找到一种全新的社会成人角色，获得一种全新的社会评价。他们一方面对一切都不愿顺从，不愿听取父母、教师及其他成人的意见，常处于一种与成人相抵触的情绪状态中。另一方面，生活经验与能力的缺乏和发展需要之间的冲突，让初中生从内心上对父母仍然非常依赖，他们希望从父母那得到更多的精神上的理解、支持和保护，尤其在遭受挫折的时候。

2. 闭锁性与开放性

进入青春期的初中生，生理上的变化和性意识的觉醒常使中学生有一种难以启齿的困惑，他们往往认为自己对精神世界的追求难以得到理解，渐渐地将自己的内心封闭起来。他们的心理世界丰富了，但表露于外的东西却少了，尤其不愿意对父母吐露心事；与此同时，他们又感到非常孤独和寂寞，希望有人来关心和理解他们，因而他们对同伴的友谊非常渴望，对朋友持开放的态度。

3. 勇敢和怯懦

初中生表现出很强的勇敢精神，具有"初生牛犊不怕虎"的特点。他们没有过多的顾虑，常能果断地采取某种行动，同时对危险情景和行为后果缺乏辨析能力。由于缺乏社会经验，初中生们又常常表现得比较怯懦。在意志品质上常表现为两极震荡，偶然的成功，就可以使他们认为自己是一个非常优秀的人才从而沾沾自喜，而几次偶然的失利，又会使他们认为自己无能透顶而极度自卑。

二、中学生常见心理问题与辅导

（一）自我意识的发展问题与辅导

1. 自我意识的发展对中学生的影响

中学生生理自我的发展使他们往往对自己的躯体给予特别的关注，对他人的评价尤为关注且伴随有自尊或自卑的体验。这一时期中学生比较容易以貌取人，对人的好恶常以长相好坏为标准。在社会自我方面，中学生希望得到他人尤其是家长、老师的关注和尊重，希望发挥自己的才能和作用，获得一定的荣誉和地位。这种社会性需要会激励学生不懈地努力，去获取成功。成功的结果又会进一步激发和提高学生的社会自我发展，形成良性循环影响。但如果形成的社会自我是消极的，如无价值感、无能感，则容易产生被抛弃感、孤独感，从而对社会自我的形成产生恶性循环影响。心理自我是个体自我意识的核心，它使个体根据主客体的需要来调节和控制自己的心理和行为，修正自己的经验与观念，支配自己去追求真理和高尚的精神生活，确立一定的信念和信仰。若心理自我在发展中不能初步确立价值观体系，则会表现为茫然、无所事事，无追求目标和理想。

2. 中学生自我意识发展中常见的问题

（1）同一性混乱

美国心理学家埃里克森曾提出"同一性"的概念，指出个体的主观认识应与客观实际相统一，否则即为同一性混乱。中学生正是发展自我认识同一性的时期，同一性混乱是这一时期常见的问题，首先表现为自我认识偏差，包括自我角色认识和自我评价偏差。自我角色认识偏差主要有两个方面：一方面是指对自己性别角色认识的偏差，在心理和行为方式上认同并表现为另一种性别意识和行为；另一方面是指在社会角色认识上的偏差，表现为对自己的身份、职责、义务、行为方式的认识不当。自我评价的偏差往往表现为不知道自己是个怎样的人，有什么优点或缺点，不能辨别他人的不同看法。对自己的评价时而过高，时而过低。这种自我评价的混乱造成自我决策的混乱，导致行为上的混乱。其次，同一性混乱表现为拒绝接受自己。这常常是由于自我评价的偏差造成的对自己的不满，如对自己的性别不满，羡慕异性，或是对自己的外貌、能力甚至自己口音、家庭背景不满，因而不喜欢自己，讨厌自己，常常为自己无力改变现状而感到高度焦虑，缺乏自信，不敢正视现实。最后，同一性混乱表现为知、情、意、行不一，这是由于自我评价不当导致情感和行为不同正常人，如对他人的同情感到愤怒，对他人的苛责感到兴奋等。

（2）自我中心

婴幼儿时期的儿童是以自己为出发点来观察周围事物的，没有学会从他人的角度来看问题，是由自我指向外界的自我中心。初中生则是由外界指向自我的自我中心，表现为过分关注自己的健康，夸大躯体的感受，并且认为他人如自己般关注自己，由此敏感而焦虑。在遇到人际交往的问题时，只会从自己的得失出发，很少考虑他人的利益和感受。中学生的自我中心往往带有过度（超限性）的特点，第一表现为在觉察他人对自己的态度以及对自己生理和心理变化的过度敏感，这种过度敏感在后期容易发展为多疑的个性。第二是过分自责，把轻微错误、他人的错误或非主观原因的错误都归咎于自己，认为是自己不好而长时间处于自责之中。第三表现为过分的自我表现，中学生希望在他人面前显示自己的能力与优势，但往往会不分场合，不分对象，出现行为不当，当受到他人取笑或受挫后，又会加重其自责感。第四表现为过分独立，拒绝他人的任何积极建议，甚至以逆反心理对待他人的善意劝告。

（3）自卑与自尊

自卑是由于对自己的认识偏差而产生的一种消极体验，常常表现为社会退缩行为。具有自卑心理的人，不能察觉自己的优势与长处，夸大自己的错误缺点，认为自己不如别人，常常伴有强烈的无能体验，在遇到困难时会出现严重焦虑，不作努力尝试就给自己做出结论"我不能"。面对任务认为自己没有力量去承担；在群体中常常回避他人，不敢正视他人，不敢参与集体活动，不敢出头露面，并伴随害羞、不安、内疚、忧伤、失望等情绪体验。由于中学生往往容易过分敏感，对他人的反应十分警觉，一旦认为他人的表现带有侮辱性，则会做出过度反应，表现为过分自尊，这实质上是用过分自尊来掩盖自卑。另一种情况则是过分的自我掩饰。这出于担心别人了解自己的想法和暴露自己的弱点后遭到他人取笑而有意掩饰自己真实的想法和实际的行为动机，有的学生甚至会为了取悦他人而编造谎言，或在待人接物上畏缩不前。

3. 中学生自我意识的完善

（1）帮助中学生学习有关自我意识的知识

帮助中学生学习有关自我意识的知识可以帮助他们形成正确的自我认识，建立正确的自我概念，增强自我监控能力，主动调节行为，与社会协调一致。同时也可使他们观察他人，对照自己，发展良好的人际交往关系。国内外研究发现，自我监控水平高的人，对他人的言行更敏锐，其行为反应更具变通性，更符合社会情境的要求，更容易自我调整，表现为明智，适应性高；自我监控水平低的人不太注意他人的言行，更容易受自己的态度与情绪所左右，其行为反应与其内部态度更具一致性、一贯性、真实性。

（2）教育中学生正确认识自己并接受自我

正确认识自己是接纳自我、完善自我的基础。中学生正确认识自己一般可以通过以下四种途径：①通过了解他人与自己的关系，认识自己的角色，获得有关角色的权利、义务、责任，从而调节自己的行为，使之符合角色需要。②通过学习、社会实践、课余活动等发现自己的兴趣爱好、倾向与才能，认识到自己的优势与劣势。③通过听取他人对自己的评价，与他人作比较，以他人为镜，发现自己的优点与缺点。④通过自我反省，分析自己的长处与劣势，对成功与失败正确归因，调整自我评价。当学生对自己有一个客观、正确的认识后，班主任就应该教育学生接受自己，正确对待失败与挫折，认识到人不可能十全十美，缺憾也是一种美。人是不断发展变化的，只要积极努力地去完善自己，终究会成长为一个优秀的人。

（3）教育学生主动自我调节和控制行为

良好的自我意识不仅表现在自我认识上，还应表现在适当的角色行为上。应教育学生通过不断的实践，最终做到知情意行相统一，自我评价与他人评价相一致，并通过自我激励，自觉调节和控制自己的行为，实现理想中的自我，树立良性的自我意识。

（二）人际交往问题与辅导

1. 人际交往对中学生发展的重要性

人际关系是指人与人在动态的相互作用中形成的比较稳定的心理关系。人际关系的好坏，反映了人们在相互交往中物质与精神需要能否得到满足的心理状态。中学生的主要任务是学习，但人际交往也是必不可少的。良好的人际关系有助于中学生保持个人与他人、个人与集体之间的融洽、和谐的关系，增强个体的适应能力。中学生人际交往的功能主要体现在以下几个方面：

（1）信息交流的功能

中学生学习任务繁重，通过人际互动可交流学习和生活经验，分享学习心得，启迪思维，克服学习和生活中的困难。

（2）社会化功能

人与人之间的交往能为个体提供大量的社会性刺激，从而保证了个体社会性意识的形成和发展。在交往过程中，能使中学生学习适当的社会行为，纠正不良观念和行为方式，认识世界，认识自我，形成对社会、对他人的正确的认识。

（3）完善自我意识的功能

中学生的自我意识形成与完善的一个重要途径是人际交往。首先中学生在与别人的相互作用中，以他人为镜，在与别人的比较中认识自己；其次，通过他人对自己的态度和评价，以及对自己与他人的关系的觉察来认识自己的形象。青少年在与他人的交往中，多了解别人对自己的看法，多听取别人对自己的评价，对于客观、全面地认识自己，确立正确的自我形象有重要的意义。

（4）心理保健功能

交往是人类最基本的社会需求之一，同时也是人们同外界保持联系的重要途径。交往可以满足中学生的多种心理需求，如归属感、安全感和成就感需要的满足。个体只有在被群体、他人接纳时，才能更好地保持心理平衡。否则，就会产生焦虑、孤立无助、寂寞难耐的心境。中学生在与他人平等交往过程中，感到自己受到尊重，成为有"身份"、有影响的人，可以满足其成就欲。事实表明："交际剥夺"同"感情剥夺"一样，对人们的身心损害是极其严重的。

对中学生心理发展影响作用较大的人际关系有师生关系、亲子关系、同学关系、朋友关系等。其中，同伴交往对发展的重要性程度随着年龄的增长而越来越强，到了青春期，同伴的影响甚至在某些方面超过了成人的作用。这一方面因为青少年彼此的地位平等，在面临同样的困惑时，有更多的共同语言，他们更加渴望于与同伴之间那种平等的、同志式的交往；另一方面，青少年正处于自我意识迅速发展的时期，"成人感"的产生使他们不简单地听从于外界的评价，而更愿意从同伴对自己的反应中发现自己、认识自己，进而完善自己。可以说，中学生比以往任何时候都更加迫切的地希望与同伴交往，渴求友谊，发展自我，以获得周围的人的肯定与认可。

2. 中学生人际交往中的常见问题

（1）错误的人际认知

由于家庭、学校教育的影响以及受社会不良习气的影响，有些中学生对人际交往存在错误认知。比如有的学生认为学习好就是衡量一切的标准，对人际关系抱有无所谓的态度；有的学生则对友谊的看法极端，对他人过于苛求，对自己的缺点却视而不见；还有的学生则认为友谊就是相互利用；有的学生因为害怕失去友谊而过于附和他人。因此，一些中学生形成了自我中心型、自我封闭型、社会功利型、人云亦云型等不良交往模式。

（2）不良的人际交往心理

虽然中学生渴望有良好的人际关系，但在人际交往中往往存在着一些不良心理，这就阻碍中学生人际关系的发展。中学生人际交往中普遍存在的不良心理有：①恐惧心理。由于缺乏适当的交往技巧，或是担心给别人留下不好的印象，在与人交往时会不由自主地感到紧张、害怕，以至于手足无措、语无伦次，严重者甚至害怕见人，常称为社交恐怖症或人际关系恐惧症。其中有些人主要表现为对异性的恐惧，见到异性则面红耳赤，局促不安，称为异性恐惧症。②自卑心理。表现为在人际交往中想象失败的体验多，缺乏自信，总认为自己不行，缺乏交往的勇气和信心。③孤僻心理。存在孤僻心理的中学生其中一类是属于自命清高者，觉得与他人无共同语言，认为"举世皆醉唯我独醒，举世皆浊唯我独清"，不愿与芸芸众生为伍；另一类则是常常觉得自己处于孤立无援的境地，性格孤僻，害怕交往，离群索居，却又抱怨别人不理解自己，不接纳自己。④唯我独尊心理。持这种心理者往往不切实际地过高估计自己的能力、水平、受欢迎程度、容貌等，在他人面前盛气凌人，自以为是，不尊重他人，不会站在对方的角度体谅他人，交往中常会使对方感到难堪、紧张、窘迫，有的学生甚至以此为乐。⑤嫉妒心理。嫉妒是个体内心对他人的优越地位产生不愉快的情绪体验，是对别人的优势以心怀不正为特征的一种不悦、怨恨、恼怒、自惭形秽甚至带有破坏性的负面情绪。中学生的嫉妒心理主要表现为：对学习成绩优秀、人际交往能力强、工作成就出色的人的嫉妒；对人的才貌产生的嫉妒心理，表现为在言行上冷嘲热讽，甚至采取不道德的举动，有时则会发展成公开的对抗。⑥猜疑心理。中学生的猜疑心理，是一种神经过于敏感，以怀疑的眼光看待人和事，老认为别人对自己不怀好意，对人怀有戒备之心。严重者则认为人与人之间的关系都是相互利用、尔虞我诈的关系。具有猜疑心理的人往往喜欢捕风捉影，传播小道消息，造成班级中人际关系紧张与不和谐。有些猜疑心过重的人甚至会认为有人在暗算自己，进而常与他人发生冲突，有的则在极端敌意中攻击他人。

3. 中学生人际交往的辅导

（1）学会自我心理调适和加强个人修养

首先，要确立良好的自我意识，排除自我意识中的消极因素，客观地认识自己，肯定自己的优势，树立起自信心，同时也正视自己的不足，扬长避短，以积极的心态与人交往，在人际交往中不过分敏感、不退缩、不逃避。其次，建立正确的人生观、价值观和友谊观，树立远大的理想并为此作努力，为自己安排好健康有益的业余生活，培养豁达的人生态度，努力做到心胸开阔。一个没有理想、胸无大志、无所事事的人，在人际交往中往往就容易形成不良的人际交往模式，且常表现出嫉妒心、猜疑心等。最后，要有意识地经常性地进行人际交往的适应性训练，在不断与人交往的过程中，通过实践，向他人学习，发现自己身上的缺陷，不断调整完善自己；同时，学会正确地看待他人，关心、尊重、体谅他人，掌握适当的交往技能，不断给自己创设良好的人际心理氛围。

（2）建立良好的第一印象，主动交往

在与人初次交往中，给人留下良好的第一印象，对初次交往的成功有重要作用。首先，应给人一个良好的形象印象，注意仪表的整饰，真诚有礼，守时守信，言行得当；其次，积极的自我暗示。在人际交往中存在期待效应，指的是只要热情期待和努力，就能得到所希望的效果。如"我是个受人欢迎的人"、"他们是喜欢我的"、"我乐于与人交往"等积极的自我暗示能使自己在人际交往中取得良好的效果。

（3）掌握交谈的技巧

首先，与人交谈时应避免自我中心，不要只谈论自己感兴趣的话题，而要寻找双方都感兴趣、都能参与的话题进行讨论。切忌以专家自封、对他人指指点点。若是学习上的交流，则应该诚恳相告。其次，在谈话时尽量不涉及个人问题，尤其当对方对某个问题表现犹豫时，所选的话题应尽量符合对方的兴趣或是受双方欢迎的。再次，谈话内容应避免虚假。积极的交谈包括真实信息的交流，也包括个人经验或感情的交流。当交谈的双方能从对方的谈话中获得相应的帮助，交往就能持续下去。而不合时宜的假话、大话、空话则会使人讨厌，甚至会使人们离开你。最后，当意见不一致时，应通过沟通与协商达成一致。即便是对他人进行批评，也应先称赞后批评。批评他人前先谈自己的错误，尽量给别人保全面子，要以循循善诱的态度，间接、委婉地批评别人。

（4）学会倾听他人

倾听是人际交往中的一条重要法则。一个好的听众往往比擅长讲话的人获得更多的好感。通过良好的倾听可以获得信息，了解对方的感受，分享其乐趣，或者表达你的支持，而对方能从你的倾听中感受到被理解、被关怀，进而能有效地增进双方的感情。可以说，没有什么比做一个好的听众更能帮助你赢得好的人际关系了。良好的倾听应该注意以下几点：首先，倾听时要专心听对方谈话，态度谦虚，身体可稍稍前倾，目光注视对方，不要做无关动作；其次，面部表情随对方的谈话内容适度地变化，在表示赞同对方观点或示意对方继续时，可轻轻点头。再次，不要打断对方，要让对方把话说完，也不要随意改变话题。最后，要巧妙地表达你的意见，适时引出新话题，如"正如你指出的那样，我认为……"、"我比较赞同你刚才的意见，但我更觉得……"

（三）情绪问题与辅导

1. 中学生情绪发展及其对中学生的影响

中学生的情绪发展与其生理和心理发展的特殊性相呼应，表现出了独特的情绪发展特点。首先，中学生的情绪变化受其社会性需要是否满足影响较大，他们对于自己在社会中的地位、职责和获得的荣誉非常在意，会尽一切努力保护自己的自尊心，一旦认为自尊心受到威胁，就会产生强烈的焦虑感或愤怒感，甚至会出现伤人或自伤的冲动行为。其次，中学生的情绪体验两极性明显，一方面的原因是他们的认知水平不高，对事物的看法容易流于表面，也容易陷入合理与不合理的矛盾之中；另一方面的原因则是中学生性激素的分泌增强了情绪的兴奋性，使其情绪平衡的自我控制能力较弱，因而容易导致情绪反应的两极化。第三，中学生的情绪也在不断地深化和趋于稳定，社会性情感如集体主义、友谊感、爱国精神等日益加深，但初中生的情绪情感还显得肤浅和较为狭隘。这一时期的青少年还容易感染青春期抑郁症候群，也称无快乐症候群。此症候群带有抑郁症的特征，表现为无目标、无感动、无兴趣、无快乐、自卑等。与青春期抑郁症候群类似的是青春期无聊症候群，主要表现为倦怠感和无聊、空虚感，以及逃避现实、无精打采、对课业或工作不关心、无自我价值感、社会退缩等。

情绪状况影响着中学生的学业和人际交往，当然，学业情况和人际关系反过来也会影响中学生的情绪。根据耶克斯—多德森定律，学习和工作效率与激动水平之间呈倒"U"曲线关系，且随着操作的难度加强，相应操作效率最佳的情绪唤醒水平越低。如参加重大的考试（如中考、奥林匹克竞赛、高考等），情绪越放松越容易出成绩；平时简单的作业或练习，情绪越高涨，越容易出成绩；而一般的考试或中等程度难题，适宜于保持中等程度的情绪激动水平。

此外，情绪还影响个体的身心健康。积极的情绪状态能使人的大脑处于最佳活动状态，能充分发挥有机体的潜能，使人精力充沛，充满生机与活力。而消极的情绪一旦产生，一方面可能会引起整个心理活动失去平衡；另一方面则可能导致各种器官等生理方面的一系列变化，如脸色苍白，心跳加速，瞳孔缩小呼吸频率改变，消化腺活动受抑等，对健康带来严重的影响。而某些适度的消极情绪对于人类适应环境和改造环境有积极的意义。如适当的焦虑能增进思考，加速反应，提高效率；适度的忧虑和恐惧可使人小心警觉，避免危险；适度的愤怒能使身体迸发出更大的力量，增强动力。

2. 中学生常见的情绪问题

（1）焦虑

焦虑是一种对未来某种结果的担心或恐惧。中学生在面临考试、竞赛、填报志愿等人生重大决策、内心冲突以及碰到各种不顺心之事时均会出现焦虑情绪。焦虑表现为坐立不安、担忧、紧张、预感到不好的结局，甚至感到大祸临头，并伴有一系列心理生理症状：如头痛、头晕、注意力不集中、记忆力减退、失眠、心慌、憋气、出汗、胃肠功能紊乱等。

焦虑产生的根源是对焦虑源的一种负性评价，是由于过分担心某种不好的结果出现而造成的。考试焦虑是中学生最常见、最严重的一种焦虑现象。此外，还有对人际关系的焦虑，如与老师的冲突常常会成为中学生的一大焦虑源，与朋友之间的误会也会使中学生感到焦虑。焦虑本身作为情绪体验使人感到痛苦，而与其相伴的生理反应往往会给人们的生活和学习带来更大的影响，若控制失度，将直接影响人们身心的健康发展。

（2）烦恼

烦恼是指个体由于受挫或发生矛盾冲突而混合了失望、沮丧和自责等体验的情绪反应，通常表现为内心紧张、情绪不安和烦躁等。一般来讲，烦恼之于人生而言是极其普遍的，是不可避免的。然而，中学生由于其情绪具有两极性特点，当遇到不如意时，他们容易将其烦恼扩大化，认为自己所遇到的是最难以解决的事，情绪反应强烈。中学生所遇到的烦恼可归纳为以下几个方面：①学习方面。中学生在学习方面的苦恼是多方面的，学习成绩、不适应老师的教学、作业和考试都会成为烦恼源。②环境适应方面。中学生面临的环境有人际环境和自然环境两个方面。人际摩擦、生活习惯的差异、气候等都会成为烦恼对象。③青春期的烦恼。对于中学生来说，青春期烦恼是仅次于学习的第二大方面的烦恼。体态发育的不如意，或是第二性征的显露都会使其陷入烦恼之中。女生或会因月经的来临十分惶恐，男生则可能因手淫感到严重的压力，产生强烈的自卑。异性交往方面，中学生一方面有着与异性交往的强烈冲动；另一方面又怕与异性交往招来非议。④个人前途方面的烦恼。升学，高考以及将来的就业等成为这类烦恼的典型表现。

（3）挫折

所谓挫折，是指个人在有目的的活动中，由于受到阻碍干扰，致使需要或动机不能获得满足而产生的情绪状态。挫折是人生不可避免的。由于中学生身心发展具有特殊性，他们所体验的挫折感相对更多。当屡遇挫折或挫折太大时，会使其丧失信心，产生无能感或愤怒感。遇到挫折时，有的学生表现为情绪低落、寝食不安，学习无精打采；有的学生则会通过攻击来发泄挫折带来的愤怒感；还有的学生自暴自弃，甚至放弃生活、放弃生命。

3. 中学生情绪问题的辅导

（1）学会保持积极的心境

积极的心境可以使身体处于一种正常的活动状态，能使人的认识活动过程流畅、灵活，对事物的评价科学、客观，能让人保持一种平和的态度，从而化解由负面情绪带来的冲突。长期的积极心境最终能内化为一个人积极向上、乐观开朗的性格品质。

（2）学会主动控制自己的情绪，及时消除不良情绪体验

"人生十之八九不如意"，在产生消极情绪后要及时消除。消除办法有四种：①合理宣泄。向他人倾诉，或是到旷野处大声叫骂一番，痛哭也是一种宣泄不良情绪的方法。②运动调节。在运动中情绪能得到放松，让人产生愉悦感受。③转移目标或改变环境，做自己有兴趣的事情。可以听听音乐或是看看电视、做手工等。④理性分析自己的不良情绪是不是因为自己的不良观念所导致的，如果是，就纠正看法，调节情绪。

（3）正视挫折，培养良好的意志品质

中学生应认识到挫折是不可避免的，是普遍存在的，不必为在成长过程中遇到的挫折而感慨万端。应认识到挫折既有消极的一面，也有积极的一面，它既可以给人带来痛苦，也可激励人奋发图强。在挫折中有意识地培养自己的挫折承受力，培养良好的意志品质对于中学生来说更具有意义。

（四）中学生性心理的发展与早恋问题的辅导

1. 中学生性心理的发展对中学生的影响

（1）性生理的发展对中学生的影响

中学时代是青少年性生理成熟与性心理迅速发展的时期。中学生性机能成熟是以男生出现遗精、女生月经初潮，并出现身体形态变化的第二性征为标志的。生理上的重大变化常常使中学生感到难以适应，对自己身体的过度关注往往引发

各种担忧与焦虑。女生通常会出现伴随月经的身体不适、紧张和不自然，以及对月经周期的规则产生担心和不安；有的男生对遗精有错误认识，有的男生以手淫方式缓解性冲动后，对遗精感到害怕、紧张，或感到自责和羞耻，这种情绪困扰的不良影响往往超过了手淫和遗精本身。

此外，由于个体差异，中学生第二性征的出现和性的成熟存在早熟与晚熟差别。中学生在与他人对比时，如果发现自身性征与他人差异较大，就会引起不同程度的紧张和焦虑，甚至怀疑自己的性生理发育是否正常，出现自卑、自责、自我封闭等现象。无论早熟或晚熟的中学生，都要面临更多的适应问题。早熟容易给男生带来更强烈的成人感，这部分男生容易以成人自居，常欺凌弱小同学，或过早地走入社会，加入不良社会群体；晚熟的男生则更容易产生自卑感，出现社会退缩问题。早熟的女生喜欢与更高年龄的群体交往，较易出现早恋现象，晚熟的女生相对所受到的影响比较小。总而言之，生理变化给中学生的心理生活带来新的感受，提出了新的问题，使中学生普遍感受到各种性心理的困扰。

（2）中学生异性交往心理发展的特点

性生理的成熟直接导致中学生异性意识的觉醒，与异性的交往也发生重大变化。一般而言，异性之间的关系会经历四个发展阶段：两小无猜期（约6岁前），异性疏远期（6、7岁至12、13岁），异性亲近期（13、14岁至17、18岁）和两性恋爱期（18岁以后）。中学生正处于异性的亲近期，这个时期性心理表现为：在情感上男女生之间相互吸引，对异性同学有明显的好奇感和亲近感，渴望与异性同学接触，希望得到异性同学的注意和好感，喜欢寻找各种机会和异性同学一起活动。另一方面，因为缺乏交往的经验，中学生男女往往不知道以何种恰当的方式和异性交往，有时会弄巧成拙，引起他人的误会和取笑；有的人则以反向（以刻意的回避异性来掩盖内心渴望和异性交往的心理）行为和异性相处。中学生又处于自我意识膨胀的时期，异性交往中他人的评价对自己会产生极大的影响。有的中学生太过于关注异性的看法，对他人的反应过于敏感，进而引发异性社交恐惧心理，有的中学生则在异性交往中受挫后变得萎靡不振。

中学阶段，少男少女的性心理一般有四个特点：①喜欢表现自己，以期引起异性同学的注意和肯定。中学生常见的自我表现首先在服饰和仪容上希望自己与众不同，其次是在言行上希望能让他人感到自己"有个性"，有的中学生不惜以奇异言行来引起他人的注意，或以违反规定的举止来显示自己是所谓的"成人"。②感情交流较浅，男女生之间接触时感情交流比较隐晦含蓄，常以试探的形式进行，这使中学生的男女交往更加具有朦胧的色彩，也使中学生的异性交往容易陷入臆想之中，"暗恋"、"相思"是这个时期较典型和普遍的异性交往心理。③交往的对象广泛而不专一。中学选择交往对象的标准比较表面化，只要对方的某个特征引起情感反应，此人就有可能成为亲近的对象，因而爱慕的对象很容易转移。④有向往年长异性的趋向，甚至对异性教师也会产生爱慕之情。

2. 中学生常见的性心理问题

（1）早恋问题

中学生的早恋可划分为三种类型：第一种类型为纯模仿性的，且带有游戏的特点。这种类型的早恋大多发生在初一年级学生中年龄较小者身上，他们受好奇心的驱使，想要尝试恋爱的体验，开始向异性同学表达爱意，这被称为"模仿性的游戏性早恋"。第二种类型为盲目性的，其内部动机主要是一种捉摸不定的亲近欲和难以控制的好奇心。此类型早恋的中学生并不了解爱的意义，多数人是把对异性的好感误认为爱情，不考虑恋爱会给自己带来什么样的后果，选择对象也无明确的标准，带有明显的盲目性和非专一性。此种类型可称为"天真的孩子气的钟情"。第三种类型为真实情感型。这类早恋发生在年龄较大或早熟的中学生中，他们的性意识已经超过了朦胧阶段，开始对爱情有了自觉的追求。他们之所以恋爱，大多出于对对方的学业优异、身体强健和容貌秀美的爱慕，并且把求爱的目标集中到一个人身上，希望与对方单独相处，渴望对对方有更进一步的了解。他们虽然还不能全面理解恋爱和婚姻的全部内涵和对对方应尽的责任和义务，但双方在内心深处都憧憬着未来夫妻生活的幸福，其恋爱以婚姻为目的。这种类型的早恋可称为"少男少女的认真初恋"。

在三种类型中，第二种早恋比较多见，而且比较容易成为问题。因为这种早恋类型的学生不仅对性问题有强烈的好奇心且常常产生一种进行尝试的愿望，加之因他们的社会道德意识未健全，理智水平差，常常难以控制自己的情绪，做事不考虑后果，容易做出荒唐的行为，隐藏着失足的危险。第一种和第三种早恋类型，如果不加以教育和引导，也容易出现不当的恋爱行为。中学生也会由于恋爱失败出现失恋的情绪反应，并且带有青春期情绪变化剧烈、两极振荡的特点。

（2）对性心理及性意识活动的错误认识

中学生由于对性生理和性心理发展变化缺乏相应的知识，以及受传统观念的影响，对性心理和性意识活动经常有一些错误认识，主要表现为：①性无知。指对青春期性意识发展的特点缺乏正确认识，把性发育中出现的反应，如性梦、性幻想、关注异性等视为异常，出现焦躁、自责、丧失自信、自我否定等自我体验。②性罪恶、性淫秽观念。这个观念与我国的传统文化观念相联系，表现为有些青少年对出现性的想法时认为是"污秽的"，从而产生罪恶感。③性压抑。男女生之间本应通过适当的交往来满足自己的心理需要，但因对性发育有错误认识，部分中学生出于内心的自责、恐惧、不安而主动回避异性，越想让自己不去想与"性"有关的内容，结果却适得其反，由此造成内心的冲突，从而更加重了焦虑、紧张、困惑和压抑感。这种性压抑往往导致强迫性观念和神经衰弱，以致心理失调，学习成绩下降。

（3）性心理障碍

性心理障碍是指性心理活动过程中出现的各种情绪失调和行为的紊乱与异常。青少年常见的性心理障碍有以下几类：

一是异性恐惧症。异性恐惧症属于恐怖性神经症的一种，其主要特征是：一方面在异性面前感到异常的紧张和恐惧；另一方面，他们又有与异性接近的强烈愿望，由此带来的心理冲突会使患者产生严重的焦虑情绪，有的甚至出现异性关系妄想等心理症状。通常的症状如在异性面前面红耳赤、紧张、竭力回避目光接触和面部表情极不自然、口干舌燥、额头手心冒汗、语无伦次等。

二是异装癖。异装癖是以穿着异性的衣服而获得性的满足的心理变态。男性居多。一般来说，大多数异装癖者都是异性恋者，他们确信自己的男性性别，身着异性服装只是为了获得性的兴奋。异装癖患者一般在 5～14 岁间开始萌发异装兴趣，到了青春期就产生与异性装束有关的色情幻想。他们穿着异性服装大多会体验到平静和舒适感，如果不穿或被阻止，则会引起强烈的紧张不安情绪。

三是恋物癖。恋物癖是通过接触异性穿戴过的物品而引起性兴奋和满足的性心理变态。他们往往会花许多时间去收集他们所需要的东西，有时甚至不惜用非法的手段（如偷窃等）去获得。恋物癖一般起自青少年时期，几乎全是男性，而且大多数都是异性恋者。恋物癖者常因其变态行为而给自己造成许多麻烦与不幸，周围人对他们的行为也往往会冠以不道德的评价，但他们却不能克制自己的行为，因此常会感到极大的痛苦。

3. 中学生性心理的教育

（1）教育中学生端正思想，正确认识性心理

学生的许多性心理问题的产生都是与其不正确的性认知有关的，加强中学生对性心理的认识是学生进行自我调节的重要基础，包括：了解青春期性生理、性心理发展变化的规律，正确认识这些变化所带来的各种情绪和行为反应。具体说来，应注意以下几个方面：

一是正确看待身体的变化，愉快地接纳自己的性身份，发展良好的性角色认同。认识性生理发育的个体差异，不必为这种差异而苦恼；只要性特征在正常生理范围内就不做无畏的担心。

二是正确看待性意识活动，树立健康的性态度与性意识观念。作为青春期的学生，应该科学地学习性生理、性心理的有关知识，了解青春期性意识发展的规律，正确看待和处理自己的性幻想、性梦以及被异性吸引、常想到性的问题等表现。一方面要认识到这些性意识活动是青春期性心理的正常反应；另一方面也要

注意让自己的性意识活动通过与同性同学讨论或参加集体活动，将自身的注意力转移到有益的活动中，并从活动中增加自信。

三是正确看待恋爱问题，明确恋爱与学习的关系，增强道德意志的自制力。学生如果对某个异性产生了恋情，无须惊慌，只要认识到这是性心理的自然表现，并将这种情感给予积极的转化，则不会影响自己的学习；但如果为了满足自我的需要而刻意去追求，甚至不顾一切地恋爱，则是不可取的。

（2）积极引导，良好适应，建立适当的异性交往方式

在正确认识性心理发展规律的基础上，应帮助学生顺应这种变化，以达到良好的适应。青春期的性生理发展所带来的心理上的骚动、性欲望和性冲动与社会道德规范限制之间存在的矛盾，可以通过注意力的转移和情感的升华来达到心理上的平衡。应引导中学生建立正确的人生观，树立远大的理想，将精力主要集中在学习上，将对异性产生的情感转化为同学之谊，无须特意关注。让中学生认识到出现一些性幻想和其他性心理表现无须惊慌，这是正常反应，加以适当宣泄即可。此外，要教会学生建立正常的异性交往关系，掌握必要的人际交往的技巧，通过自然、正常的异性交往帮助学生促进身心健康和人格发展，这对其以后的婚恋生活也会奠定良好的基础，相反，抑制、回避正常的异性交往，违背中学生性心理发展的规律，不能满足中学生异性交往的需要，这必然会导致发生非常态或非公开、无法监控的异性交往行为，不仅影响学生健全人格的发展，也为其今后的成长设下障碍。与异性交往时，应引导中学生遵循"自然"和"适度"两个原则，克服过分羞怯的心理，做到礼貌大方，坦荡无私，以诚相待，所言所行要留有余地，不能毫无顾忌，不能过于轻浮，也不要过于拘谨。

（3）发现问题，及时处理

性心理困扰是中学生常见的心理问题，中学生要了解常见性心理困扰的原因和表现，及早发现并给予积极的处理。中学生可以通过选择健康、科学的性知识书刊来阅读，加深对自己性心理变化的认识，修正错误的认识，树立正确的性心理和异性交往观。中学生还可通过与好友交谈，从他人处获得有用的信息来帮助自我认识，还可以获得一些如何应付青春期烦恼的信息和经验。在必要时应找专家进行心理咨询，消除心理困扰。

（五）中学生网络行为问题与辅导

1. 中学生的上网现象

当前，中学生正处于一个信息化的时代，随着网络的普及，中学生上网的现象已经非常普遍。网络的全方位、超时空、互动性和隐蔽性符合中学生好奇、精力旺盛、寻求刺激的心理特点，网络的人际互动的平等性和匿名性也满足了中学生渴望独立、渴望与他人交往的心理需要。他们上网主要有以下目的：通过网络

与教师和同学交流，查找资料，多渠道学习；与其他人进行网络人际交往，玩游戏，多媒体娱乐；在网上展示自己等。

能良好地使用网络来促进学习和丰富业余生活的学生常能控制上网的时间，不影响正常的学习，还能拓宽知识面，但有一部分学生使用网络是出于逃避现实或是满足其在现实生活中所不能获得满足的心理需要，他们在使用网络时更容易不加选择地受网络的影响，上网时间常常难以控制，如沉溺于游戏、将网络中的虚拟人际关系取代现实的人际关系、涉足黄色网站等，不仅影响正常的学习活动，也影响其心理发展，甚至导致产生心理障碍。

2. 中学生不良网络行为的原因分析

其一，出于强烈的好奇心，中学生有自发地积极探索外部世界和自身精神世界的心理倾向。但中学生的社会阅历浅，意志力薄弱，缺乏判断是非的能力，因此对一些不健康的网站和游戏常常是最初抱着好奇心试试，结果却往往沉溺其中，难以自拔。

其二，中学生面临的困扰和压力较多。一是学习和竞争带来的压力较大；二是身心巨变带来适应问题；三是人际交往中经常出现各种各样的阻碍与困惑。这些问题往往让中学生感到紧张、焦虑和压抑，再加上与父母、朋友之间交流少，使中学生需要从网络中寻求精神安慰和支持，或是在网上得到宣泄和放松。上网聊天、交友及至网恋是中学生获得理解和精神慰藉的一个途径。

其三，中学生处于自我意识迅速发展的时期，他们非常关注自己在群体中地位和作用以及他人的评价，自尊的需要非常强烈，而现实生活中学业的不如意、人际交往中的冲突、自我发展与社会要求之间的差距往往使他们遭受挫败感，于是他们会转而在网络中寻求自身的价值感，感到只有在网络中才是自信的、受人尊重的。

其四，由于现代家庭生活水平提高，中学生普遍存在着身体发育提前而心理发育滞后的情况。性意识的觉醒使他们强烈希望获得更多的这方面的知识与信息，但学校所提供的性教育滞后，社会文化中对此又讳莫如深，由此，网络的便捷性使他们极易通过不良网站来满足性心理发展的需要，所以极易形成不良的性观念和性行为。

3. 中学生网络心理问题

（1）网络成瘾综合症

"网络成瘾"（IAD）通常是指在无成瘾物质条件下的上网冲动失控现象，它主要表现为由于过度和不当的使用网络而导致的社会、心理功能的损害，并伴有和上网有关的耐受性、戒断反应以及强迫性行为等。如今，"网络成瘾"已经被人们认同为严重的网络行为问题，医疗卫生系统又称其为"病理性互联网使用"。这种基于计算机、互联网的成瘾行为特征与酒精成瘾、毒品成瘾有相似性，但更类似于赌博行为。网络成瘾从心理上表现为对网络的依赖性和耐受性，只有通过不断延长上网时间才能激起兴奋来满足欲望；从生理上看，网络成瘾对身体健康的危害最大，尤其会使人的植物神经功能紊乱，导致失眠、紧张性头痛等；同时还可使人情绪急躁、抑郁、食欲不振，长此以往会造成人体免疫力下降。长时间上网还会造成人的行为孤僻，不愿与外界交往，从而逐渐丧失正常的人际交往。网络成瘾对中学生的健康成长带来的影响是极为恶劣的，应极早发现，极早处理。

（2）网络人格障碍

热衷于上网不仅影响个人性格的健康发展，过度沉溺于网络还可诱发各种人格障碍。比较突出的有以下两种：一种是攻击型人格障碍。由于网络人际交往具有匿名性、隐蔽性的特点，上网者认为无须对自己的言行承担任何责任，因而常出现攻击性行为，如偏离主题的激烈争论、谩骂、人身攻击等等。道德自律性差的上网者甚至有违法犯罪和不道德的行为。当一个人的某种行为习惯养成之后，就有可能转换成个人的人格特点，最终形成攻击性人格。另一种是双重人格障碍。通常一个人应该在不同生活场景中表现出自己统一的人格特点，而由人格分裂引发的双重或多重人格障碍其特征是同一个人具有两种或多种人格身份，在不同时间与地点交替出现。部分上网者在网上经常扮演与自己实际身份和性格特点相差悬殊甚至截然相反的虚拟角色，网上网下判若两人，当多重角色之间的冲突达到一定程度或角色转换过频时，就会出现心理危机，导致双重或多重人格障碍。

（3）网络孤独症

由于过度上网，有些中学生将人际交流等同于键盘输入，专注于网络中浩如烟海的信息，忽略现实世界的人际互动，逐渐丧失与他人对话交流的能力，无法表达自己的想法，无法跟别人沟通，每天就是对着冷冰冰的电脑，而在现实中有强烈的孤独感，在遇到问题的时候，也只会用网络游戏的规则来考虑。这反过来又促使他们更为依赖网络去获得情感支持，最终发展为网络成瘾。中学生处于从儿童向青年过渡的时期，从知识到生活技能、人际沟通技巧都需要积极培养，当然，网络在知识获得、新信息获取方面有着不可替代的作用，但是，中学生往往会被其他的新奇信息吸引，从而陷入网络中难以自拔。吸引力越大，上网的次数就越频繁，相应的上网时间也会逐渐增加，发生网络孤独症的几率随之提高。

4. 中学生网络行为问题的教育

（1）加强教育，提高中学生辨别是非善恶的能力

网络信息并非都是有用的信息，其中有很多是垃圾信息，色情及暴力信息在

网上畅通无阻的散播无疑会引诱青少年的犯罪行为和犯罪动机。而且，不同文化价值观在网上的交织、冲突无疑易使青少年丧失辨别是非善恶的标准和能力，以至形成非道德主义。因此，必须帮助青少年树立正确的是非观、善恶观，并以高雅的文化、优秀的寓教于乐的信息引导青少年远离色情、暴力等不健康的信息，促使其健康成长。

（2）积极引导中学生正确认识自我，摆正自我位置

要教育中学生认识到网上的自我满足、自我实现并不是真实的自我满足与实现。应该帮助中学生提高自我意识水平，帮助他们解决"主观我"与"客观我"、"理想我"与"现实我"的矛盾，促进青少年自我同一性的确立，将他们从网络的虚拟世界中拉回到现实社会中来，把互联网真正理解成一种工具、一种补充，而不是逃避现实的避风港，使青少年真正感受到自己存在的价值。

（3）引导学生积极参加社会实践

社会实践能力的缺乏也容易导致中学生通过网络来满足人际交往的需要、解决心理困扰问题。所以应多鼓励学生参与社会实践，指导他们在实践中发展人际交往的技能，提高自我调控的能力，在遇到挫折、面对压力时能采取有效的行为方式来缓解心理困扰，发展良好的人际关系。在平时的教育活动中应组织丰富多彩的业余活动，给他们提供展示自我的舞台，促进他们的自我完善。

（4）建立家校协同监管机制，强化外在约束作用

中学生的意志力还处在发展之中，自我控制能力毕竟还不够完善，这就需要家校携手，共建监管机制。家长与学校可共同制定完备的青少年网络行为准则，确定青少年网络行为的具体标准，采取多种形式进行检查和评估，把遵守网络行为规范纳入学生行为测评中，使学生通过外在评价自觉遵守网络行为准则，以外在约束力帮助学生形成良好的网络行为习惯。

第三节　班主任心理辅导的方法与技术

一、心理辅导概述

（一）什么是心理辅导

心理辅导，指的是辅导人员运用心理学的原理和方法，为辅导对象在工作、学习和生活中碰到的一般心理问题提供直接或间接的辅导和帮助，以使帮助对象

缓解心理困扰，树立合理的观念，获得恰当的行为，对环境有良好的适应，表现出积极的发展状态。心理辅导是由具备心理学背景的专业人员或是接受过专门训练的人来完成的，是专门针对心理方面的问题的辅导工作。通常情况下，心理辅导与心理健康教育的概念相等同，学生主要通过学习相关知识和技能训练来提升心理健康意识，主动调节心理困扰，强调学生的自助。这既有别于教学和管理工作，但又与各种教育活动有密切的联系。由于班主任工作目标与心理辅导要实现的最终目的是一致的，加上班主任与学生接触最多，对学生最了解，学生与班主任关系也最密切，他们对班主任有一种天然的向师性，这就使得班主任是对学生开展心理辅导工作的最佳人选。

此外，心理辅导与心理咨询常被当做同一概念可相互替换使用，但它们与心理治疗有较大的区别。心理辅导与咨询以有轻度、中度心理问题的正常人为帮助对象，心理治疗的对象主要是有严重心理问题或有精神疾患的个体；心理辅导基于的是发展性模式，将帮助对象看成是发展中的人，以积极的态度对待当事人当前的问题，重在发展和预防，而心理治疗基于的是个别对待的医疗性模式，所建立的是医患关系，其治疗目标是消除对象的疾病症状，重在矫治与修复。

（二）学生心理健康的标准

美国心理学家马斯洛等人曾提出心理健康的10条标准：①有充分的安全感。②充分了解自己，并对自己的能力有适当的估价。③生活的目标切合实际。④与现实环境能保持接触。⑤能保持人格的完整与和谐。⑥具有从经验中学习的能力。⑦能保持良好的人际关系。⑧能适度地控制和表达情绪。⑨在不违背团体要求的情况下，能适度地发挥个性。⑩在不违背社会规范的前提下，能适当地满足个人的基本需求。

香港学者林孟平博士认为心理健康的标准是：①自我接纳（但不是自我陶醉）。②自我认识。心理健康的人自我观察力特别强，能认识自己。会时常作出内省与反思。③自信心和具有自制能力。④清晰地洞察（带点积极乐观）现实情况。心理健康的人积极地看待自己的潜能和将来，偶尔会使用自卫机制协调危机。⑤勇敢，在挫败时不会一蹶不振，具复原力。他们能适应新的环境，在危机及挫折过去之后"反弹回来"，能再站起来、重整自己，然后再重新开始。⑥平衡和进退有度。⑦关爱他人。⑧热爱生命。⑨人生有意义。

国内学者对心理健康的标准认定不一，但总体上都涉及以下几个方面，本书将其作为可参考的心理健康的标准。

1. 身体健康，智力正常

身体健康主要是指个体无生理方面的缺陷，无先天的遗传性疾病，生理功能完好等。身体健康是中小学生正常学习、生活的基本条件，智力是一个人学习、生活与工作的基本的心理条件，也是人适应环境、自我成长的保证。

2. 情绪乐观健康

情绪乐观健康表现为心胸开阔，既不会患得患失，也不鲁莽冲动，情绪反应适度，既能够积极地体察他人的情绪变化，也能够觉察自我的情绪并主动控制和调节。

3. 意志品质逐渐健全，自制性强

意志品质体现在自觉性、果断性、自制性和坚韧性四个方面。意志品质的完善，尤其是自制力的培养是学生心理健康教育的重要内容。学生应对自己的言行举止表现出相应的自觉性和自制力，具有一定的信念和意志力，果断但不草率，面对生活和学习的困难与挑战不逃避、不退让、不依赖，能够主动去克服困难，表现出一定的独立性。

4. 人格逐渐完善独立，个性品质良好

人格可理解为一个人的整个精神面貌，它是一个人经常的、稳定的、本质的、具有一定倾向性的心理特征。个性品质是指一个人在兴趣、需要、动机、价值观、人生观、世界观、气质、性格和能力等方面表现出来的良好品质。健康的人格特征主要表现为：

（1）能够悦纳自我，形成健康的自我意识

健康的自我意识能激发人的自尊心、自信心、责任心、事业心和自豪感，从而推动人的学习和生活。具体表现为对自己有较明确的了解，能客观地认识和评价自己，既能面对自己的缺点和不足，主动加以完善，也能肯定自己的能力和才干；对取得的成绩不骄不躁，对失败和挫折归因正确；行为表现符合中小学生心理年龄特点。

（2）人际关系和谐，社会适应良好

人际关系和谐的表现是：乐于与人交往，在交往中能保持独立而完整的人格，知人知己，能客观地评价别人，取长补短；在交往中能用尊重、信任、友爱、宽容和理解的态度与人友好相处，与集体能保持协调的关系。善于结交知心朋友，与朋友能沟通心灵，友好相处；面对矛盾和分歧，能正确对待，妥善处理，并有乐于助人的愿望和行为，在新环境中能很快地适应。

中学生良好的社会适应首先表现为对生活和学习的态度积极乐观，对未来充满希望，能够面对现实，乐于参与社会活动，具有社会责任感和相应的道德情操；其次，有积极的人生态度和价值观，有理想、有信念、有抱负，敢于面对现实，勇于承担责任，能树立切合实际的奋斗目标，并为之奋斗。

（三）学校心理辅导的目标

心理辅导的目标体现并规定了对中学生进行心理辅导的目的和要求，也是对中学生实施心理辅导工作的依据和准则。目标是心理辅导工作开展的出发点和归宿点，心理辅导的最终效果也是依据目标是否实现来评估的。正确理解和把握学校心理辅导的目标对于有效开展心理辅导极为重要。确定心理健康教育的目标时应遵循以下几个原则：第一，超前的社会适应性原则。应选择有利于适应将来社会的人格特征作为我们教育的目标，使学生能够适应将来发展了的社会环境。第二，发展性原则。应将学生看成是处于人生发展最迅速的时期、具有多种发展可能性的人。第三，可操作性的原则。心理辅导的目标要明确，具体化为可以观察评定和可以训练培养的心理行为特征的改变。第四，协同性原则。心理辅导的目标必须与学校教育目标协同一致，还应该与社会教育、家庭教育保持一定的协同性。

当前学校心理辅导的总目标是促进学生的心理健康，培养学生良好的社会适应能力与健全的人格。具体目标是：

1. 矫正与预防中学生心理与行为问题，促进学生心理健康

学生在其成长过程中均会出现程度不一的心理与行为问题，如任性、脾气暴躁、攻击性行为、说谎、恐惧、多疑、焦虑与压抑、自卑等，要通过适当的心理辅导策略与行为训练来加以矫正。当学生某方面的心理困扰尚未严重时，及早地进行心理辅导，相当于给心理打"预防针"，可以防止心理与行为问题的出现。

2. 培养学生良好的心理素质和健全人格

良好心理素质与健全人格包含多方面的特征，包括培养自主坚强的人格、良好的意志品质、正确的自我意识和良好的社会适应，使他们能够根据自己选定的目标勇于挑战，力争上游，尽力做好事情，争取成功。

3. 培养中学生的关爱品格，养成良好的社会兴趣和交往技能

通过心理健康教育，让中学生学会关心人，学会爱人，不仅要关心自己，爱护自己，更要同情他人，关心和帮助他人，包括自己的父母、老师与同伴。还要让中学生学习相应的社会交往的技能，能够倾听他人谈话，自如地表达自己的思想感情，还会懂得有关的礼节，等等。

4. 培养中学生乐观开朗的性格特征

通过心理辅导，帮助中学生树立正确的人生态度，使他们学会积极思维，对前途充满希望和信心；培养中学生的幽默感与开朗的性格以及应付挫折的心理承受力。帮助中学生在挫折和困难面前，采取正确的态度和正确的应付方法。

5. 开发中学生心理潜能，促进中学生的智力发展

学习与智力发展是中学生心理健康教育的主要内容，应培养中学生的求知欲与学习兴趣；培养中学生良好的学习方法与学习习惯；训练中学生的思维，开发中学生的智能与创造性。

（四）学校心理辅导的原则

心理辅导原则是辅导工作中应遵循的根本性要求，对辅导工作起指导作用。学校心理辅导应遵循的原则总的说来有以下几个方面。

1. 全体性原则

中小学生处于身心发展最迅速的时期，在发展中他们要面临并解决一系列矛盾或发展课题，如逐步适应学校生活，学会处理人际关系，学会遵守社会规范，形成道德品质，追求人生的意义等，这离不开成人的指导与帮助。因此，心理辅导人员要面向全体学生，以促进发展为目标，以预防心理问题为着眼点，切实帮助学生解决发展中的心理和行为问题。

2. 发展性原则

学校心理辅导相对来说有别于其他心理辅导，其中很重要的一点就是学校心理辅导更为强调发展性原则。学校心理辅导人员应本着学生是发展中的人这一基本观点，充分认识到每个学生都具有心理发展的潜能，都有发展的可能性。通过心理辅导，不仅要帮助他们解决当下面临的发展中的问题，还要发掘学生身上的各种潜能，促进其得到更好的发展。因此，辅导人员应更多地启发、引导学生认识自我，调动他们的积极性、创造性。同时，辅导人员要对学生未来的发展抱有信心，以积极乐观的态度对待学生的发展问题，而来访学生也会从辅导人员的鼓励与期待中寻求积极的力量，树立信心，勇于改变。

3. 教育性原则

中小学生是发展中的人，但我们也应该认识到他们是未成年的、需要接受教育的人。学校心理辅导工作，要根据辅导对象不同于成人的特殊性，针对当事人的具体情况提出积极、中肯的分析意见，给出具有建设性的建议，有时甚至需要直接给予行为指导与训练，来帮助中小学生解决心理行为问题。当然，心理辅导不是对学生的行为表现进行对错的判断，不是横加指责，而是要循循善诱，通过交流与分析找出问题的症结所在，有针对性地提出建议和改善心理状态的措施。

4. 保密性原则

保密性原则是心理辅导中最重要的原则，它是鼓励来访者畅所欲言的心理基础，同时也是对来访者人格及隐私权的最大尊重。遵守保密原则也是心理辅导工作最起码的职业道德要求，在辅导中往往会涉及来访者的个人隐私，有些是当事人不能或不愿让他人知道的，辅导人员如随意泄露来访者的私人秘密，就违背了职业道德的要求，这是要负法律责任的。

5. 主体性原则

心理辅导的作用机制在于"助人自助"，只有在学生主动参与、积极探索的基础上，加强自我监管、自觉改变，才能使心理辅导真正发挥作用，而培养独立完整的人格本身也是辅导目标之一。在学校的心理辅导中，辅导人员应充分发挥学生的能动性，辅导内容的选取应充分考虑学生的实际需要，围绕学生关心的实际问题来进行。吸引与鼓励学生参与辅导活动，成为"策划者"、"执行者"，与辅导人员形成合作关系。同时，在进行以言语交流为主的认知改变的基础上，要尽量采取以学生为实践主体、能产生自我体验的活动形式，如游戏、行为训练等。

二、班主任开展心理辅导的形式

（一）个体心理辅导

个体心理辅导又可称为心理咨询，是一对一的辅导形式。是来访者就心理、精神方面存在的问题，找专业咨询人员进行诉说、商讨和询问，以求心理问题得以解决的过程。个体心理辅导是在咨询人员的启发和帮助下，在良好人际关系氛围中，使来访者的潜能得到发掘，从而找到产生心理问题的原因，辨明心理问题的性质，寻求摆脱心理困扰的条件和对策，达到恢复心理平衡，增强心理素质，提高适应能力，增进身心健康为目的的。心理咨询的常见形式有面谈咨询、电话咨询、书信咨询和网络咨询等。

心理咨询对来访者能起到缓解心理困扰的作用机理在于：①宣泄。来访者通过将其郁积已久的情绪烦恼与不适行为倾诉给咨询人员，强化来访者对自身问题的认识，获得理解和尊重。②领悟。来访者在咨询人员的帮助下，全面、深刻地认识其心理不适与情绪障碍。③强化自我控制，使来访者破除某种不良情绪状态和行为方式对自我的禁锢，协调个人与环境的关系，获得内心的和谐。④自我肯定，增强自信心。使来访者积极地面对生活矛盾，调节自我与环境的关系，以乐观、自信的态度对待人生。

个体心理辅导中来访者与咨询员有近距离的接触，易于建立良好的辅导关系，使来访者体会到安全感与温暖。在这种关系的基础上，来访者可以较少防备地谈及较隐秘的问题，对问题的表现、成因和发展进程能进行深入的探讨和分析，进而可以有针对性地提出建议及改善措施，帮助来访者解决深层次的心理问题。个体心理辅导具有因人制宜、便于交流、问题解决程度深入等优点。但在心理咨询中需要运用专门的心理学技术和手段，对咨询人员的专业知识和技能有较高要求。在学校心理辅导中，在近距离观察学生、了解学生以及学生的向师性等方面上，班主任具有开展心理咨询工作的先天优势，但也要注意提高自己的心理咨询专业知识和技能。班主任应该掌握学生身心发展的特点，了解不同阶段学生容易出现的心理问题，明确不同心理问题的辅导策略和辅导目标，能熟练地运用心理辅导技术。而对于较难解决的心理问题，班主任可建议学生寻求学校心理咨询专业人员的帮助，或是建议家长带孩子寻求专业人员的帮助。

（二）团体心理辅导

团体心理辅导是在团体情境下进行的一种心理咨询形式。它是通过团体内部人与人的相互作用，促使个体在团体的人际交往中通过观察、学习、体验，认识自我、探讨自我、接纳自我，改善与他人的关系，学习确立新的态度与行为方式，以发展良好的适应力的过程。团体咨询的感染力强，影响广泛，效率高，省时省力，特别适合于人际关系不良的人。依据团体辅导的模式和目标的不同，可分为发展性团体辅导、训练性团体辅导和治疗性团体辅导。学校内所进行的大多是前两种团体心理辅导。

团体辅导改善心理问题的作用机理在于：团体辅导创造了一种被保护的环境、被理解的场所，团体成员在团体中可以将内心中压抑的消极情绪发泄出来，得到别人的关心和安慰。团体成员在团体中可以发现其他人也存在类似的问题，产生心理共鸣，感觉被接纳和被理解；团体成员在互助互利中可以观察团体行为，从而感悟自己在实际生活中如何实践，尝试新的体验，发展新的适应行为，改变以往的不良观念，重建理性认识。团体心理辅导也是建立在心理学的理论基础上的一种专门活动，有相应的技术要求和操作规范。

相对来说，团体心理辅导解决的是普遍性的问题，其作用机制也和个体心理咨询有所区别。它更强调人际氛围、观察模仿和人际互动对人的心理和行为所起的作用，注重人的外在行为改变来引起观念系统的反省，对个人的心理问题较少作深入的分析，因而在辅导过程中对咨询理论的要求不如个体咨询那么严格。团体心理辅导所使用的方式与手段也与个体咨询有所差异，对辅导人员技术要求上更强调团体的管理和活动的引导方面。在学校中，班级构成了天然的团体，班级人际关系的发展与团体心理辅导人际关系的发展相一致，班主任在班级管理中许多工作的方式与目标是相似的，如果班主任在班级工作中能适当地使用团体心理辅导方法，会使工作更有成效，而学生也能在团体活动中缓解发展中的心理问题，获得成长。

学校开展团体辅导的途径很多，以下是几种常见的团体辅导形式。

1. 心理辅导活动课

心理辅导活动课是团体心理辅导最为常见也是最主要的一种形式，是专门为心理辅导而设置的，不同于一般的班级、团队活动，其目的是帮助学生解决某方面的心理困扰。心理辅导活动课程以围绕某个主题开展的学生活动为主，活动的形式多样，游戏、讨论、技能训练等方式都可结合使用，活动中要让学生"动起来"，并在活动中体验和分享体验，观察模仿他人恰当的行为，在认识与省察自己的不适应行为的同时，学习新的行为方式和建立新的观念系统。辅导活动课不同于以普及知识为主的心理学课程，也不同于学生自发性的游戏，是在教师指导下的有计划、有组织地开展的以活动为主、提升心理品质的课程。心理辅导活动课可以是针对某一方面心理问题的单次活动课，也可以是针对不同年龄学生的发展需求设置的多次、有序、系列的活动课。团体心理辅导课的对象可以是全班学生，也可以是共同具有某类问题的学生群体，如学习困难学生的团体心理辅导课、人际交往困难学生的团体心理辅导课。

团体心理辅导活动课在实施之前需先设计活动方案。活动方案的设计首先要明确活动课拟解决的心理和行为问题是什么，在了解相关的知识的基础上，确定适当的、具体的、可行的课程目标，并考虑使用单次或多次的辅导形式，再围绕目标选择有助于目标实现的活动方式，写出活动方案。单次团体心理辅导活动课通常由热身、导入、主题活动、升华与结束活动这几个环节构成，时间一般以40～60分钟为宜，根据具体活动的设置来选择场地和所需要的道具。

2. 心理辅导知识讲座

心理辅导知识讲座也是在学校心理辅导中常用的一种辅导形式。可以请专家就全校或某一年级段学生共同关心的问题做心理健康教育的报告，如针对中、高考前学生出现的考试焦虑现象，不少中学请专家做关于考试心理调节方面的专题讲座，或是分年级由心理辅导人员专门讲解心理健康知识，如对新生讲关于入学适应的讲座，对中间年级的学生谈学习策略、情感调适、人际关系的处理、耐挫力方面的知识讲座等。这种辅导方式时间短、普及面广，辅导内容易把握，但讲座只能从认知层面来帮助学生加深对问题的认识和提出一些建议，由于学生缺乏技能训练和实践的体验，因而往往感悟不深刻，作用有限。

3. 在课堂教学活动中渗透心理辅导

学科的教学活动中蕴涵着很多适用于心理辅导内容的素材，教学过程中还会经常出现有利于实施心理辅导的教育情境。教师只要细心挖掘，善加利用，一方面可收到心理辅导的实效，另一方面也能让课堂教学更加精彩，取得良好的教学效果。教师在学科教学中应注意：

一是教师应营造民主平等、积极合作的课堂心理氛围，教师和蔼可亲的教态，对"尖子生"、"差生"都给予同样的关怀、爱护，这有助于形成学生生动、活泼、主动的学习态势以及师生情感的互动。

二是对学生进行鼓励性评价，强化学生的成功体验。成功体验对动机激发的作用大于失败的体验，对成绩较差的学生尤其如此。教师在课堂教学中，要善于运用课堂提问、作业等方式，对学生进行鼓励性评价，因人而异地根据不同学生的实际提出不同要求，引导学生正确对待挫折、失败，进而不断激发全体学生的学习动机和积极性。

三是及时化解学生在学习活动中的心理困扰。教师要善于观察、了解和理解学生的情绪、情感。对于学生在学习中出现的疲劳、紧张、懒散、分心、烦躁、厌倦等情绪，要善于因势利导地进行调适、疏导，并随机处理各种突发事件，使学生较长时间地保持平静、愉悦的心态，从事有效的学习活动。

四是教师应重视自身人格的完善。中小学生的人格正处在形成时期，社会环境，特别是教师的人格对其有重要的影响。因此，教师应该有意识地完善自身的人格，以自己的自信乐观、善良正直、积极进取、认真负责、锲而不舍等人格特点去影响学生。

4. 在课外活动中进行辅导

班主任应该根据学生的身心发展规律和年龄特点，在学生喜闻乐见的课外活动中，巧妙地将心理辅导的内容蕴涵其中，这样才能使他们在玩与乐的过程中受到启发和熏陶，并逐步养成良好的心理卫生习惯，获得自我心理保健的途径和方法。学校开展心理辅导，首先，在课外兴趣小组活动中，班主任可利用学生的积极性、主动性，把心理辅导的知识和技能训练与各种兴趣小组的活动结合起来，这样，学生就更容易接受，效果也就更好。同时，在小组活动中，学生们还可以了解人与人之间的优势和不足，学会合作。其次，可将心理辅导融入少先队或共青团组织的活动中。借助少先队或共青团活动的平台，通过主题队会和活动阵地（墙报、宣传栏等）进行心理健康方面的宣传教育，通过一些社会实践活动培养学生的意志品质和良好的行为习惯。此外，在游戏活动中加入心理辅导的成分，既有趣味性、活动性，又有知识性，学生还可从中体验到合作、团结的意义，学生们通过游戏和一些训练活动，能逐步领悟到心理健康的重要性，并且了解到自我心理保健的方法等。

三、班主任心理辅导常用方法与技术

（一）学校心理辅导的常用方法

1. 疏导宣泄

正如有句老话所说的"一吐为快"，当一个人将压抑在心里的苦恼和内心的秘密痛快地倾诉出来时，会有如释重负的感觉，情绪得以平复，不适状态会有明显的好转。在辅导人员真诚地关心、耐心地倾听和询问启发下，来访者会感受到鼓励而勇于畅谈自己的心事，通过疏导宣泄，就能获得一定的心理辅导效果。也可指导学生在平时的生活里学会自行疏泄，如向朋友倾诉，给朋友写信，参加体育运动等。

2. 认识与领悟疗法

认识与领悟疗法是指通过言语的开导，使来访者对其问题的症状原因有所领悟，意识到某种心灵深处的"病根"是当前出现心理问题的原因，特别是童年时期的某些经历可能是导致当前问题的症结，领悟到当前的问题没有存在的意义，从而缓解和治愈心理障碍的过程。认识与领悟疗法是通过辅导人员的分析和解释来实现的。

3. 心理暗示

心理暗示是指通过语言或动作，以含蓄的方式，对自己或他人的行为产生影响的一种方法。通过心理暗示，可解除学生的疑惑，增强其积极转变的信念，减轻其心理负担，达到预防与辅导的作用。在学校心理辅导中，心理暗示尤其注重于对学生自我改变的能力的肯定和潜能的挖掘，使学生对自己的未来充满信心，敢于尝试新的行为方式，再结合重建合理信念和行为训练，就能有较好的辅导效果。此方法对存在自卑感的学生较为适合。

4. 合理情绪疗法

埃利斯等人认为，不良情绪和行为反应不是由某一诱发性事件本身所引起的，而是由经历了这一事件的个体对这一事件的解释和评价所引起的。由于人们头脑里存在非理性的、不合逻辑的观念，当事件发生时就会产生对这一事件的不合理的解释，进而产生不合理的情绪与行为反应。合理情绪疗法强调找出当事人思维中那些不合理的成分，帮助其与非理性信念辩论，转变不合理的认知，对事件给予重新解释和评价，从而使个体的不良情绪和行为反应得到缓解，获得心理平衡。常见的不合理信念有三类：一是要求的绝对化，以"必须""一定""绝对"等语言方式为典型特征；二是过分的概括化，表现为以点代面，把偶尔的失误泛化为自己是个失败者等；三是对所经历的事喜欢夸大其后果而惶惶不可终日。

5. 系统脱敏法

系统脱敏法又称交互抑制法，主要用于对某种情境特别焦虑或有恐惧症状，如考试焦虑、人际交往恐怖等。这种方法主要是诱导来访者缓慢地暴露出导致焦虑的情境，并通过心理的放松状态来对抗这种焦虑情绪，从而达到消除神经症焦虑习惯的目的。系统脱敏法实施的步骤是先建立焦虑等级情境，由低焦虑情境到高焦虑情境逐级放松适应，以最终适应所焦虑的对象。

6. 行为塑造法

行为塑造法是根据斯金纳的操作条件反射原理设计出来的，目的在于通过强化（即奖励）而造成某种期望出现的良好行为持续出现，最后固定为一种行为习惯的治疗方法。一般采用逐步增加难度和要求的作业，并在学生完成作业时按情况给予奖励（即强化），以促使增加出现期望获得的良好行为的次数。比较有效的强化（即奖励方法）之一是行为记录表，即要求学生把自己每过一个时段所取得的进展正确地记录下来，并画成图表。这样做本身就是对行为改善的一种强大推动力。此外，治疗者还可应用其他强化因子，喜爱的食物或娱乐等。通过这种方式来塑造新的行为，以取代旧的、异常的行为。为了使治疗效果得以保持和巩固，需要特别注意如何帮助学生把在特定治疗情境中学会的行为转换到现实的家庭或工作的日常生活环境中来。

7. 代币制法

代币制法也是建立在强化理论基础上的行为改造法，不仅可用于个体，而且可在集体行为矫治中实施。这种方法通过某种奖励系统，使学生在作出预期的良好行为表现时，马上就能获得奖励（代币），得到强化，从而使其所表现的良好行为得以形成和巩固，同时使其不良行为得以消退。在这里，代币作为正性强化物，可以用不同的形式表示，如用记分卡、筹码或标志等象征性的方式。代币应该具有现实生活中"钱币"那样的功能，即可换取多种多样的奖励物品或者是患者所感兴趣的活动，从中可获得价值。用代币作为强化物的优点在于不受时间和空间的限制，使用起来极为便利，还可进行连续的强化；只要患者出现预期的行为，强化马上就能实现；用代币去换取不同的实物，从而可满足受奖者的某种偏好，可避免对实物本身作为强化物的那种满足感，而不至于降低追求强化（奖励）的动机。并且在患者出现不良行为时还可扣回代币，使阳性强化和阴性强化同时起作用而造成双重强化的效果。

8. 厌恶疗法

厌恶疗法利用回避学习的原理，把令人厌恶的刺激，如电击、催吐、语言责备、想象等，与来访者的不良行为相结合，形成一种新的条件反射，以对抗原有的不良行为，进而消除这种不良行为。厌恶疗法有三种主要形式：电击厌恶疗法、药物厌恶疗法和想象厌恶疗法。想象厌恶疗法是将辅导人员口头描述的某些厌恶情境与来访者想象中的刺激联系在一起，从而使其产生厌恶反应，以达到治疗目的。此法操作简便，适应性广，对各种行为障碍疗效较好，也是学校心理辅导中常使用的方法之一。

9. 思维阻断法

思维阻断法又称思维停止法或思维控制法，主要用于强迫性思维的治疗。它在来访者想象其强迫性思维的过程中，通过外部控制的手段，人为地抑制并中断其思维，经过多次重复，使强迫性思维得以逐渐消失。

10. 心理剧

心理剧通过戏剧表演的形式，使得个人生活中的困扰事件、心理冲突等显现出来让来访者以旁观的角度重新审视问题，从而使来访者得到顿悟，获得一种"原来如此"、"茅塞顿开"的体验，以此来探索来访者的人格、人际关系和情绪问题等。这种戏剧化的、令人难忘的经历，给来访者提供自我发现、自我整合的机会，激发其自觉性，增强其适应环境和克服危机的能力。方法主要有角色扮演、角色互换、重现、独白等。

（二）班主任开展心理辅导的常用技术

1. 建立辅导关系的技术

从辅导员的角度来分析，辅导员的尊重、温暖、真诚、积极关注，特别是通情达理等是建立良好辅导关系的必要条件。要做到尊重来访者的价值观、人格和权益，对来访者予以接纳、关注和爱护，这样就可以给来访者创造一个安全、温暖的氛围，从而能最大限度地表达自己；可以使来访者感到自己受尊重、被接纳，感觉到自我价值。

在心理辅导中，对尊重的理解应把握几点：尊重意味着完整接纳；尊重意味着一视同仁；尊重意味着以礼待人；尊重意味着信任对方；尊重意味着保护隐私；尊重应以真诚为基础。辅导人员对来访者的真诚表现为一种发自内心的关爱，以平等的态度与来访者沟通，要求辅导人员的态度是实事求是、适时适度的内心的自然流露，而不是自我发泄。积极关注也称为正向关注，积极关怀，是以积极态度对待来访者，对来访者言语、行为中积极面、光明面、长处、优点予以有选择的、特别的关注，强调正面的优点，使来访者拥有正向的价值观，发现自己的长处、光明面和未来的希望，从而树立信心，增强战胜困难的勇气。辅导人员应相信来访者是能够改变的且具有改变自身的积极因素，相信每个人身上都有优点和长处，都有一种向上成长的动力，都可以通过努力改变自己。但要注意应避免盲目乐观和过分悲观，以事实为基础，积极关注，不能无中生有，否则会适得其反。

2. 倾听的技术

倾听是心理辅导得以开展的基本技能要求，倾听不仅是为了收集信息、明了情况，也是为了建立咨访关系，鼓励来访者更加开放自己，同时，还具有助人效果。

倾听是指辅导人员通过自己的语言和非语言行为向来访者传达以下信息："我正在听"、"我能理解和接纳你所说的"……倾听包括辅导人员通过身体传达的专注以及内心的专注。在倾听时应注意保持身体稍稍前倾的姿势，以接纳的姿势来听取对方的陈述；要保持目光接触，表达出关爱和鼓励，脸部的表情要放松，并随讲话者的说话内容而适时变化，不要随意打断对方的谈话，也不要做一些无关的小动作。另外，要注意把握倾听的本质要求：

一是倾听并非仅仅是用耳朵听，更重要的是要用心去听，去设身处地地感受。不但要听懂来访者通过言语、行为所表达出来的东西，还要听出来访者在交谈中所省略的和没有表达出来的内容。

二是倾听中要有参与，有适当的反应。反应既可以是言语性的，也可以是非言语性的。比如，用"嗯"、"是的"、"然后呢"、"请继续"等言语，或者用微笑、眼睛的关注、身体的前倾、相呼应的点头等等来鼓励来访者继续说下去。充分运用开放性提问，多使用"什么"、"怎样"、"为什么"等词语来发问，让来访者对有关问题、事件作出较为详尽的反应。

三是倾听更重要的是理解来访者所传达的内容和情感，不排斥、不歧视，把自己放在来访者的位置上来思考，鼓励其宣泄，帮助其澄清自己的想法。在倾听时，通过澄清、释义、情感反应和归纳总结，可以很好地将问题梳理清楚，同时也能让对方感受到被理解和被接纳。

四是倾听时不要急于下结论，也不要轻视来访者的问题。不应表现出不耐烦的态度，更不要作道德或正确性方面的评判。倾听的过程是一个主动引导、积极思考、澄清问题、建立关系、参与帮助的过程。

3. 共情

共情又叫共感、同感、移情、同理心等等。所谓共情，罗杰斯认为就是能体会当事人之内心秘密世界，仿佛身临其境。通俗地说，共情就是能设身处地去体会当事人的内心感受，达到对当事人境况的心领神会。用别人的眼睛看世界，就是共情的形象说法。共情包含同情的成分，但又不完全等同于同情，同情不一定会有对对方感受的理解和体会。共情不仅有同情，更有理解。也就是说，在咨询与辅导过程中，辅导员不但要有能力正确地了解当事人的感受和那些感受的意义，同时还要将这种对感受的理解和体会准确地传达给双方。由于共情，来访者感到自己被理解和被接纳，这样有助于建立良好的辅导关系，使辅导员了解来访者更多的情况。要准确地表达共情，应注意：①要从来访者内心的参照系出发，设身处地体验他的内心世界；②要以言语准确地表达对来访者内心体验的理解；③可借助非言语行为如目光、表情、姿势、动作变化等表达对来访者内心体验的理解；④表达共情应适时、适度，因人而异；⑤重视来访者的反馈信息，必要时可直接询问对方是否感到被理解了。

4. 具体化

具体化技术是在将来访者所表述的问题进一步明确为具体的、可观察的特征，以便找出来访者表达的确切含义，使重要的、具体的事实和情感得以澄清，从而发现问题的实质。例如在心理辅导时，来访者说自己是一个"自卑"的人，心理辅导老师可以用一个开放性的问题："你能给我举一个具体例子吗？"通过对方具体化的回答，我们可以知道这个学生其实是对自己的相貌不满意，而在学习上却很自信。这样使问题得以澄清，同时也让辅导人员找到辅导的着眼点。

5. 面质

面质也称为对峙，就是让来访者面对自己暴露出的态度、思想、行为等方面的矛盾之处，跟来访者对质讨论，以便使其澄清认识，达到对自己的透彻理解。在心理辅导中，来访者对自己身上存在的矛盾能意识到，但是往往有意掩盖不想深入探讨，而有的来访者则察觉不到这些矛盾。例如一位成绩平平的初中生，一方面非要报考某重点高中，对一般高中或职中不屑一顾；另一方面却又觉得自己的压力很大。又如不主动与他人交往的学生却抱怨自己没有朋友等。辅导人员通过面质促使来访者认清事实，客观评价自己和他人，以采取更积极、更为现实的社会行为来解决问题。面质不是对来访者认识、感受的直接、简单的反馈，而是更重视对方较深层的动机与行为之间的矛盾。一般认为在以下情形中应进行面质：①来访者的自我观念与他的理想自我不一致；②来访者的自我观念（自我知觉和评价）与他的实际行为表现不一致；③来访者的自我体验与咨询者对他的体验和印象不一致；④来访者所谈到的体验、思想或看法前后不一致。

要注意的是，面质必须建立在良好的咨询关系的基础上，因为对来访者来说，面质很可能是应激性事件，所以面质要在来访者能承受和接受时才能使用；面质最好是尝试性的，不要咄咄逼人，宜采取逐步接近要害的方式。面质不可用得过多，那样可能会损害辅导关系。

阅读材料一

上海市教育局根据中学生的年龄特征和年级特征提出了心理健康教育阶段性目标，对指导我们的实际工作很有参考价值。

初一年级目标：

适应新的学习环境和学习要求，富有责任感和进取心，形成良好的自我认识能力。

初二年级目标：

掌握青春期的生理和心理卫生常识，适应自我身心变化，能够大方得体地与同学、异性和长辈交往，逐渐养成勤奋精神和刻苦毅力。

初三年级目标：

形成锲而不舍的个性特征，掌握自我心态、情绪的调适方法，改善学习方法，能够在升学和就业方面作出合适的决定。

高一年级目标：

适应高中学习环境与学习要求，增进集体感和人际交往能力，掌握自我调适与自我改变的技能。

高二年级目标：

培养丰富的情感，增强社会责任感，发展创造性。

高三年级目标：

认识自己的社会价值，关心国家命运并具有使命感，具有奉献精神，选准自己的发展方向与人生目标，能娴熟地运用技巧自我调节情绪，成功完成中学阶段的最后冲刺，能够作出升学或择业的最佳选择。

阅读材料二

提升学生问题解决能力、开发潜能的单次活动设计框架

阶段	活动目的	活动名称	活动时间	参加人数
热身	活跃气氛调动身心 （《雨点变奏曲》）		5分钟	全体
导入	引发反省	故事分享	10分钟	全体
主题	体验身心感受 学习表达情绪 学会应对	让我们 做得更好	20分钟	全体
升华	感受力量与 成长的快乐 （《心有千千结》）		5分钟	全体

改善学生人际关系、学习人际交往的系列活动课设计框架

次数	单元名称	单元目标	活动内容	所需材料
1	知你知我	互相认识	引发兴趣 "刮大风" "无家可归" 自我介绍 名字的故事 建立团体规范	海报纸 水彩笔
2	同舟共济	培养团体意识 鼓励互相信任	信任之旅 突围闯关	手帕或纱巾 每人1条

续表

次数	单元名称	单元目标	活动内容	所需材料
3	众志成城	认识合作的重要 增进团体的气氛	"建高塔" "汪洋中的一条船"	画报纸、胶带、 剪刀、报纸
4	相亲相爱	学习接纳他人 互相欣赏 学习合作共事	独特的我 优点"轰炸" 图画接力赛	海报纸、图 画纸、油画 棒、图钉

（此活动由樊富珉于 2003 年 1 月设计）

【技能训练】

训练一：

训练内容：

分析学生心理问题的类型和原因。

训练目标：

1. 通过分析案例，进一步认识学生中常见心理问题的类型和表现

2. 通过对不同问题的分析，加深对青少年心理发展规律的认识，进而理解学生常见心理问题形成的原因的影响因素。

3. 能鉴别学生的心理问题，并能有针对性的开展心理辅导。

训练范例：

案例一：

小学二年级女生小蓓曾经是个爱笑、爱闹的可爱的女孩子，在幼儿园时很调皮，但很受老师和其他小朋友喜爱。进入小学后，由于她总是不能按照老师的要求遵守课堂纪律而经常被老师批评，其他同学也因为这而不大愿意和她玩。再加上小蓓很粗心，每次考试成绩都不是很理想，还被同学取笑过。逐渐的，小蓓情绪开始变得低落，不那么爱和同学们在一块玩了，上课时还走神发呆，被老师、父母批评时就哭，如果哪个同学说她"笨"，她就打那个同学。到后来，只要一提到学校小蓓就有强烈的情绪反应，怎么劝也不愿意去学校了。

提示：小蓓的情况是典型的学校适应不良。学校适应不良是由于缺乏必要的学校学习生活的准备导致在学校中会遇到较多的挫折，这反过来会加重学生的学校适应不良，进而出现学习困难，以及焦虑、抑郁等情绪反应，这会极大地影响学生的心理健康。在进行指导时，应首先帮助学生对学校和学校生活要求有个明确的认识，在心理上做好准备。其次，要对学生进行适当的行为训练，如遵守纪律、如何与他人相处等行为训练。第三，可以让家长与教师共同协商，适当降低

对学校适应不良学生的要求，让其有一个逐渐适应的过程，让学生在适应过程中树立起信心，更好地融入学校生活。

案例二：

小刚是个内向腼腆的男孩子，上小学的时候成绩很好，很听父母的话，和别的小朋友相处不错。上了中学后，小刚的个子一下子蹿高了很多，和妈妈走在一起还高出半个头。由于学习变紧张了，父母对小刚管得比以前严，小刚常常很想和别的同学一起出去玩，但往往被父母阻拦。小刚不再愿意向爸爸妈妈说自己的事情，经常将自己一个人锁在房间里，成绩下滑得很厉害。父母很担心，要求小刚在他们面前看书、写作业，小刚不愿意，还经常性地把父母的话置之脑后。有一天，小刚自己去剪了一个学生中很流行的发型，但在妈妈眼里那个发型是不良少年的特征，为此母子二人大吵了一架。小刚的妈妈又生气又伤心，她想不通："以前的小刚从不会这样的啊。""那个又懂事又听话的儿子哪去了？"

提示：小刚的问题是青春期阶段的心理和行为问题。青春期的青少年由于生理发育已逐渐成熟，产生了强烈的成人感，要求受到尊重，希望能独立处理自己的事情。并且这个阶段的青少年对友谊的渴望非常强烈，他们愿意与同龄人一起分享成长中的快乐与各种困扰。如果这些需要得不到满足，就极易产生心理和行为问题，表现为自负与自卑两极震荡的矛盾、孤独感等。帮助策略为：首先，帮助小刚正确认识自己身心的各种变化，正确对待自己，正确对待父母和教师对自己要求的冲突，以恰当的方式满足心理需要；其次，要帮助家长理解青春期孩子的心理变化，改变与孩子相处的方式，更多地表现出对孩子的尊重和接纳，适当地满足其要求独立、渴望友谊的心理需要，以民主、平等、朋友的方式引导孩子健康成长。

案例三：

有个学生在日记中写道："……不知怎么的，我逐渐盼望早上赶快到来，我想快快到学校去，想见到××。""原来觉得见到她是我最开心的事，她对我却视而不见，有时还故意避开我，我还是忍不住想和她说话，我真恨自己怎么那么不争气。""……真不知道该怎么办，见不到她我难受，见到吧又不自在。现在上课对我来说真像是酷刑，老师讲的话我一点也听不进去，自己也不知道在想什么，唉……""今天考试成绩发下来了，我怎么会才考这样一个分数啊！上次爹妈就警告我了，如果分数再下降饶不了我，这次我死定了，我该怎么办啊？"

分析：这个学生出现了什么问题？应该如何帮他？

提示：该学生出现了早恋带来的心理困扰问题。中学生到了青春期，性心理发育使他们易对异性产生好奇和仰慕之心。他们渴望和异性相处，希望变到异性的关注。这种性心理有的会发展为早恋，出现和成年人一样的恋爱苦恼，从而会影响其学习和生活。对于这种情况，教师首先应理解出现这种情况是青春期学生性心理发育所导致的，对此不应作道德上的评价。处于性心理发展中的中学生需要引导他们作正常的异性交往，不应将其心理变化视若"洪水猛兽"而采取一些比较简单化的方式作草率处理，因为这将会造成师生彼此间的对抗和伤害。教师应根据他们生理、心理变化特点，引导他们正确看待性心理发展，有意识地控制和转化对异性的好感，认识到应把主要精力放在实现自己的美好理想上；同时，教师还可有目的地组织学生开展丰富多彩的课外活动，给学生搭建一个异性正常交往的平台，以满足其性心理发展的需要；还可通过活动发挥学生特长，陶冶学生的情操，使他们的学习生活过得既紧张，又有意义，且富有乐趣。这样，早恋及其恋爱苦恼之类的事就可以避免。

案例四：

肖晓和刘蕊是一对好朋友，平时几乎形影不离，同学们都知道只要她们俩其中一个出现，另一个八成也一起出现，她们自己也打趣说她们俩像连体婴儿。有一次老师派肖晓去参加校演讲比赛并取得了好的名次。比赛结束后，肖晓找到刘蕊想和她一起分享胜利的喜悦，可刘蕊说她有事要忙走开了。之后她们俩在一起时，刘蕊总是不冷不热的，有时还阴阳怪气地嘲讽肖晓……慢慢地，她们在一起的时间越来越少，不再像以前那样亲密了。并且，肖晓发现，原来和她俩关系都不错的同学似乎也开始对她有成见，有时会在背后议论她，还故意疏远她。肖晓知道是刘蕊在中间搞的鬼，她不明白自己做错了什么。她不想失去这个朋友，但又不知道该怎么去挽回。肖晓感到很苦恼，上课没精神，学习也退步了。

提示：肖晓的问题属于中学生的人际交往问题。中学阶段是对友谊最渴望的时期，但由于社会交往经验不足，个性发展尚不完善，中学生的人际交往常常不深刻，容易产生不良交往心理和出现不良交往模式；另外，中学生人际交往中交往对象有较大的选择性，容易以"小圈子"的方式交往，如果感觉自己被排除在"圈子"之外，会使其产生情感上的焦虑和痛苦。案例中刘蕊出于妒忌心理故意排挤肖晓，未意识到朋友之间应该相互支持、相互帮助、共同进步，而是采取了孤立、挑唆等不良交往行为。对此，教师首先应帮助肖晓正确认识友谊对人的发展有重要作用，但不应夸大其影响。要帮助肖晓扩大交往对象，丰富业余生活，尽快从人际苦恼中走出来。其次，要向刘蕊指出其不当之处，帮助刘蕊认识自己身上存在的不良心理，引导其正确认识友谊以及应表现出怎样的交往行为，最后，教师应在班中引导正确的舆论导向，营造一个良好的班级心理氛围，以利于学生发展良好的人际关系。

案例五：

天天是小学五年级的学生，聪明机灵，平时学习很勤奋，很讨老师们的喜爱。父母对天天也很宠爱，基本做到有求必应，唯独对天天玩电脑、上网的要求坚决不答应。天天的父母早听说学生沉迷网络后会带来诸多的问题，他们担心天天一旦使用电脑也会沉迷进去，所以家里的电脑一直锁着。可最近几个月以来，天天的父母发现，天天回家的时间越来越晚，有时还撒谎，学习也一落千丈。后来父母才知道天天是去网吧了，追问之下才知道天天有一次去同学家玩，一起玩了网络游戏，天天觉得非常新鲜刺激，之后天天就跑到网吧去玩。父母软硬兼施，要天天再也不玩电脑了，可天天依然故我。一次考试成绩下来，天天才考了32分，父母气不过打了天天，天天一气之下离家出走了。

提示：天天的问题属不良网络行为问题。当今时代，青少年上网是一件很普遍的事，其中有一部分人因长期沉迷网络，荒废了学业，对身心健康造成极大的损害。但是我们也应该看到，网络作为工具，其本身并没有好坏之分，关键是人们如何使用它。毋庸置疑，网络的开放性、方便性和内容的多样性和广泛性，为青少年提供了一个广阔的学习天地，拓宽了学生的思路和视野，有助于促进学业，而其超时空性、平等性和匿名性对学生有极强的吸引力，因此，对于学生上网问题，堵不如引、压不如管。天天的父母不让天天接触电脑反而加重了天天的好奇心，以致天天到网吧，在没有监管下沉迷于游戏之中。对此，教师应和父母一起，帮助学生端正上网动机，引导学生学习网络道德规范，明确网络行为要求，提高其内在的自律能力。同时，教师还可以通过开设信息技术课程让学生学会合理地使用网络，让网络成为帮助学生提升自我的工具。对于沉迷于网络的学生，教师要多关心多鼓励，让他们感受现实的温暖，对于不同学生的上网原因要区别对待，要因材施教，根据每个学生的不同特点，长善救失，制订好学习和生活计划，让学生的生活充实有序。

训练建议：

1. 根据学生所处的年龄和学段，对照青少年心理发展规律，初步确定学生心理、行为问题所属范畴。

2. 注意观察学生心理问题的表现形式和行为特征，进一步确定学生心理行为问题的类型。通过集体讨论使得对问题有全面的看法。

3. 集体讨论选择恰当的辅导方法。

训练要求：

1. 掌握中、小学生心理发展与特点，常见心理问题与类型及成因。

2. 能针对学生的心理和行为问题给出恰当的建议，帮助学生缓解心理和行为问题。

3. 学习鉴别学生心理问题的方法和程序，写出心理辅导活动计划与方案。

训练二：
训练内容：
通过具体心理辅导过程演练，掌握心理辅导的技术要领和要求。
训练目标：
1. 通过观摩心理辅导过程，进一步认识心理辅导中常用的方法与技术。
2. 通过实际练习掌握心理辅导的技术要领。
3. 能根据学生心理和行为问题的类型，有针对性的选择心理辅导的方法和使用恰当的辅导技术。
训练范例：
一、观看心理辅导视频，讨论辅导中所使用的方法和技术。
二、模拟心理辅导情境，讨论心理辅导中不同方法和技术的应用。
实例：涛涛是初二年级的学生，性格内向，平时话不多。这天，他在老师的办公室门口徘徊了一段时间，欲言又止的样子……
老师应该如何接待这个学生？如何开始谈话？如何倾听？（教师示范）
……
涛涛："老师，我是不是个笨蛋啊？"
老师："你为什么这么说呢？是不是有什么事让你很难受？"
涛："我就是笨嘛，我什么事也做不好，别人都取笑我，我都不想上学了。"
师："哦，如果有人取笑我，我也会难受的。所以老师能理解这种感受。不过你能不能说说具体是怎么回事呢。"
……

这段辅导中老师应用了哪些辅导技术，这些技术分别要达到什么目的？
师："你刚才是不是想说你总是觉得自己不如别人，所以你不敢做你平时没尝试过的事，别人说的不对你也不敢反驳，所以你尽量避开同学，这样你就不会和他们发生冲突了。可是还是有几个同学喜欢逗你，你很烦，但是也没办法？"
涛："嗯。他们就是老取笑我。"
师："你再想想，他们对你说的话是不是都是讽刺的话呢？"
涛："好像也不是。"
师："你说说看他们对你说的都有些什么？"
这段辅导老师应用了哪些辅导技术，目的是什么？
……

师："你看，其实同学们对你说的那些话并不都是在讽刺你。试试看，换一个角度去看同学们的态度，把自己想象成他们的好朋友，现在你再来判断一下同学们说的话，好吗？"。

这段辅导使用了什么方法？

……

师："你看，你已经明白了，不是你笨，也不是同学们喜欢取笑你，是你看问题的角度可能偏了点。其实，你是自卑心理在作怪。自卑是一种不良的心理状态，它不仅会让我们看不到自己身上的优点，反而会夸大自己身上的缺点。每一个人都是有优点的，如果看不到这些优点，就会觉得自己的一无是处。自卑心理还会让我们不敢去挑战，不敢和别人交往。你觉得你是不是这样一种情况呢？"

这段辅导中老师应用了什么技术？

……

老师："好，老师现在教你一些方法，只要你照我教的方法去做，一定会让别的同学对你刮目相看的，你想不想试试？"

接下来，老师教了涛涛一些树立自信的方法以及交往的技巧。

这段辅导中，老师应用了什么方法？

三、学生互为对象，练习辅导技术的使用。

训练建议：

1. 在观看与观摩心理辅导时，要注意观察细节，如表情的变化、肢体动作、语言内容及语调的变化等。

2. 学生相互作辅导训练时，被辅导对象要开放自己的内心，辅导者要从对方的反应来调整自己的行为。一轮练习结束后互换角色再进行练习。练习完后分享在辅导中的感受。

3. 教师根据学生的表现及时予以指导。

训练要求：

1. 掌握并能应用心理辅导的基本方法和技术。

2. 能针对学生的心理和行为问题实施恰当的心理辅导。

本章测评要求：

1. 查找资料，写出中、小学生心理特点分析。

2. 设计一份指导青少年修正不良自我认识、自我调适的活动方案。

3. 写出一份指导青少年交朋友的方案。

4. 设计一份指导青少年异性交往的方案。

5. 设计一次以"认识网络"为主题的班会方案，指导学生正确上网。

第七章　学习心理指导

【**目的和要求**】了解学生不同学习心理特征，了解学习困难、厌学及其成因，了解成就动机的结构以及影响学习者成败原因的多样性，掌握成就动机培养的方法。

【**重点和难点**】理解影响学习者成败原因的多样性，掌握成就动机的培养方法。

第一节　中小学生学习心理的一般特点

学习心理是指学生学习过程中影响学习行为和学业成绩的心理过程、心理倾向和心理特征。学生的感知、记忆、思维、想象等认知活动、情感过程和意志过程不仅在不同年龄、不同年级学生的纵向比较上呈现明显的水平不一，而且在相同年龄、相同年级学生的横向比较中也存在个性差异。

一、小学生学习心理的一般特点

（一）小学生心理过程的特点

1. 小学生认知过程的特点

（1）小学生知觉的特点

小学生知觉的突出特点是随年龄增长，知觉的有意性、精确性逐渐增强。比如，低年级的小学生的知觉具有无意性强、精确性较低等特点，因而容易在学习中分心，容易混淆形近字，到了高年级时，知觉的有意性、精确性均会大幅提高。

（2）小学生记忆的特点

小学生的记忆特点主要表现为由无意识识记向有意识记发展；由机械识记向

意义识记发展。低年级小学生识记的无意性强，从三年级开始，小学生的有意识记逐渐占主导地位，同时，随着他们知识的增长，理解力的提高，意义识记的比例也越来越大，机械识记的比例则越来越小，逐渐从机械识记为主向意义识记为主发展。

（3）小学生思维的特点

小学生思维发展的主要特点是：①小学生的思维同时具有具体形象的成分和抽象概括的成分。低年级学生的思维以具体形象思维为主，从高年级开始，学生逐渐学会区分概念中本质的东西和非本质的东西，但此时的抽象逻辑思维依然离不开直接经验和感性认识，思维仍具有很大成分的具体形象性。②小学生思维发展的过程中，存在着由具体形象思维向抽象逻辑思维过渡的"质变"期，亦称"关键年龄"（四年级，约为 10 到 11 岁）。③小学生的思维品质在不断发展，思维的深刻性、灵活性、敏捷性、独创性都随年龄的增长而增强。

（4）小学生想象的特点

小学生想象的主要特点是：有意想象增强；想象更富有现实性；想象的创造成分增多。

2. 小学生情绪情感过程的特点

小学生情绪情感的特点主要有：表情丰富但不善于控制自己；情感的内容不断扩大与加深；冲动性减少而稳定性增加。

3. 小学生意志过程的特点

小学生意志过程的特点主要表现是意志薄弱且受暗示性强；动机和目的有被动性和依赖性；不善于反复思考和计划。

4. 小学生注意的特点

从无意注意占优势，逐渐发展到有意注意占主导地位。无意注意具有被动性，主要取决于刺激物在强度、新异性和变化性等方面的特点。随着年龄的增长和大脑的不断成熟，内抑制能力得到发展，再加上通过教学的要求和训练，小学生逐渐理解了自己的角色与学习的意义，有意注意逐渐得到发展。到五年级时，小学生的有意注意已基本占据主导地位。另外，小学生注意的范围较小，注意的集中性和稳定性差，而且注意的分配和转移能力差。

（二）小学生个性心理

1. 小学生个性倾向特点

（1）小学生需要的特点

在整个小学阶段，小学生有着强烈的活动需要，包括对游戏活动和运动活动的需要。认识需要是小学生的主导需要，表现为由低级向高级发展的趋势。交往需要是小学生最基本的社会需要。小学生的成就需要主要体现在小学生的学业方面，其发展主要有两个特点：一是随着年龄的增长，小学生的抱负水平提高；二是对学业失败焦虑程度增长。

（2）小学生的动机特点

儿童的学习动机有四种类型：第一，为了得到好分数，不想落后于人，或是为了得到老师和家长的表扬、欣赏和奖励而学习；第二，为履行集体或组织交给的任务，或为集体或组织的荣誉而学习；第三，为自己的前途、理想、升学而学习；第四，为祖国的前途、为社会的进步而学习。

在整个小学阶段，主导的动机是第一和第二种类型，低年级的小学生的学习动机多为第一种类型。

（3）小学生的兴趣特点

小学生对学习的兴趣由直接兴趣向间接兴趣转变。随着小学生年龄的增大，其兴趣范围逐渐扩大。

（4）小学生价值观的特点

小学生的价值观表现为从个人价值观向群体价值观过渡。

2. 小学生个性特征

（1）小学生气质的特点

由于气质的天赋性和相对稳定性，不同的小学生往往表现出明显的气质差异：

胆汁质的小学生表现为：精力充沛，情绪发生快而强，言语动作急速而难以自制，内心外露，率直、热情、易怒、急躁、果敢。

多血质的小学生表现为：活泼好动，富于生气，情绪发生快而多变，表情丰富，思维语言活动敏捷，亲切、浮躁、轻率。

粘液质的小学生表现为：沉着冷静，情绪发生慢而弱，性格内向，思维言语活动迟缓，坚韧、执拗、淡漠。

抑郁质的小学生表现为：柔弱易疲倦，情绪发生慢而强，观察细致，感受性高而富于自我体验，言语动作细小，无力，胆小、忸怩、孤僻。

值得一提的是，典型的气质类型并不多见，多数人的气质都是两种或两种以上的气质类型的混合。气质无好坏之分，教师要注意避免对学生的不同气质产生偏见。

（2）小学生的性格特点

在小学阶段，学生已经逐渐形成了自己的态度特征，但还不够稳定，容易受到环境的影响而发生改变。如对学习的态度，低年级的学生会表现出明显的不稳定性，到高年级阶段，随着自我意识的发展，部分儿童对自我言行的统一性要求增强，稳定性会大大提高，并逐步形成稳定的性格特征。但仍然有不少儿童的态度还不够稳定统一，还不能形成鲜明的性格特征。

小学生性格发展的总趋势是：第一，性格发展水平随年级升高而提高；第二，二年级到四年级发展比较慢，表现出发展的相对稳定性；第三，四年级到六年级发展比较快，表现出发展的快速增长性。

（3）小学生的能力特点

小学阶段，小学生的能力在学校、家庭等环境因素的影响下，在自身努力的作用下可以得到迅速发展，同时表现出明显的个体差异。在发展速度上，有的学生发展快一些，有的发展得慢一些，特别是能力类型方面差异更为明显。例如，思维类型上有两种典型的类型：慢智思维与快智思维。慢智型思维活动的速度比较缓慢。这类学生平时的学习成绩较好，逢考试却显示不出多大优势，并且害怕考试，通常在考试时间比较紧、题量比较大的考试中，他们往往感到考试时间不够用，考分也比较低，甚至有些课程不及格；而在考试时间比较充裕、试题量不太大的考试中，往往能够取得比较好的成绩，甚至取得比较突出的成绩。他们在课堂上回答老师的提问往往答非所问；如果给他们一些时间做准备，或者让他们以书面的形式回答问题，他们往往回答得比较出色。他们在各类智力竞赛中往往成绩不佳，而让他们参加一些征文比赛时，通常能够取得比较好的成绩。他们一般喜欢自己看书学习，可以自我调控学习的时间和进度，对感兴趣的问题能进行深入的研究，其智力活动的质量比较优异。对一些问题能有自己独到的见解，往往能够出乎一般人的预料而取得好成绩。快智思维的学生能够迅速地解决问题，他们在考试中，一般都能够按时甚至提前完成答题任务，他们的答案大部分是正确的，但也有一些试题的答案不完整或出现一些不该出现的差错，不过，这类学生只要老师稍加指点，就能很快明白过来，并及时纠正错误。这类学生一般深得老师的喜欢和器重。这类学生往往能够随机应变，在课堂上善于回答老师的提问并得到老师的赞扬。他们尤其适合参加一些智力竞赛活动，并能够取得较好的成绩。但是他们容易找到问题答案的同时，往往容易忽视对问题的广阔性、深刻性、独立性方面的进一步思考，其智力活动的质量往往不高，不能提出一些独到见解，这类学生在学校时通常比较顺利，有不少人担任学生干部，但走上社会之后，有相当一部分人不一定能取得突出的成就。

二、中学生学习心理的一般特点

（一）中学生心理过程的一般特点

1. 中学生认识过程的特点

（1）中学生感知觉的特点

感知的目的性明确，自觉性提高，时间性稳定。小学生感知无意性和兴趣性较明显，如看一幅画往往被整个画面所吸引；或被一些鲜明的颜色、神态吸引而往往忘了观察的目的。初中生则能自觉按教学要求去观察客观事物，并能较长时间地进行稳定的观察。高中生则不受情绪和兴趣的制约，能注意事物的细节，能比较全面地、细致地观察事物，并通过观察，比较事物的本质属性，如做实验（包括物理、化学、生物、电子、电工等等）时，都明显地表现出这些特点。

感知的精确性、概括性不断发展。小学生感知的一个明显缺点，是笼统而不精确，不善于区别事物的细致差别。中学生对比事物的正确率逐步增加；理解事物由抽象到具体。研究表明，初中生视觉感受性比小学一年级学生增高 60％以上；高中学生的视觉感受性和听觉感受性都达到了成人水平，有的甚至超过了成人。他们在这方面之所以能不断发展，是由于思维参加到知觉活动中，能够观察到对象的主要本质，能全面深刻地认识事物。

感知活动中，开始出现逻辑性知觉。中学生感知活动中的逻辑性知觉主要表现在：能把学习到的一般原理、原则，与观察到的个别事物联系起来，把所看到的图形和有关几何定理联系起来。

感知活动中，空间知觉有了新的发展。中学生在学习物理、几何、绘画等学科时，除了直观了解，还能在抽象水平上理解各种图形的形状、大小及其相互间的复杂关系。它说明中学生的空间知觉有了新发展。

感知能力是中学生认识能力中的一个重要方面，作为班主任应根据其特点，提高他们感知的自觉性，扩大他们感知的范围；同时，在教学活动中使用灵活多样的直观教具，使学生产生完整、鲜明、精确、生动的表象，从而发展他们的感知兴趣和能力。

另外，进入青少年时期，中学生的感知有一种特殊形式，即观察——有目的、有计划的、持久的、有思维活动参与的知觉。研究发现，中学生观察的发展具有如下特点：①观察事物的自觉性逐步增强。进入中学以后，每个学科几乎都要求中学生发展自觉的观察力，而且随着其自我控制能力的发展，观察的持久性也不断增强。②观察事物的精确度不断提高。对事物观察的精确度是与分析综合的思维能力密切相关的。随着中学生思维能力的不断发展，他们观察事物细节的感受性逐渐增强。此外，中学生对比事物的正确率也逐渐增加。③观察事物的概括性明显发展。由于思维的发展和思维参与到观察中去，中学生的观察逐渐变得全面和深刻。国内研究表明，初中二年级是学生观察概括性发展的转折点。④观察事物的方法不断完善。随着年龄的增长，中学生逐渐能够掌握观察的程序和操作要求，能够遵循从整体到部分再从部分到整体等顺序进行观察，既能进行全面观察，又能抓住事物的主要特征进行重点观察。

（2）中学生记忆发展的特点

中学生记忆发展的最大特点，就是青少年时期的记忆力是人生中记忆力的最佳时期，达到了记忆的高峰。具体地说，有如下特点：①有意识记随目的性增加而迅速发展。进入中学后，学生逐渐学会根据教材内容，独立地提出识记的目的和任务；能逐步自觉地检查自己的识记效果，主动选择良好的识记方法等。②意义识记能力不断提高。进入中学以后，由于学习内容不断增多、加深，言语和抽象逻辑思维发展，意义识记得到了提高。心理学研究表明，进入初中以后，中学生的意义识记就超过了机械识记，并呈直线上升的趋势；相反，机械识记运用得越来越少，其效果也越来越差。③抽象记忆有较快发展。初中学生在抽象记忆发展的同时，具体形象记忆也在发展，但发展的速度已慢于前者；到了高中时期，抽象记忆发展迅速，而具体形象记忆则开始出现下降的趋势。

（3）中学生思维发展的特点

中学生思维的主要形式是抽象逻辑思维，而抽象逻辑思维发展的突出特点是由经验型上升为理论型。心理学研究表明，初一学生的抽象逻辑思维虽然占优势地位，但在很大程度上，还属于经验型的，还需感性经验的直接支持。初二是中学阶段思维发展的关键时期，从此开始，中学生的抽象逻辑思维由经验型水平向理论型水平转化。到高中一、二年级时，这种转化初步完成，这就意味着他们的抽象逻辑思维日趋成熟。

（4）想象的发展

中学生想象的发展主要表现在：想象丰富、生动。如他们从看到的电影中，产生对艺术形象的神往，想象将来做个航海家或探险家、飞行员、演员等等。他们还会根据老师的生动描述和自己阅读的书籍，产生其他丰富的想象。

2. 中学生情感的主要特点

小学生对情感控制不强，易受感染，不稳定，而中学生容易动感情，也重感情。中学生的情感有以下几个特点：

（1）情感内容日益丰富

随着生活条件的改变和教育水平的提高，中学生情感内容趋向多样化、复杂化。例如，他们对什么似乎都"多情"，对课堂学习、课外活动、国内大事、国际大事，乃至宇宙的奥秘或世界的未来等等事物都感兴趣，对老师、同学也比在小学时有感情。特别是高中生，情感更加丰富。他们敬仰英雄人物，关心国家前途，追求美好未来。另外，随着青春期生理的变化，他们有强烈的友谊需要，有的学生甚至有了初恋的体验。

（2）情感不断深刻

中学生能从事物的本质方面产生感情体验。例如对老师的爱，小学生一般因为班主任对自己和气、态度好而喜爱班主任；中学生则因为班主任兢兢业业工作，严格要求学生；取得良好的教学效果，所以喜爱班主任。

（3）情感的"两极性"明显

中学生的心理隐藏有多种矛盾。表现在情感上，"两极性"十分明显，如他们取得成绩时，非常高兴，有的学生甚至得意忘形；一旦失败，就极端苦恼，悲观丧气；又如他们有为真理献身的热情，盼望完成惊人的业绩，但有的学生却因盲目狂热而干蠢事，情感从一个极端走向另一个极端。

了解中学生情感发展的主要特点后，班主任就要注意培养学生的情感效能：对初中生，既要发挥他们情感的炽热性，又要防止其肤浅性；对高中生，既要巩固他们情感的深厚性，又要克服其片面性。我们要从学生的实际认识水平和情感体验水平出发，使学生情感发展趋于稳定，并逐步服从于理智的监督。

3. 中学生意志的一般特点

（1）自觉性不断提高，但存在着暗示性、独断性

在纪律方面，初中学生在很大程度上容易受别人的影响。在一些"乱班"，能遵守纪律的学生寥寥无几。上高中以后，学生受暗示的行动会逐渐减弱，但又容易出现独断性。有的高中生有强烈的好胜心，好与别人比高低；爱表现自己，甚至自吹自擂；明知错了，还要坚持己见。暗示性和独断性虽然表现形式不同，但都有消极的一面，必须加以引导、纠正。

（2）克服困难的毅力不断增强，但存在动摇性和蛮干现象

中学生在学习、生活、劳动等方面，不断碰到新的情况和新的困难，他们在克服困难的过程中，一方面，意志在不断发展，毅力在不断增强，对那些处逆境而不气馁，顽强拼搏，最终有所成就的人，他们引以为榜样，并以此指导自己的行动；但另一方面，他们存在动摇性：有的学生在取得成绩时，往往趾高气扬，骄傲自大；在碰到困难和挫折时，又往往意志消沉，萎靡不振。他们容易把冒险当勇敢，把轻率当果断，把蛮干、鲁莽当英雄行为，因而容易做出一些错事和蠢事。总之，不论是动摇性还是蛮干行为，都说明中学生意志的发展还不成熟，需要进一步培养。

（3）自制力不断增强，但容易冲动

自制力是人们控制和支配自己行动的能力。有时表现为激励自己去完成任务，实现目标；有时表现为抑制自己，去克服不良动机，纠正错误行为。他们好奇心特别强，但是往往认识能力跟不上，有时贸然行动，不顾后果。

（二）中学生自我意识的发展

自我意识，是指一个人认识自己、对自己作出评价的能力。它是个性发展的重要前提之一，也是进行自我教育的基础。自我意识不是与生俱有的。人在社会

交往中，逐渐把自己当做主体，从客体中分出来，认识到自己的存在和力量，认识到自己和别人的关系，认识到自己的义务，这样，自我意识便逐渐形成和发展起来。中学生自我意识的发展主要表现在独立性、闭锁性、自我评价三个方面。

1. 独立性

中学生具备了一定的独立能力。这时，他们希望别人把自己当做大人看待，希望别人尊重自己的意见，也愿意承担一些比较艰巨的任务，如果独立的意愿得不到尊重，他们就会感到苦恼，甚至产生反抗情绪。

班主任应尊重他们的独立性要求，给予他们一定的独立自主和自治的权利。虽然他们的主张、意见和要求，不可避免地带有幼稚、片面、甚至错误的东西，但要看到，他们总的趋势是好的，是积极向上的。对他们积极、合理的意见和要求应充分肯定，并尽可能地予以满足。对他们消极、不合理的意见和要求，应耐心说服教育，决不能用简单、粗暴的态度对待。对学生有时表现出来的贸然反抗情绪也要正确对待，要用发展的观点、心理学的观点去看待这些问题，耐心教育，引导他们向正确的方向发展。

2. 闭锁性

从初二开始，学生逐渐显示出闭锁性，即他们的内心活动不大愿意表露出来。这是中学生心理发展过程的必然现象。班主任要注意到这个特点，不要因此对他们产生误解，更不能以一时一事的表现去作判断、下结论。同时要看到，中学生既有闭锁性的一面，又有希望别人理解的一面。他们希望教师、家长能理解他们，帮助他们，所以，关键是能否得到他们的信任。如果得到了他们的信任，他们就会向你披露内心的秘密，你就能更好地对他们进行教育。

3. 自我评价

（1）从评价别人到评价自己

初中生在评价别人的过程中，逐步学会以别人为"镜子"来看自己，并独立选择学习的榜样。但他们评价别人往往比评价自己更主动，内容也更丰富、更具体。高中生则能经常进行自我分析、自我评价，遇事爱联系自己，自我教育的愿望比较强烈。

（2）从评价外部行为到评价个性品质

初中生开始对人的内心世界和个性品质发生兴趣。他们看文艺作品，除了注意人物的行动和故事情节以外，还议论人物的行为动机和个性品质；还会对自己的个性品质进行评价。但他们对人的评价和对自己的评价往往是不客观、不全面的。高中生则能比较全面、比较客观地评价别人和自己的个性品质。他们不仅会分析自己做一件事的心理状态，还经常分析自己的整个心理状态，以及自己的意志、性格等，这是他们逐步成熟的一个标志。①

第二节　中小学生学习困难及厌学心理问题

一、中小学生学习困难的一般表现及原因分析

自美国特殊教育专家 S. Kirk 博士明确提出"学习障碍"（Learning Disability，LD，我国习惯称为"学习困难"）的术语以来，有关学习困难的研究一直受到学者们的广泛关注。此后，各种权威机构和学者纷纷为学习困难下定义，但至今仍没有统一的答案。我国教育界较多借用 1988 年美国制定的定义草案，把学习困难定义为：与理解或运用语言、读、写、推理和计算等方面有关的能力的缺乏。这一概念包括知觉缺陷、脑损伤、轻微脑功能失调、发展性失语症等。但不包括视觉、听觉或运动缺陷、智力落后、环境、文化及经济不利等因素造成的学业不良。

学习困难学生具有正常的智力水平，但学业成绩明显低于预期成绩，并伴有较多的社会适应不良及情绪和行为问题。学习困难一般可以分为五类：语言接受和语言表达障碍、基本的阅读技能和阅读理解能力的障碍、书写表达的障碍、数学计算和数学推理能力障碍以及其他先天性思维方面的障碍，如情绪与行为障碍。

（一）学生学习困难的一般表现

1. 认知表现

学习困难学生（包括数学能力、阅读能力和拼写能力障碍）的工作记忆功能在各方面都表现出不足，而且这种工作记忆上的缺陷与智力无关。例如，阅读困难学生与阅读正常学生之间在阅读、写作以及其他认知功能方面的差异主要是由工作记忆能力缺陷引起的，数学学习困难学生在工作记忆和加工速度方面都存在明显的缺陷。学习困难学生缺乏元认知能力。根据弗拉维尔的观点，元认知就是对认知的认知，具体地说，是关于个人自己认知过程的知识和调节这些过程的能力，即对思维和学习活动的知识和控制。因此，学习困难的学生，虽然能比较准确地进行语义分类，却不可能像优秀学生那样在学习的信息加工过程中自觉地

---

① 黄颖：《浅析中学生心理发展的特点及对策》，武汉市第二职业高级中学。

使用语义分类编码之类的学习策略来促进学习。

2. 注意力障碍

注意力障碍对学困生有重要的影响。研究者在一项对 155 名小学生（其中学优生 77 名，学困生 78 名）进行的注意力和情绪困扰的对比研究中观察到，注意的调节作用的失常会导致学生的情绪困扰，由于学困生策略使用存在缺陷，不会或较少通过注意力的调节减缓延迟等待所产生的焦虑，使得学困生在群体实验过程中，总是忍不住左顾右盼，交头接耳；独自操作时又时不时地摇晃椅子，不停地叹气，或者频繁地询问主试"什么时候才能结束"，显得焦躁不安。①

3. 自我意识及行为表现

有研究显示，学习困难学生自我意识水平低于一般学生，存在某些情绪、社会适应或行为问题，有自信心不足、自暴自弃、自我贬低的倾向，学习困难学生自我意识受损、自我评价低，有更多的焦虑和不合群、主观幸福感低等诸多问题。在学习适应性方面，学习困难儿童在学习动机、学习期望、学习方法、意志力等方面较一般儿童差。另外，学习困难儿童表现出较多的行为问题，如较低的社会熟练性，任务定向能力、语言表达能力和组织能力差，责任感低下，有更多的任务放弃行为、注意力不集中以及更多的干扰课堂的行为。除问题行为外，Mckinney 等的研究结果还表明：学习困难儿童社会技能低下，在活动中表现出任务胜任能力差、活动技能缺乏、课余爱好少等特点；在社会交往方面，其亲子关系、同伴关系、师生关系多不协调。②

（二）学生学习困难的原因分析

学习困难是一个较为复杂的概念，其成因也是多方面的。一般来说，影响学习困难产生的原因包括遗传因素、大脑发育以及家庭环境等因素。

1. 遗传因素

特殊的染色体缺陷和基因缺陷是学习困难的成因之一，特别对于那些深度学习困难学生来说。某个家庭内部有多起学习困难病例，它们就可能是由遗传引起的。研究发现，在阅读困难学生上一辈的直系亲属中约 40% 的人也存在阅读困难。此外，学习困难还表现出性别差异，男性学习困难者比女性多这也可以用基因的影响因素来解释。与 X 染色体相联系的基因突变可以用来解释男性学习困难者比女性多的现象。但同一家庭内部出现的困难者是由遗传因素决定，还是由

---

① 潘志峰、石俊仕、邱玉环：《学优生与学困生情绪、注意力障碍的比较研究》，《中国行为医学科学》2003 年第 12 卷第 1 期，第 90 页。

② 林国珍：《学习困难学生心理特征及综合干预研究》，华东师范大学，硕士学位论文，2006 年，第 6 页。

后期的家庭教养方式和家庭环境影响所致，还有待于进一步探索。

2. 大脑发育因素

影响学习困难形成的第二个因素可以归结为大脑发育，包括儿童出生前和出生后两段时间的大脑发育。鉴于此，低体重新生儿、大脑缺氧、早产儿或者儿童的脑部受伤等因素都可能是导致学习困难的原因。早期的研究发现，正常个体和阅读困难个体的脑部结构存在差异。但是已有研究并没有能够明确表明是大脑发育缺陷引起的学习困难，还是学习困难导致学习困难者的大脑发育与普通人存在差异。此外，Taylor 等发现，有大脑创伤经历的儿童今后产生学习困难状态的危险会增加，进而还会产生一些不良的行为方式。

3. 家庭环境因素

儿童对环境非常敏感，不良的家庭环境或养育环境也是引起学习困难的因素之一。一项有关 299 名美国城市儿童的研究表明，那些受到暴力或创伤性心理挫伤的儿童其 IQ 比普通儿童低 7.5 分，阅读成绩比普通儿童低 10 分。家庭环境是导致儿童学习困难的重要因素，不同家庭之间的差别还在于父母亲教养方式的不同，学习困难儿童与普通儿童的家庭心理环境、父母教养方式存在较大的差别，学习困难儿童更多的生活在父母关系紧张的家庭中，而在对待孩子的教育问题上分歧大，父母对孩子的情感投入相对较少。学习困难儿童的父母对其发展的期望明显要低，对孩子的态度更倾向于拒绝和否认，对孩子过度保护和干涉，对孩子严厉、惩罚多。普通儿童的家庭心理环境和父母教养方式远优于学习困难儿童。研究还发现，父母教养方式对学习困难儿童亲子关系、师生关系、自我概念和社会性行为均有较大影响。另有研究发现，学习困难儿童与一般儿童的家庭功能相比要差，在问题解决、沟通、情感反应、行为控制等方面有显著差异，而家庭的这些功能在不同方面影响着儿童的社会性发展水平，如人际交往的技能、方式、个体的行为控制与发展，对自我、社会及他人的正确认知。因此，在对学习困难儿童进行矫正教育时要从家庭入手，创造良好的家庭环境，通过家庭改变学习困难儿童的自我概念、社会技能和行为问题。[①]

（三）对学习困难的干预

学习障碍的成因复杂，由此导致学习障碍学生所表现出的异质性特征较高，学习障碍的类型多样，甄别和诊断的标准也不甚一致，介入和矫治的手法也不能一概而论。因此，对于学习障碍的研究呈现出跨学科的特征。学习障碍的矫治是一个庞大的系统工程、一项综合而复杂的重要课题，需要建立在医学、精神学、

---

① 赵晶、陈传锋：《学习困难概念演变、认知表现及其影响因素》，《心理研究》2010年第 3 期，第 19～25 页。

心理学、教育学、社会学、社会工作等学科的理论基础之上，而没有办法由某一个单纯的学科来承担。更重要的是，研究者不应该把视线局限在矫正与治疗方面，而应该放眼于预防和发展①。

二、中小学生厌学原因及其对策

据许多国家、地区的研究结果显示，各国中小学都存在比较普遍的厌学现象。厌学是学生对学校的学习生活失去兴趣，对学习产生厌倦情绪，持冷漠态度甚至厌恶、逃避的心理状态及其在行为方式上的不良表现，是一个从轻到重、由量变到质变的过程。

学生厌学主要表现在：对学习不感兴趣，讨厌学习；在情绪上常有苦闷感，一提到学习就心烦意乱，焦躁不安。他们对教师或家长有抵触情绪，学习成绩不好，有的还兼有品德问题。带有厌学情绪的学生极易受到其他诱因干扰，出现旷课、逃学或辍学现象。

厌学的成因受诸多因素的制约，在这里，我们从学生自身因素及环境因素进行分析。

（一）中小学生厌学原因

1. 学生自身的原因

（1）学习动机问题

大部分学生学习的动力来自家长、教师的要求和压力，学生本身对学习目的并不明确，他们认为学习是为老师和家长学的，不用心去学习，也没有理想和抱负。另外，还有一部分学生是因为对学习存在消极的、不正确的认识而导致学习动机不强。

（2）人际交往问题

个体通过交际，诉说个人的喜怒哀乐，就会引起彼此之间的情感共鸣，从而在心理上产生一种归属感和安全感。当一个学生在学习、生活上遇到挫折而感到愤懑抑郁时，向家长、朋友或老师倾诉，就可以起到心理疏导的作用，身心也就更健康，学习更有劲。而那些孤僻、不合群的人，往往有更多的烦恼和忧愁，甚至影响正常的学习和生活。

（3）学生对学习缺乏信心

对学习悲观失望，缺乏良好的学习习惯和学习方法，毫无信心的学生，也容

---

① 苏存军：《中小学生学习障碍的社会工作临床介入研究——以山东大学附属中学社会工作实务为例》，山东大学，硕士学位论文，2009年，第25页。

易产生厌学心理。学生存在差异，其学习中的表现也各有不同。部分学生的接受能力较差，在小学的时候未学好，畏难情绪较大，不愿动脑筋去刻苦攻读，感到自己再努力也提高不了学习成绩，就会选择放弃。常常失败，很少甚至没有体验过成功的欢乐的学生会认为自己天生愚笨，能力不强，智力低下，不是学习的材料，因而主动地放弃努力。一部分学生，在小学就未养成良好的学习习惯，学习自觉性低，基础差，学习上缺乏自信心，感到学习无望，不能持之以恒，并且缺乏良好的学习习惯和学习方法，不知道该怎样去学习，不断的挫败感降低了他们的自信心。另外，学习成绩差的学生往往会受到来自家长和同学的压力、责怪和鄙视，造成精神苦闷，觉得学不下去，认为自己什么也不行，从而产生厌学的心理。①

2. 环境因素

（1）社会因素

学生厌学情绪的产生与社会分配机制不合理密切相关。首先，目前在脑力劳动与体力劳动、复杂劳动与简单劳动之间存在着分配倒挂现象，社会上的一些人受轻视知识、轻视人才、"一切向钱看"的社会不良风气的错误诱导，形成了新的"读书无用论"。这些社会现象必然会影响到部分学生，使他们产生厌学心理，其次，社会文化新思潮的影响，享乐主义的盛行，使部分学生丧失了奋斗精神。再次，社会在评价学生时，往往只看重学习分数而忽视能力水平，一部分能力强而一时成绩略差的学生得不到公正评价而丧失学习信心，产生厌学心理。

（2）学校因素

一是课程繁、难、深，扼杀了学生的学习兴趣。例如目前中小学理科教科书内容深而窄，小学数学课本难度大，科学精神和人文精神方面的内容不足。正如教育部基教司副司长朱慕菊指出，我国教科书难度大以及应试教育的高压力使学生厌倦学校生活。

二是片面追求升学率，加重了学生的学习负担。在较长的一段时间内，我国以片面追求升学率为指导思想的中小学教育，使学生学习负担过重，除了一门门课程外，还有各种各样的"加码教育"有增无减，紧张而单调的学习生活使越来越多的学生产生了厌学心理。

三是有些教师由于升学指标的压力，放弃多数学生，只偏爱那些有希望的尖子生，把主要精力用于给尖子生开"小灶"，使一些成绩落后的学生失去了对教师、学校的感情，学习对于他们来说无任何乐趣可言。

---

① 吴军：《中学生厌学的成因及对策研究》，苏州大学，硕士学位论文，2007 年，第 11～14 页。

四是学校缺乏对学生心灵的呵护。日常学习的高压容易使学生滋生学习焦虑，由此带来心理问题和学习障碍。许多研究表明，中小学生是产生心理问题的高发人群，而对中小学生的心理健康的维护工作，至今仍没有得到应有的重视。学生出现的心理问题不能得到有效的疏导和咨询。

五是学校生活的重复呆板，使学生感到乏味。教学本身就是一种情感交流的活动，师生情感的沟通能激发学生从思想上对教师所讲的内容产生亲切感和认同感，从而喜欢这个教师，并愿意上这位教师的课，即所谓的"亲其师而信其道"。然而从事教学工作的教师们往往迫于来自各方面的压力，在施教过程中过多关注学生智力目标的训练，忽视了学生的情感等非智力因素需要的满足，从而销蚀了学生学习的内部动力，甚至对学生脆弱的心灵造成伤害。教师的教学引不起学生情绪的波澜，无法唤起学生情感的愉悦和美的体验，激不起学生强烈的求知欲，最终导致学生学习情感动力的缺失，出现厌学、紧张、恐慌等问题。直接影响学生的身心发展。

六是学校对学生的评价机制出现问题。有效的评价是激励学生学习的手段，其实质是促进学生的全面发展。而我们一直擅长的法宝是无休止的考试，考试的用意纯粹在于选拔。只讲究把学生分成三六九等，从不关注每一个学生的过程性进步和发展，过分的选拔甄别势必损害了大部分学生的自尊和天性，减少了学生学习过程中乐趣的体验。

（3）家庭因素

"过度期待"与"偏重智育"是我国家庭教育的两个突出问题。父母"望子成龙"的愿望在中国历来都很强烈。家中只有一棵独苗的特殊状态强化了父母"望子成龙"的愿望和"学而优则仕"的传统观念。几乎所有的父母都希望自己的孩子在学校里成绩得第一。有的父母为了让子女专心致志地学习，不让子女去外面玩，无情地剥夺了孩子自由玩耍与情感宣泄的权利，使孩子沦为学习的机器，完全丧失了主体性和求学的乐趣。有的孩子因为经受不了来自家庭的高压而出走或做出其他过激行为。

（二）中小学生厌学的对策

第一，家长要改变自己的教养态度。父母应正确评价子女的学习能力，期望不应过高，要求也不能过严，要与其实际能力和心理发展水平相适应。父母还应从社会发展需要和子女自身的发展需要两方面来正确看待学习的重要性，积极鼓励子女为社会作贡献，实现自身的价值。改变放任、纵容或过分干涉的教养方式，采取民主的教养方式，营造和谐、民主的家庭气氛，避免粗暴干涉和体罚。

第二，学校考试不断，使学生超负荷地学习，必然导致学生由于厌倦考试而厌倦学习，甚至由厌倦学习而厌倦生活，由厌倦生活而厌倦做人。教师要通过提高自身素质，用灵活多样的课堂教学活动和丰富多彩的第二课堂活动来激发学生的好奇心，培养学生多方面的兴趣和爱好，使学生表现出生动、活泼、积极主动的学习局面，调动其学习的积极性。确实减轻学生的学业负担，促进其身心健康发展。

第三，家长和老师应满腔热情地对待学业不良的学生，爱护、关心、帮助他们分析造成学业不良的原因，针对不同情况，采用不同的方法，有的放矢地进行补救，坚持多表扬、少批评的教育原则，肯定优点，发挥特长，以培养和增强学生的自信心；制定适当的学习目标，使其能不断体验到学习的成功，以增强个人效能感。

第四，注重环境陶冶和高尚情操的培养，创建良好的校园环境，建立和谐融洽的师生关系与生生关系，使之产生积极向上的情绪体验和奋发向学的学习态度。

第五，必要时可以向心理咨询专业人员寻求帮助。

第三节　影响学习的心理因素及学习心理指导

一、成就动机

在学校教育领域，令教师和学生都会感到困惑的一个问题是，为什么很多学生智商相近、能力相近，而学业成就却有显著的差异？为了解释这个现象，许多研究者将目光投向了对于学习具有重要影响、对认识过程起调节和动力作用的成就动机的研究领域上来。[①] 实际上，成就动机的研究历来受到教育家、教育心理学家、社会心理学家、管理心理学家、运动心理学家以及动机心理学家的重视。成就动机的研究具有很大的应用价值，它不仅对于学生的学习，还对企业的发展、管理人员的选拔、运动员竞赛焦虑的克服以及人们的心理健康都有很大的意义。[②]

---

① 陈俊、张积家：《从期望 X 价值模式到目标理论的嬗变——心理学关于成就动机研究的进展及启示》，《现代教育论丛》2001 年第 4 期，第 20 页。

② 卢愿清、杨韶刚：《西方关于成就动机研究的一些新进展》，《辽宁师范大学学报》（社会科学版）第 27 卷第 1 期，2004 年 1 月，第 43 页。

(一) 成就动机及其作用

最早提出成就动机概念的是莫瑞（H. A. Murry，1938）。莫瑞认为人的基本需要有20多种，其中首要的便是成就需要。莫瑞将成就需要定义为"克服障碍，施展才能，尽可能快和尽可能好地解决某一难题的需要"。麦克里兰（D. C. Maclelland）是成就动机的开拓性研究者，他将成就动机解释为"竞争"和"优秀标准"，即在具有某种优胜标准的竞争中对成功的关注。在他之后又陆续有很多心理学家对成就动机进行了不同的界定。Clark. Varadarajan & Pride 等人将成就动机定义为"对优秀标准的竞争或者个体设定或实现个体目标的愿望"（Ward，Edward. A，1997）；Elliot，Andrew. J 又将成就动机定义为以竞争为基础的情感、认知、行为的激活化和方向化（Andrew. J，Elliot & Holly A. Mc – Gregor，1999）。①

尽管心理学家们对成就动机的表述有所不同，但他们对成就动机的研究具有以下三个共同之处：

一是成就动机促使人追求某一社会条件下比较高的目标；

二是成就动机促使人以较高的水平达到其目标；

三是由于在追求某一社会目标时既可能成功也可能失败，所以成就动机促使人去追求成功和回避失败。

目前，较为普遍的看法认为成就动机是个人对自己认为重要或有价值的工作认真完成，并欲达到理想境界的一种内在推动力量。它作为一种稳定的人格特征表现为一个人的事业心、责任感、进取精神以及自我实现的需要等外在形式，是激励自我成就感和上进心的心理机制。在行为上，它表现为一个人对自己认为有价值的、重要的社会或生活目标的刻意追求。简单地说，是指个体追求成就的内在动力。② 具有这种动机因素的学生，能刻苦努力，战胜学习中的种种困难和障碍，取得优良成绩。

成就动机对个体的活动有重要作用。成就动机是比较稳定的个性特征，是一种习得的、与特定情景有关的正向或负向期望，是推动学生取得学业成功的内在动力。成就动机的强弱可以使人面对学习和工作任务时产生不同的情感反应，从而对其潜在的能力与知识经验的发挥和应用产生不同的作用。中学生的成就动机是非智力因素结构中的核心，是学生取得成就的重要前提和基础。许多研究表明，学生的成就动机与其学业成绩显著相关。

---

① 解翠玲：《西方成就动机研究综述》，《教书育人》2006 年第 11 期，第 53 页。

② 佐玛：《高中生成就动机与自我价值保护策略的关系》，沈阳师范大学，硕士学位论文，2009 年，第 2 页。

（二）成就动机的结构

一些研究者认为，成就动机具有多维度和多成分的结构。美国心理学家阿特金森（Atkinson）于1957年提出的"期望—价值"成就动机理论用认知观点对人们的成就动机进行了剖析，它在当今认知动机理论中占据着重要的地位。

阿特金森认为个体的成就动机由两种稳定的倾向组成，即希望成功与害怕失败。个体的行为倾向是动机强度、对行为目标的主观期望概率和诱因价值三因素的函数。个体趋向成功的趋力（Ts）可用公式表示为：

$$Ts = Ms \times Ps \times Is$$

Ms指个体追求成功的动机强度；Ps指个体对成功概率的主观估计，它受到自身经验、对他人经历的观察及竞争等因素的影响；Is是成功的诱因价值。个体避免失败的趋力（Taf）可用公式表示为：

$$Taf = Maf \times Pf \times If$$

Maf指个体回避失败的动机强度；Pf指个体对失败概率的主观估计，它受到过去相似任务的经验、对他人做同类工作的了解及对竞争的估计等因素的影响；If指失败的诱因价值。

阿特金森认为，个人取得成就的行为倾向是追求成功的趋力和避免失败趋力的合力，即$T = Ts - Taf$。Ms和Maf存在着个体差异，有的人追求成功的动机大于避免失败的动机，即$Ms > Maf$，其行为主要受追求成功动机的支配；而有的人避免失败的动机大于追求成功的动机，即$Mar > Ms$，其行为主要受避免失败动机的支配。

阿特金森的"期望—价值"成就动机理论最突出的贡献是他提出了成就动机是由追求成功的动机和避免失败的动机构成的。这种观点已为许多心理学家所接受，并成为许多后继研究的理论基础。[①]

（三）中小学生成就动机发展的特点

中小学生成就动机有其自身的特点。国内多数研究者的研究结果表明，中小学生成就动机的年级差异显著，例如周生彬（2007）的研究提出，小学五年级、初二、高二学生的学习动机水平是逐步降低的，在追求成功这个维度上，也表现出了显著的年级差异，且小学五年级、初二、高二学生的追求成功的动机也是逐步下降的。中小学生的成就动机存在城乡差异。城市学生的成就动机明显高于农村学生；在追求成功和回避失败两个维度上，也都表现出了比较显著的城乡差异：城市学生追求成功的动机水平高于农村学生，农村学生的回避失败的动机水

---

① 刘跃雄：《1～15岁儿童学习动机发展特点及班级环境对其影响的研究》，首都师范大学，硕士论文，2006年，第5页。

平则高于城市学生。另外，不少研究表明，男性成就动机高于女性。如周爱保（1997）的研究表明，中学生男生和高年级学生比女生和低年级学生有着更强烈的避免失败的动机。而另外一些研究发现，中小学生的成就动机没有表现出性别差异，如樊洁、梁宁建（2003）的研究认为，女中学生的成就动机的高与低是与女中学生的年龄和发展阶段有关。初、高中女学生是女性成才的第一个高峰期的初期，她们主体意识强，对成就有更多的关注。因此，无论是初中女生还是高中女生，她们和男生一样，都具有强烈地追求成功的动机，但避免失败的动机不如男生。对于小学女生来说，她们具有小学生特有的认知、思维等发展特点决定了她们成就动机水平不比男生差。邵瑞珍指出：在小学和初中开始阶段，学业方面的成功，女生多于男生，此时女生有较高的成就动机。从少年期开始，社会文化期待发生了明显的变化，学业成就成了更受认可的男孩的美德。但是，近年来，随着社会、经济的发展，这种状况发生了很大改变，社会文化环境更加宽松及多元化，男女平等的思想深入人心，这使得男孩、女孩的性别角色定位已经不像过去那么分明，很多家长更加关注的是子女的健康成长，这些都给正在成长中的中小学生以深刻影响。①

（四）成就动机的培养

1. 加强个体追求成就的倾向

（1）培养学生成就动机的自我意识

班主任要在适当时机加强学生成就动机的自我意识的指导，尽可能把成就动机阐述具体化，引导学生提高对成就动机的清晰认识，有意识地在成就动机方面进行自我分析和自我激励。

（2）培养学生良好的自信心和自尊心

自信和自尊是成就动机形成的基石。自信是对自己的积极评价，它具有引起和维持行动的作用，是激励和鼓励人以自己的能力和努力去取得成功的力量。自信心和自尊心是渴求上进、寻求理解和支持的表现，决定着个体成就动机水平的高低。培养学生良好的自信心和自尊心对于他们形成成就动机有着非常重要的意义。

（3）使学生对活动充满热情、兴趣

热情虽然是一种心态，但它能够激励个体对所从事的活动采取积极的行动。鼓动和发挥人的热情，能使之形成一种为目的而奋斗的力量并最终达到目的。只有当一个人在从事他所喜爱的工作时，才会更希望获得成功，这个人才会发挥最

---

① 周生彬：《中小学生成就动机、成就归因与成就目标的研究》，曲阜师范大学，硕士学位论文，2007年4月，第26~28页。

大的效率，才会更容易获得成功。因此，班主任在教学中应讲究教学艺术，创设情景，诱发好奇求知的动机，使学生对学习保持热情，激发学习兴趣。在教学中激起学生的求知欲，让学生在愉快的学习氛围中获得成功，从而增强学生的成就动机。

2. 提高成功的主观概率

（1）引导学生确立适宜的成就目标

班主任应注意指导学生正确认识自己，合理确定与适当调节自己的成就目标，因人而异地提出目标要求。不同要求形成不同的成就动机水平。在帮助不同学生选择目标时，要针对他们成就动机水平的特点。对于水平较低的学生，要帮助他们选择适合他们实际的学习目标，使他们通过自身的努力和反复的练习激发好奇、求知探究的动机，从而在不断的成功中加强成就动机。

（2）为学生设置中等难度的任务

成就动机水平高的学生往往会选择中等难度的任务，因为这种任务既能够完成又能产生一定的满足感。成就动机低的学习者倾向于选择很难，或者是很容易的任务，因为完成很容易的任务，不用付出太多努力，而太难的任务又给了他失败的理由。研究表明，最佳的成功概率是二分之一左右，学生会认为如果尽自己的努力，很有希望获得成功，如果不努力的话，也有可能会失败。因此，在学校教育过程中应把握教学难度，班主任应向学生提供难度适中的学习任务，从而使学生在自己能力的范围内把问题解决。学生能自由选择活动，可多次获得成功的体验，增强自己的成就动机。因为，中等难度的具有冒险性、挑战性的任务对高成就动机者具有最大的吸引力，可为他们的能力发展提供最好的机会。

（3）对学生多鼓励，增强他们的自信心

在教学中，班主任应多鼓励学生，培养学生的自信心。由于成就动机与学业成绩有显著的正相关，因此，对于那些遭受失败而缺乏自信的学生，班主任应从正面鼓励他们，激发他们的坚忍性，通过他们提出的问题和班主任对他们的提问，了解他们学习失败的原因，在此基础上进行心理指导。因此，作为班主任就要用学生突出的优点、特长来证明学生的能力，用积极的归因来矫正学生不正确的认识倾向，使学生能正确认识自我、正视自我、积极面对自我，从而更好地培养学生的成就动机。

3. 提高成功的诱因值

（1）重视反馈，定时对学生进行激励

要使学生保持较高的成就动机，就应该不断给予他们成功的反馈，从而激发学生的成功感。对于学习者完成学习任务的情况，要给予清楚而又及时的反馈，反馈能起到提供信息和激发动机的作用。反馈的及时性极为重要，如果延时，反馈的作用就很难发挥。在学生的学习过程中，班主任应适当帮助、适时总结、耐心有效地解答学生提出的问题，积极引导学生运用知识去解决问题，使学习者看到学习的成果，这样既让学习者了解到知识的价值，以形成掌握更多知识、探究更深层次的问题的愿望，也能让学习者从中获得成功感和幸福感，并坚定学习信心。

（2）通过适当的竞争激励学生的成就动机

许多研究证实，学生在各种竞争中，往往表现出强烈的成就动机和顽强的奋斗精神。在教学中引入竞争模式，有意识地创设问题情境，引起学生追求思维目标的渴求心理，促使学生依靠自己的努力去接近或达到教学目标；在社会实践环节中进行各种有形的竞赛、竞争，激发个人的创造冲动和探索激情，进而使其勇于奋斗，追求成功。有意识的训练和培养，必然能增强学生承受压力和挫折的能力，增强个体在各种情境下的应对能力，使成功意识、成就动机内化为学生自身的自觉要求，并最终成为其人生潜在的动力。在竞赛过程中，使学生获得成功的满足感，体会成功的快乐，从而强化学生的成就动机。

（3）让学生感到学习有效、努力有效

让学生在学习中充分体验到努力的有效性，从而激发学生的成就感是很有效的一种方法，因此，教师可组织各种兴趣活动，让学生不断体验到成功的喜悦。[1]

二、影响学习者成败原因的多样性——成败归因

（一）成败归因及其维度

归因是指人们对他人或自己的所作所为进行分析，指出其性质或推断其原因的过程，也就是把他人的行为或自己的行为的原因加以解释和推断。[2] 归因理论是人们对自己或他人行为原因的解释和推论，以及这种解释与推论如何影响他们的期望、情绪、情感、动机和行为的心理学理论。当代教育心理学界影响较大的归因理论主要有韦纳的成败归因理论、班杜拉的自我效能归因理论和习得无助的归因理论。[3] 在这里我们主要介绍韦纳的理论。

韦纳是当代著名的归因理论家，他把归因和动机结合起来，概括出人们对成

---

① 李园园：《试论学生成就动机的培养》，《科教文汇》2007 年第 8 期。
② 郭振芳：《归因理论研究综述》，《高校讲台》2007 年第 32 期，第 215 页。
③ 汪胜亮：《中学生成就动机归因训练对学业成绩的干预研究》，江西师范大学，硕士学位论文，2009 年 5 月，第 10 页。

败结果推断的主要原因，又从不同维度进行原因分类，各个维度都有特定的心理学意义，与个体期望、情感相联系，不同的归因对将来行为产生的影响不同。

韦纳发现，一般人对工作成败的原因主要归为：能力高低、努力程度、任务难易（情境）、运气（机遇）好坏、身心状态、外界环境等，在以学生为调查对象时，学生们对考试成败的归因，多以前四项（能力、努力、情景、运气）为主。这些因素可以归入三个维度：

控制源，即个体认为影响其成败因素的来源是系于内部因素还是外部环境因素。在此维度上，能力、努力和身心状况属于内控，其他则属于外控。

可控性，指个体认为影响其成败的因素在性质上能否由个人意愿所决定。在此维度上，各因素中只有努力一项是可以凭个人意愿控制的，其他各项均非个人所能为。

稳定性，指个体认为影响其成败的因素在性质上是否稳定，是否在类似情境下具有一致性。在此维度上，能力和任务难度是不随情境而改变的，是比较稳定的，而其他各项均为不稳定。三维度与六因素的结合，见表7－1。

表7－1　韦纳三维度六因素归因模式

关系 因素　　　　维度	稳定性		控制源		可控性	
	稳定	不稳定	内在	外在	可控	不可控
能力高低	+		+			+
努力程度		+	+		+	
任务难度	+			+		+
运气好坏		+		+		+
身心状态		+	+			+
外界环境		+		+		+

韦纳认为控制源主要与一个人的自尊有关，把成功归于内部因素则产生自豪，会强化学习动机；反之，把失败归于内部因素则会减少自尊。稳定性与对未来的期待有关，把成败归于稳定的因素，如难度，则会预期同样难度上的失败，而归于不稳定因素，如运气、情绪等，则会预期成败将发生变化。可控性则与体验有关，把成功归于可控因素可产生满意，归于不可控因素则产生幸运或感激；把失败归于可控因素则产生羞辱和负罪感，归于不可控因素则产生愤怒和挫折感。韦纳发现在不同情境中学生对成败有不同的归因，不同的归因对其后继行为产生巨大的动机作用，其中最为关键的是个体是否将成败归因于能力和努力这两

个内部因素。

（二）中小学学生的成败归因特点

学生的归因方式对他们的期望、情感和随后的学习动机、学习行为产生重要影响，进而会影响到他们的学习成绩。有研究者（韩仁生，1996）探讨了中小学学生对考试结果的归因、期望和情感反应的特点。结果发现，中小学学生对考试成败原因存在不同的认知：成功后，高中生觉察到的主要原因是心境、临时努力、教学质量、持久努力；初中生认为主要原因是运气、心境、他人帮助；小学生认为是教学质量、持久努力、运气；失败后，高中生觉察到的主要原因是能力、持久努力、心境；初中生认为主要是持久努力、教学质量；小学生认为主要是他人帮助、心境、临时努力。[①] 周生彬（2007）利用南师大孙煜明教授主持编制的学业归因量表对 662 名小学四、五年级，初二和高二，即处于思维发展的转折期的学生进行测量的结果发现，在成功情境下和失败情境下，无论城乡，中小学学生都把成功主要归因于教学质量、持久努力等稳定因素，把失败主要归于心境、运气等不稳定的因素。中小学学生对学业成败归因存在明显的年级特点，即不同年级的学生具有不同的归因倾向。在成功情境下，城市学生相比农村学生把学业成功更多地归于他人帮助、能力、任务难度、持久努力和教学质量等；在失败情境下，农村学生更多地把学业失败归于运气、教学质量等外部因素。在成功情境下，女生在面对成功时更多地归因于临时努力、他人帮助、持久努力和教学质量；在失败情境下，男生相比女生更多地把失败归因于临时努力、持久努力和教学质量。女生在成功时更多地归因于临时努力、持久努力等内部可控因素和他人帮助、教学质量等外部因素。对于城市中小学学生来说，随着年级的升高，他们把成功归因于心境、他人帮助、难度、持久努力和教学质量的倾向更强烈；对于农村中小学生来说，随着年级的升高，他们把成功归因于心境、难度、教学质量的倾向更强。而无论城乡，随着年级的升高，中小学生把失败归于临时努力和他人帮助的倾向逐渐降低。[②] 此外，有研究者对学习不良学生的归因特色进行的研究（雷雳，张钦，侯志瑾等，1998）发现，学习不良学生和非学习不良学生对学习成败的归因有明显不同，与非学习不良学生相比，学习不良学生较少把学习成败解释为内部原因，而更多解释为被他人的控制。

---

① 韩仁生：《中小学生考试成败的归因》，《心理学报》1996 年第 2 期，第 140－147 页。

② 周生彬：《中小学生成就动机、成就归因与成就目标的研究》，《曲阜师范大学学报》2007 年第 4 期，第 29～32 页。

（三）归因训练

当学生的成败归因对其学习动机产生不良影响时，教师就需要对学生的归因进行指导和训练，通过归因训练改变学生的不良归因模式。学生学习中通常出现的一种不良归因是将自己的失败归因于能力低下，认定自己能力不足，做多少努力都可能是无用的，这就削弱了其学习动机，也阻碍了其能力发展。目前的研究认为，努力归因是一种良性的归因策略，是一种理性的成熟的归因倾向。因此，要引导这类学生将失败的原因归结为可控的因素（例如努力、使用的策略等）。不过，相关研究发现，要引导学生把失败归因于努力的质量而非努力的数量上，帮助学生采用有效的策略，当学生通过策略性的方式进行努力时，就相当于提高了学生的能力。如麦克纳布（1987）比较了对小学高年级学生进行归因训练时努力归因和策略归因的效果。她给两组学生呈现一系列数学问题。一组收到的是与策略有关的信息（"要解决这样的问题，你得使用更好的方法"），另一组收到的是与努力有关的信息（"要解决这样的问题，你得更努力的尝试"）。虽然两组接受了同样的程序训练（例如解数学题的程序），但只有策略组采取了这些程序，该组在最终测验上也表现得更好。而且，当计算出现问题的时候，策略组也更可能将失误归因于可以改正的原因。最后，那些在最开始时认为自己数学能力最差的学生，从策略信息训练中的受益最大。麦克纳布对这个结果的解释是：对将失败归因于能力低的学生而言，引导他们将失败归因于策略，可避免用能力来解释其失败，从而维护了他们对自己能力的较好的认识，因而他们会更放松、更努力地投入学习。此外，班主任还要对学生的积极的归因进行表扬和鼓励。[1]

【技能训练】

训练一：

训练内容：

从案例中分析出相应的学生学习心理的特点。

训练目标：

让学生懂得了解教育对象的学习心理特点对教育成效的重要性。

训练范例：

很久以前，英国有个叫麦克劳德的小学生，对动物非常好奇，特别想知道狗的内脏到底是什么样子。终于有一天，好奇心促使他将学校校长心爱的小狗杀了看个究竟。为此，校长当然要惩罚他，不过校长既没有大发雷霆，大打出手，也没有像有些教师那样把家长叫来发泄一通，责令赔偿道歉，更没有满口的"开

---

① 王晓明：《学习心理学》，中国轻工业出版社，2009 年版，第 206 页。

除"不容商量，而这样的校长并不少见，麦克劳德的校长则是让他解剖小狗后，画一幅骨骼图和血液图。麦克劳德愉快地接受了惩罚，也出色地完成了任务。这两幅图现在收藏在英国的皮亚丹博物馆。麦克劳德后来成为了有名的解剖学家。

训练建议：

通过对案例的分析，找出其中蕴涵的学生学习心理的特点，并指出教师的应对方法。

训练要求：

掌握中小学生学习心理的特点，在此基础之上，能提出一些教育如何能符合中小学生学习心理特点并促进学生发展的建议。

训练二：

训练内容：

掌握学生厌学、学习困难界定的方法，学会干预的策略。

训练目标：

1. 学生能清楚地界定学习困难，并指出综合的干预模式是一种比较有效的干预模式。

2. 掌握厌学的表现、可能的原因及相关的应对策略。

训练范例：

案例一：小学生学习困难案例

某研究小组采用分层整群抽样的方法从某市三所小学分别抽取三年级、四年级、五年级各两个班级，按上学期期末考试成绩排名最后 5 名作为初步筛选出的学习困难学生。采用的标准是：上学年期终考试语文、数学成绩低于该年级平均分 2 个标准差；"瑞文测验联合型"测定学生智商（IQ）≥80；无儿童多动症、精神发育迟滞、情绪障碍和严重躯体疾病者，自愿入组，签订知情同意书。最终入组 72 例，其中三年级 24 例、四年级 24 例、五年级 24 例；男性 45 例，女性 27 例。按年级、班级、性别随机分为两组：对照组 36 例，研究组 36 例。研究小组采取团体治疗为主和个别辅导相结合的方法，对共性的问题进行团体心理咨询，对有特殊心理问题儿童加以个别心理辅导。对研究组的学生进行心理干预为主的心理治疗。心理干预由 6 个部分组成，包括：纠正自卑，培养自信；提高注意力和自控力能力的训练；自我管理技术；学习动机、兴趣培养；学习方法、学习能力的培养；家庭心理健康教育。时间：6 个月，每周 1 次，每次 60 分钟，另有 2 次家庭心理健康辅导。①

提示：

1. 对小学生学习困难进行干预，首先要明确对学习困难的界定。学习困难是指与理解或运用语言、读、写、推理和计算等方面有关的能力的缺乏。这一概念包括知觉缺陷、脑损伤、轻微脑功能失调、发展性失语症等，但不包括视觉、听觉或运动缺陷，智力落后，环境、文化及经济不利等因素造成的学业不良。学习困难学生具有正常的智力水平，但学业成绩明显低于预期成绩，并伴有较多的社会适应不良及情绪和行为问题。案例中采用的抽样标准是合理的。不在学习困难定义范围之内的问题，如智力发育不足导致的学习不良等，都不被视为是学习困难。

2. 案例中的干预主要是从心理学的角度进行的为期 6 个月的纵向干预，对小学生的学习困难的某些方面会有一定改善。但是，学习困难的原因错综复杂，因此，要取得良好的干预效果仅依靠单方面的干预是远远不够的。

3. 对学习困难的干预需要建立综合干预模式，需要由医学、精神学、心理学、教育学、社会学、社会工作等学科共同介入。更重要的是，研究者不应该把视线局限在矫正与治疗方面，而应该放眼于预防和发展。

案例二：中学生厌学案例

小张，男，初中三年级学生，独子，父亲是一家商店的副经理，中专毕业，工作繁忙，经常出差在外，不太顾家里的事。母亲在某物资回收公司工作，高中文化程度，因有老人需要照顾，中午不能回自己的家吃饭，很少有时间过问孩子的学习。另据母亲介绍，她仅仅高中毕业，学的东西到现在都忘得差不多了，数理化基础较差，看孩子三年级的数学课本感到相当吃力，辅导工作无法胜任。

初中一二年级时，小张的学习成绩还算可以，中等偏上，从三年级开始，学习成绩迅速下滑，语文成绩从原来的 90 多分降至 80 分左右，数学成绩从原来的 90 分上下降到及格线的边缘。看到孩子学习成绩下降，父母非常着急。父亲脾气暴躁，气极了就揍孩子，有时打得孩子胳膊、腿到处是伤，伤口好久不能愈合。母亲心疼孩子，多次找班主任求助。班主任老师似有成见，认分数不认人，家长与班主任之间关系冷淡。孩子的学习成绩没有改善，认为再怎么学也白搭了，有时一提学习就头痛，还有其他身体不适，但对画画颇感兴趣。母亲曾带孩子到医院检查，西医中医都看过了，查不出什么毛病。百般无奈之下，母亲把求

---

① 赵幸福，程灶火，杨碧秀等：《小学生学习困难心理干预纵向研究》，《中国临床心理学杂志》2008 年第 6 期，第 669 页。

助的目光投向心理咨询机构，带孩子去寻求咨询。

提示：

1. 案例中，小张有厌学表现。

2. 案例中反映出的小张厌学的原因主要是家庭和学校的因素。

3. 针对小张的情况，首先，在家庭教育中父亲要改变粗暴体罚的方式，母亲也要抽出一些时间和孩子交流，给孩子应有的爱和关心，努力营造温暖、和谐的家庭气氛。其次，鼓励孩子发展特长（绘画），使孩子体验成功的欢乐，并促成其把兴趣向课堂学习迁移。第三，督促孩子养成良好的学习习惯，掌握科学的学习方法，增强学习的信心。第四，家庭要加强和学校的沟通，密切家长与教师的关系，学校方面要敦促教师改善对待学生的态度，对学生的积极行为要多加鼓励。第五，可聘家庭教师为孩子补课。

训练建议：

1. 分析案例一，说明该案例筛选学习困难学生的方法是否正确，筛选标准是否符合对学习困难的界定，并思考其干预模式的有效性。

2. 小组讨论案例二，分析小张产生厌学的家庭和学校等原因，针对此，提出改善其厌学问题的方法。

训练要求：

掌握学生学习困难的界定及理解学习困难的综合干预模式。掌握学生厌学的表现、原因及改善厌学的方法。

训练三：

训练内容：

分析案例当中何晓梅的成就动机和成败归因。

训练目标：

通过案例分析，学生能够理解成就动机和成败归因对学习成绩的影响，并能提出一些作为教师在引导学生进行合理成败归因时应该把握的要点。

训练范例： 成败归因

何晓梅是某中学初三住校学生，家住离学校比较远的农村，父母都是农民，文化程度都是小学，家庭经济条件一般，她平均一个月回家一次。何晓梅的总成绩从初中二年级开始呈下滑趋势，但总体来说均处在班级的中等偏上水平，主要是因为她的语文和英语成绩优秀，数学和化学成绩良好，但是物理成绩总是在及格的边缘徘徊。她和同学关系融洽，担任小组长，工作认真负责。

班主任通过电话与何晓梅家长取得联系，并了解到何晓梅的父母对她的学习成绩很关心，但由于她住校不常回家，与其接触不多，而且父母也不知道如何促进她的学习，平时只能是问问学习成绩而已。在小学时她的学习成绩一直优秀，进入初三后学习成绩一直呈下降趋势，父母虽然很着急，但又认为可能是她智力不高造成的，因此对她的学习成绩进步不抱多大希望。之后，班主任找到何晓梅进行一次谈话，下面是班主任与她的一段对话（师代表班主任，生代表该生）：

师："你的物理成绩不太好，是吗？"

生："是的。"

师："你觉得物理难学吗？"

生："很难学。"

师："你认为谁觉得不难学？"

生："我可能不适合学习物理，我总是学不会，李×平时也不是学得太多，可是他总是比我考得好多了。"

师："你为什么说自己不适合学习物理呀？你想过吗？"

生："我脑子太笨了，我的数学、化学、物理成绩都不好，其他同学也认为我不适合学理科。"

师："你的语文和英语成绩很好，不能说是笨吧。"

生："那两科记忆的东西多，我觉得只要记住了就能考得好。"

师："那你认为物理成绩不好还有其他原因吗？"

生："没有。"

师："物理老师找你谈过吗？"

生："嗯，还给我补过课。"

师："他没对你提出什么要求吗？"

生："要我在学习物理上比别人多下点功夫。"

师："我觉得你是一位学习认真的好学生，而且是一位非常聪明的学生。"

生：……（笑、摇头）

分析：

1. 案例中，何晓梅把自己学习物理遇到的困难归结为自己太笨，以及物理学起来太难，这显然影响了她对物理的学习。其父母也认为是孩子智力不高造成学习上不去，就算父母不明说，他们的这种想法也会有意无意地透露出来，进而影响孩子。按照韦纳的理论，把成功归于内部因素则产生自豪，强化学习动机，反之，把失败归于内部因素则减少自尊；把成功归于可控因素可产生满意，归于不可控因素则产生幸运或感激；把失败归于可控因素则产生羞辱和负罪感，归于不可控因素则产生愤怒和挫折感。何晓梅把自己的"失败"归因为自己"太笨"，实际上是对自己能力的否定，而个人能力是稳定的、内部的、不可控的因素，认为物理"太难学"，认为英语、语文只要背好就能考好，是易学的，这是她对任务难度的评估，任务难度是稳定的、外在的、不可控的因素。无论从哪方面来说，何晓梅的成败归因都会对其学习动机产生不良的影响，进而阻碍其物理成绩的提高。

2. 要提高何晓梅的物理成绩，可以对其进行归因训练。

3. 针对何晓梅的情况，归因训练的重点首先应该是引导何晓梅对较易控制的不稳定因素，如个人努力等诸因素进行归因。其次，引导其学会积极归因。当学习取得成功时，可把其归功于"自己的努力"这一不稳定的但可控制的因素，这样能启发自己今后想进一步取得成功还必须继续努力，引导其采取合适的学习策略，适当地将原因归于自己能力的不断增强，从而使自己产生一定的满意感，增强成功学习的信心。再次，要引导学生把失败归因于努力的质量而非数量上，帮助学生采用有效的策略。最后，当学生做出积极归因时，教师要及时加以肯定，给予强化；当学生做出消极归因时，要及时帮助学生加以矫正，以使学生形成正确积极的归因倾向。

训练建议：

分析何晓梅学习物理的成就动机，说明何晓梅是以什么样的方式进行成败归因的。

训练要求：

先分析自己的成就动机和对学习成败的归因方式，然后再分析身边的中小学生的案例。

本章测评要求：

1. 掌握中小学生不同的学习心理特征，了解学习困难、厌学及其成因，了解成就动机的结构以及影响学习者成败原因的多样性，掌握成就动机的培养方法。

2. 分析中小学学生学习困难及厌学原因。

3. 分析自己的成就动机与优秀人士的成就动机，找出其中的不同。

4. 试着运用成败归因的理论来分析影响学习者成败的原因，先以自己为例来进行分析，然后以身边认识的中小学学生为案例进行分析。

参考书目

1. 邱淑慧编著：《班级管理与班主任工作技能》，暨南大学出版社 2011 年 3 月第 1 版。

2. 杨同银主编：《班主任工作技能训练指导》，中国林业出版社 2001 年 9 月第 1 版。

3. 甘霖主编：《班主任工作技能训练》，华东师范大学出版社 1995 年 12 月第 1 版。

4. 魏书生著：《班主任工作》，沈阳出版社 2000 年 9 月第 1 版。

5. 涂光辉、雷晓波编著：《班主任工作技能》，湖南师范大学出版社 1996 年 8 月第 1 版。

6. 辜伟节主编：《中学班集体建设与活动》，南京师范大学出版社 1999 年 4 月第 1 版。

7. 班华、陈家麟主编：《中学班主任实施素质教育指南》，南京师范大学出版社 1999 年 7 月第 1 版。

8. 林建华、曹树主编：《中学班主任与心理指导》，南京师范大学出版社 2006 年 1 月第 1 版。

9. 人民教育出版社编辑部：《班主任专业化指南》，高等教育出版社 2010 年 4 月第 1 版。

10. 吴小海、李桂芝编著：《班主任九项技能训练》，首都师范大学出版社 2010 年 3 月第 2 版。

11. 张作岭主编：《班级管理》，清华大学出版社 2010 年 8 月第 1 版。

12. 檀传宝主编：《德育与班级管理》，高等教育出版社 2007 年 4 月第 1 版。

13. 周达章等主编：《21 世纪班主任工作案例精粹（中学版）》，宁波出版社 2004 年 3 月第 1 版。

14. 梁华等主编：《班主任工作指导手册》，吉林大学出版社 2009 年 3 月版。

15. 教育部师范教育司、基础教育司规划指导：《班级活动设计与组织》，北京师范大学出版社 2008 年 7 月版。

16. 教育部师范教育司、基础教育司规划指导，李宝祥等：《班主任工作基本规范》，北京师范大学出版社 2008 年 6 月版。

17. 李晓东主编：《学生心理学》，人民教育出版社 2003 年 8 月版。

18. 张向葵主编：《青少年心理学》，东北师范大学出版社 2005 年 1 月版。

19. 殷炳江主编：《小学生心理健康教育》，人民教育出版社 2003 年 8 月版。

20. 郑雪主编：《中学生心理健康教育》，暨南大学出版社 2001 年 11 月版。

21. 伍新春主编：《中学生心理辅导》，高等教育出版社 2010 年 1 月版。

22. 林孟平著：《辅导与心理治疗》，上海教育出版社 2005 年 4 月版。

23. 乐国安主编：《咨询心理学》，南开大学出版社 2002 年 8 月版。

24. 李小融主编：《中小学生心理健康教育》，四川教育出版社 2006 年 6 月版。

图书在版编目（CIP）数据

班主任工作技能:基础教育班主任工作与学生心理
辅导技能训练与测评/罗明东等主编. 一昆明：云南大学
出版社，2012（2016 重印）

ISBN 978 - 7 - 5482 - 0813 - 6

Ⅰ.①班… Ⅱ.①罗… Ⅲ.①中小学—班主任工作②
中小学—班主任—教育心理学 Ⅳ.①G635.16②G443

中国版本图书馆 CIP 数据核字（2012）第 018143 号

班主任工作技能
——基础教育班主任工作与学生心理辅导技能训练与测评

主　编　　罗明东　李　里
　　　　　舒亚玲　段若荧
副主编　周　波　廖　峻

策划编辑：邓立木
责任编辑：冯　峨　邓立木
封面设计：猎鹰创想丨书籍设计
出版发行：云南大学出版社
印　　装：昆明市五华区教育委员会印刷厂
开　　本：787mm×1092mm　1/16
印　　张：15.25
字　　数：300 千
版　　次：2012 年 3 月第 1 版
印　　次：2016 年 2 月第 5 次印刷
书　　号：ISBN 978 - 7 - 5482 - 0813 - 6
定　　价：36.00 元

社　　址：昆明市翠湖北路 2 号云南大学英华园内
邮　　编：650091
发行电话：0871 - 65033244　65031071
网　　址：http://www.ynup.com
E - mail：market@ynup.com